世界最高峰の経営学教室

〈2　実践編〉

広野彩子＝編著

日経ビジネス人文庫

CONTENTS

目次

第5章 リーダーは、いかにあるべきか？

第10講 リーダーシップの経営心理学

リーダーシップは自己管理、「顔に出さない怒り」も失格 …… 11

ナラヤン・パント *Narayan Pant*
仏インシアード経営大学院マネジメント実践教授

第6章 経済学の視点からアプローチする経営論

第11講 マーケットデザインで読み解く起業マネジメント

「市場の失敗」がお金を生む …… 53

スコット・コミナーズ *Scott Kominers*
米ハーバード経営大学院教授

第12講 ネットワーク効果で読み解くプラットフォーマー
GAFAの「勝者総取り」は真実か？……80
デビッド・ヨフィー *David Yoffie*
米ハーバード経営大学院教授

第7章 DXとAI

第13講 デジタルトランスフォーメーション（DX）
岩盤組織をデジタルで突破せよ……111
マイケル・ウェイド *Michael Wade*
スイスIMD教授兼DBTセンター所長

第14講 AIと雇用の未来
AIの進化はどこまで続くのか？……138
マイケル・オズボーン *Michael Osborne*
英オックスフォード大学工学部機械学習教授

第15講
AIとアルゴリズムの進化論
社会課題もAIで解決、明るい未来は描ける……180
スーザン・エイシー *Susan Athey*
米スタンフォード大学技術経済学教授

第8章
日本型経営の課題と可能性

第16講
日本のイノベーション力
アジアに広がるMITモデル……215
マイケル・クスマノ *Michael Cusumano*
米マサチューセッツ工科大学（MIT）経営大学院
『スローン・マネジメント・レビュー』主幹教授

第17講
デジタルマーケティング
アジャイルな経営は「謙虚なリーダー」を求める……257
ドミニク・テュルパン *Dominique Turpin*
スイスIMD教授・前学長

第18講
新時代の日本型経営
日本人が知らない「ありのままの日本型経営」……296
ウリケ・シェーデ *Ulrike Schaede*
米カリフォルニア大学サンディエゴ校教授

第9章 資本主義の再構築と企業経営者

第19講
ミンツバーグ教授の資本主義論
資本主義が勝ったのではない、バランスが勝利した……357
ヘンリー・ミンツバーグ *Henry Mintzberg*
カナダ・マギル大学デソーテル経営大学院教授

おわりに……397

〈1 理論編 目次〉

解説（入山章栄）

はじめに

第1章 経営でいちばん大切なこと
第1講 すべては人間の創造性から始まる 野中郁次郎

第2章 経営者は何をめざすべきか？
第2講 今必要なマーケティングの考え方 フィリップ・コトラー
第3講 ＣＥＯはトップアスリートたれ マイケル・ポーター

第3章 イノベーション理論の最前線
第4講 不確実な時代に変化対応力を高める経営 デビッド・ティース
第5講 イノベーションのジレンマを乗り越える組織行動論 チャールズ・オライリー
第6講 実例から読み解くオープンイノベーションの課題と解決策 ヘンリー・チェスブロウ

第4章 経営の目的とは何か？
第7講 寄付も植林もＥＳＧではない ジャズジット・シン
第8講 米国企業は本当に株主第一主義を捨てるのか？ ロバート・ポーゼン
第9講 企業の目的とは、社会課題を解決しながら稼ぐこと コリン・メイヤー

第5章 リーダーは、いかにあるべきか?

第10講 リーダーシップの経営心理学

ナラヤン・パント *Narayan Pant*
仏インシアード経営大学院マネジメント実践教授

リーダーシップとは、古くて新しい経営課題である。イノベーションを起こすことが企業にとって生き残りの条件となり、稼ぎながら社会課題を解決するビジネスモデルを模索しなければならない時代に、多様な意見、多様な人材の強みと弱みをそれぞれに生かすことが不可欠である。それに伴い、理想とされるリーダーシップのあり方にも変化が見られる。仏インシアード経営大学院きっての人気教授、ナラヤン・パント教授が説くのは、セルフコントロールを重視するストイックなリーダー論だ。

第10講　リーダーシップの経営心理学

リーダーシップは自己管理、「顔に出さない怒り」も失格

ナラヤン・パント　*Narayan Pant*　仏インシアード経営大学院マネジメント実践教授

米ニューヨーク大学経営大学院で博士号を取得（Ph.D.)。米モニターグループの戦略コンサルタントなどを経て現職、幹部教育学部長を務める。個人の変革における心理の変化や、認知行動の変化に関する研究が専門。

▼講義の前に——心理学をベースとする「実践派」経営学者の横顔

仏インシアード経営大学院のナラヤン・パント教授がリーダーシップを論じる本講は、本書のベースとなった『日経ビジネス』の連載「世界の最新経営論」のシリーズの中で、異例の反響を呼んだ。パント教授の回は、現場リーダーをはじめ、幅広い層から「キャリアを振り返るきっかけになった」など、感情のこもったコメントが多く寄せられたのだ。

そんな本講は、本書においても、やや異色の存在である。

パント教授が説くのはリーダーシップ。それも、セルフコントロールを重視したリーダー論で、ストイックかつ東洋的な色彩が強い。瞑想《めいそう》法や呼吸法を推奨し、日本人に馴染みやすいはずだ。

本書で取り上げる経営論には、分析寄りの理論的研究やエビデンスの検証、時事的な経営トピックの深掘りなど、「明日からすぐ役立つ」とは、必ずしもいえない（けれど、中長期的にはとても大事な）テーマも多い。そんな中で、パント教授の論は、ビジネス以外の人間関係や自己啓発にも応用できる身近な知見に満ちている。

一方で、リーダーシップというテーマは、極めて今日的である。解説で早稲田大学ビジネススクール教授の入山章栄教授も指摘する通り、現代のビジネス環境は変化が激しい。ＶＵＣＡ（不安定・不確実・複雑・曖昧）な環境において、リーダーシップの重要性は増すばかりだ。

第３章で、イノベーション論の大家たる３人の教授と「ダイナミック・ケイパビリティ」「両利きの経営」「オープンイノベーション」を論じた。これらを実践に移すときに不可欠なのは、多様な人材の多様な強みや意見をそれぞれ生かすことだろう。そこには、従来とは異なるリーダーシップが求められる。パント教授のリーダーシップ論は、このような要請に応えるものともいえそうだ。

世界の経営学は、大きく二つのグループに分かれるように思う。

そもそも経営学は、経済学・社会学・心理学など様々な学問領域のコンセプトを取り入れ、企業経営を分析したり、個々の経営課題の解決に生かしたりしようとしている学問である。

そのなかでも、「分析」に重きを置くのが、例えば、数理分析を駆使した理論やフレームワークなどの完成を目指すグループ。「課題解決」に重きを置くのが、経営者や働く人々の意識改革、行動改革に取り組むグループ。

例えば、第3講のポーター教授は、多くのフレームワークを提唱しながらも、きわめて実践的なアプローチをとる意味で、後者寄りといえるだろう。所属するハーバード大学のビジネススクールも（ポーター教授はビジネススクールの教授ではないが）、実践的な講義内容で知られる。

ナラヤン・パント教授が教壇に立つ仏インシアード経営大学院は、ヨーロッパではスイスのＩＭＤ、英国のロンドンビジネススクールなどと並ぶ名門ビジネススクールだが、ハーバード同様、実践に重きを置く。

そのインシアードで長年、経営幹部研修をリードしてきたのがパント教授である。名刺にも記された「実践（practice）教授」としてのキャリアが長く、「実践派」の経営学者として、最高峰の最前線に立ってきたトップクラスの教授、といっていいだろう。

本講はオンライン会議システムでのインタビューを基に構成したが、パント教授は話題が豊富でどれも面白く、とにかく「生徒」を飽きさせない。モニターで隔てられているとは思えないほど引き込まれた。これぞ「教師」である。

心理学の知見をリーダーシップの強化やリーダーの行動変容につなげていく。そんなアプローチをとる「経営心理学」を探求してきたパント教授。インタビューのたたずまいにも「教育者」の表情が強く出る。

余談であるが、筆者がグローバルな経営学の取材に足を踏み入れた当初、先ほどの「分析（理論重視）」派と、「課題解決（実践重視）」派の区別がよく分からず、戸惑う時期がしばらく続いた。日本では、今もそこまではっきりとした線引きはないように思う。その是非について、読者の皆さんは、どう考えるだろうか。

「人の心」を動かすリーダーの本質

ビジネスパーソンの関心も高く、百家争鳴の感もあるのがリーダーシップ論だ。リーダーといえばどのような人物を思い浮かべるだろうか。

実業界ではかつて、米ゼネラル・エレクトリックの故ジャック・ウェルチ氏がカリスマ的な名リーダーと絶賛された時代があった。あるいは、危機に瀕した事業の再建を成し遂げたり、急成長した企業において巡航速度をコントロールし、規模拡大へのシフトに成功したりした経営者が注目されることもある。

だが、パント教授は「人の心を動かすリーダー」の本質に焦点を当てる。

「リーダーシップ研究とは、リーダーにより力を発揮してもらうための研究分野だ。私の観察では、リーダーによい仕事をしてもらうために必要なのは、知的訓練だけではない。ビジネススクールは伝統的にリーダーの知的訓練を担ってきた。だが、リーダーの心理にも働きかけなければいけない。自分がエキスパートだと自認したことはないが、もう数十年、リーダーシップ教育をしてきた。

思考、感情、行動を自己管理

リーダーシップが語られるとき、まずそれは組織のタスクをやり遂げる力と思われてきた。これから起きることのロジックを完全に理解し、携わる人々にそれぞれのタスクを遂行するリソースを順序よく提供する。強いリーダーシップを持つ人材はそれができる、という見方だ。

一方、リーダーシップには、別の顔もある。部下にしっかり注目することもリーダーシップだ。部下の内面を理解し、互いにベストを尽くしながら協力し合える環境をつくる。

つまり、タスク遂行能力と人心掌握術。この二つがリーダーシップについて考えるときの伝統的な切り口だ。だが、私はもっと分かりやすく表現したい。

よきリーダーになるために必要な能力は三つある。

一つ目は、自分をコントロールできること。自己管理能力だ。思考をコントロールし、恐れをコントロールする。

リーダーに必要なのは「自分のリード」

● リーダーが遂行すべきタスクとは

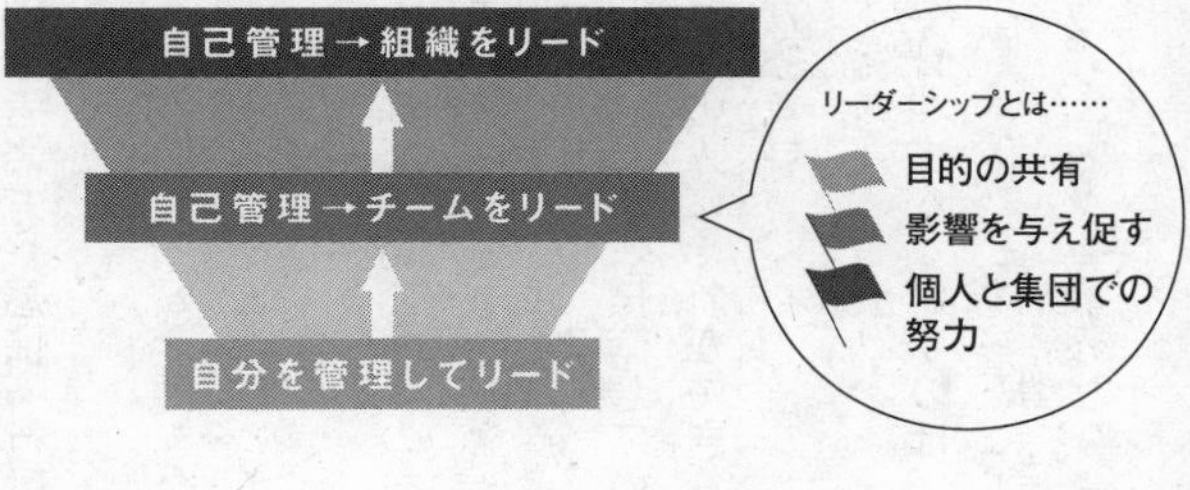

二つ目は、チームの人々をまとめる能力だ。
そして最後が、組織をうまく回す能力だ。
この三項目を考えれば、自ずとリーダーシップの意味が見えてくる」

自分をコントロールするうえでは、行動だけでなく自分の心を常にコントロールすることが肝だという。

「結果を出すリーダーになるには、まず自分と向き合って自分の考えや感情を知り、そこから表出してくる行動をうまくコントロールすることだ。会議でいつも怒鳴り散らすリーダーがいたとしたら、その人はコントロールができていない。怒りを顔に出さずとも本当は怒っている場合もある。しかし、私からすれば、それもコントロール不能状態である。感情をあらわにするか否かだけが問題なのではない。

極端な考え方や感情、行動を抑える能力が必要なのだ」

まず、真の自分とどう付き合うかが、リーダーとなる最初の一歩である。

次に、チームとうまくやっていく能力に移ろう。

「限られた時間で最大の成果を出すには、チームをまとめることが欠かせない。もっとも、チームをまとめるためにリーダーがすべきことは複雑ではない。世の中には、『ベストの結果を出すためには、チームの人々の話をよく聞き、理解し、心配事について心配せよ』と指南している本が、数多くある。それほど当たり前のことなのに、なぜ多くの人にそれができないのだろうか。それは、リーダーが自分を管理できていないからだ」

自分を管理するというのは、自分の考えや行動を管理することである。そしてチームをまとめるということは、既に述べたように結局は、自分を管理するということである、というわけだ。パント教授は、こんな具体的場面を例に挙げる。

「あなたが会議に出席しているとしよう。来年の事業計画を議論していて、部下が、議論しているのとは少し違うアイデアを話したとする。あなたは、『何だって、こんなトンチンカンなアイデアを言い出すんだ？』『今言ったらだめだろう』などと、心の中で思ってしまう可能性がある。それこそがリーダーとして自分を管理できていない証拠だ。不規則な発言にただ刺激されて、考えることなしに怒っているだけだ。あなたは、発言した部下が、実は何か深刻に悩んでいて、助けを求めるために発言している可能性を考えていない。そして、その部下の迷いには、チームをまとめるうえで重要なヒントが隠されていることも多いはずなのである」

怒りを感じること自体を抑える

自分を管理するといっても、「感じている怒りを抑える」ことだけではだめで、「怒りを感じることをそもそも抑える」ことが重要、というわけだ。

ではここでいよいよ、組織をうまく回す能力について考えていこう。会社の将来の組織設計や戦略を立案し、不確実な環境を見据えて意思決定を下し、組織がそれを遂行するようにリードする。組織をうまく回すには、様々な要素が必要に見える。

「だが、組織をうまく回す能力も、結局は自分とチームのコントロールが前提になる。組織を動かすうえでリーダーに重要なのは、実はしっかり周囲に頼る力だ。どんな立派な戦略が立案できても、リーダー一人で実現することはできず、ほかの人たちに働いてもらわなければならない。明確な指示を与えることができても、リーダーがチームを信頼し、働ける環境を整えなければ組織は動かない。

ここで、最初のリーダーシップの定義を繰り返そう。つまり、リーダーは、自分を管理しなければならない。弱いリーダーはまず他人をコントロールしようとし、部下がしていることを全部報告させる。だがそんなことは不可能だ。

多くの権限を委譲し、仲間たちのしていることを信じつつ、組織の利益に沿って行動してもらうように促すのがリーダーの仕事だ。そう考えれば、リーダーシップの本質が分かってくる。(他人でなく)自分の思考、感情、行動を管理する能力こそがリーダーシップなのである」

パント教授は、組織の長に上り詰めてもなお、「自己管理能力」こそリーダーとしては最も重要な能力だと指摘する。

「人が今、どんなに優れていても、あるいは今どんなにダメでも、いつだって今より優れた人間になることはできる。これまで数多くのリーダーに会ってきた私の経験からすると、優れたリーダーの共通点として、常に学ぼうという姿勢を持っていたことが挙げられる。逆に学ぶことをやめた途端、もういいリーダーではなくなるのだ。

リーダーの生来の性格的なくせがどうであれ、訓練で克服することはできる。その意味で、素質は大した問題ではない。そんなことより、その人の能力がどれほど高かろうと、包容力があろうと、常に新しいことを学ぼうとしているかどうかのほうがリーダーとしてはるかに重要だ」

学び続けるリーダーの下では、手掛けているビジネスも、絶えず新しいことを取り入れ成長していくことになる。

英知は群衆の中にしかない

「私は、講義の受講者に、学び続ける習慣をつくり出すことができれば成功だと呼びかけている。例えば、幹部候補生がビジネススクール在学中にいくら学んでも、卒業後に何も学ばなくなったら、我々の教育は失敗だ。ビジネススクールとは、学ぶ習慣を身につけるための場所だと考えている。

そうでなければ、ビジネススクールは松葉づえになってしまう。何かやるべきことが明確にある前提で、受講生がその方法を教えてもらうことを当てにしてやってくるようになる。当面必要な知識を得たら、つまり歩けるようになったら、お払い箱。それではリーダーなど育成できない。

だから、私が講座を担当するときは冒頭にこう尋ねることにしている。『ここに何をしにきたのか？』。大抵、受講生は驚き、『リーダーシップを学びに来た』と答える。そして、私はまた聞く。『なぜここにリーダーシップを学びに来たのか？　本を読んだっていいし、ポッドキャストを聞いたっていい』

受講生は、大体深く考えないで参加している。漠然と何かを教えてもらいたいと思っている。しかし私が彼らにできるのは、学び続ける『心の力』を身につけるお手伝いだけだ」

学び続ける姿勢を持つためには、人は謙虚でなければならない。謙虚なリーダーは何事に向き合うときも、他人の意見を大事にする。そしてそうした耳を傾ける力こそ、環境が激変している中で組織を生き残らせるための重要な資質となる。

「不確実な環境にあっては、専門的な知識などあってないようなものだ。では、先が見えない環境で必要なものは何か。それは謙虚に『群衆の英知』を活用する力だ。判断と意思決定の科学という研究分野がある。あなたが１人の専門家を連れてきて、世界に将来何が起こるか予測してほしいと頼んだとする。だが、専門家の予測だけでなく、横にいる素人の予測も加味すれば、より良い予測になるという研究だ。おかしなことに感じるかもしれない。何しろ、あなたは世界トップクラスの専門家を連れてきたつもりでいる。一緒にいる誰かは専門家ほど優秀ではない。しかし、科学的根拠によれば、１人のプロの予測より、そのプロと素人の２人の予測のほうが当たる。素人の数を１人から２人、２人から３人と増やせば当たる確率はさらに高くなる。６人から８人の人を加えて予測すると、極めて頑健な予測ができるだろう。これが『群衆の英知』だ」

集合知、と呼ばれることもある概念だ。２００９年に『「みんなの意見」は案外正しい』（ジェームズ・スロウィッキー著、角川文庫。原著は２００４年刊行）という翻訳書が話題になった。予測の確からしさを統計的に分析した研究結果などを紹介したものである。

広く聞く姿勢が質の高い判断につながる

● 将来予測における判断した人数と正確さの関係

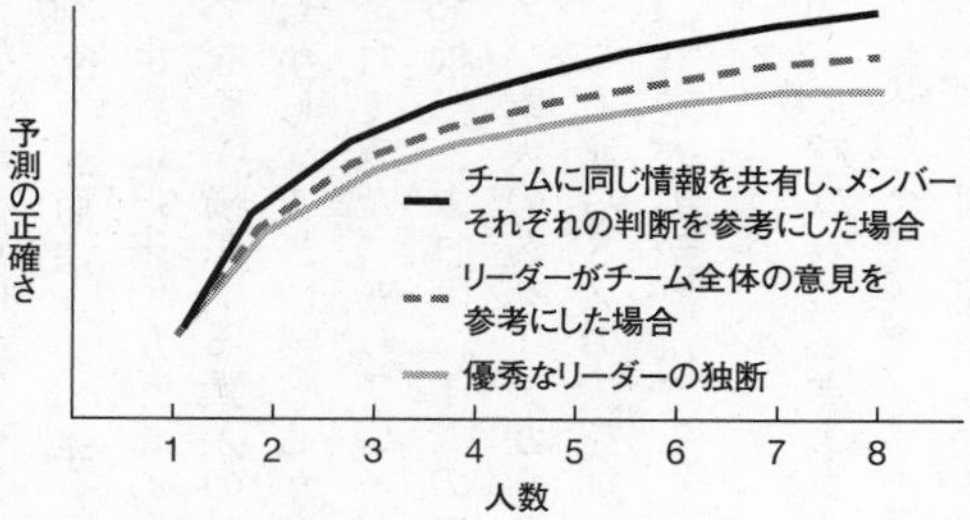

“リーダーは、『群衆の英知（Wisdom of Crowds）』で決断の質を高めよ”

質の高い意思決定のための3カ条

- ▶ メンバーに個別に考えさせる
- ▶ 必要な情報を最大限共有する
- ▶ 可能な範囲で多様な考え方を集める

出所：パント教授提供の資料を基に作成

「すべての科学的根拠において、複数の判断は、たった1人の判断よりも優れているという結果だった。この事実を、リーダーは常に念頭に置くべきだ。意思決定の前提となる情報処理の多くが将来、AI（人工知能）に任されていくということになるなら、人間に必要なのは、判断の行使だ。AIはある仮定に基づいた一つのモデルによって、助言はできる。だがリーダーは、判断をしなければいけない。『この助言に従うべきか否か？』。最も優れたリーダーは多くの異なる情報源から判断し、集合知の在りかを見極めねばならない」

それは、どのような集団の意見でもいいのだろうか。

「意見を聞くときは、多様な人々から聞くべきだ。上司と部下が会議に参加しているとする。上司が部下に意見を求めたとき、部下は何をするだろうか。ボスが聞きたいことを忖度するに違いない。これでは、部下が自分で考え、独立して出した判断とはいえない。だが最終的な判断の質は、聞いた意見がそれぞれ個々に独立していればいるほど、改善することが分かっている。

そしてこれこそが、リーダーの役割だ。リーダーシップが達成すべき機能とは、自分1人の判断を行使することではなく、むしろ誠実で、独立的で、多様な意見を出しやすい環境を整えて、最終的に集団として良い判断につながるような役割を果たすことにある」

リーダーは最後は1人で決断しなければいけない。だが、1人で決断しなければならない内容を、1人で考えてはいけないということだ。

「もうお分かりだろうが、この群衆の英知を幅広く集めるには、リーダーには、分け隔てない態度が必要になる。自分こそがすべてを分かっていると認識しているようなリーダーでは、ダメだ。自分は学びの途中であると認識し、常に自分を律して、新しいことを学び続ける。そうでなければ、正しい判断を下せるリーダーにはなれないのである」

「緻密な管理」は未熟の証明

6～8人の個別の見解の平均値を参考に意思決定をしたほうが、1人のリーダーの独断より意思決定の質は高まる、と説くパント教授。正しい経営判断を下すには、リーダーはメンバーでなく自らを管理し、自由闊達に意見を述べられる環境をチーム内につくることが最重要だと強調した。

ただ世の中では、緻密な組織管理（マイクロマネジメント）こそが成果を生むとの考え方もある。パント教授はどう見ているだろうか。

「マイクロマネジメントは、自己管理の対極にあるリーダーの姿勢で、私は評価しない。マイクロマネジメントをしたがるリーダーは同僚、仕事相手を信用できないのだろう。これまでに指摘したように、他人をコントロールするなどそもそも不可能だ。それに、特に大企業などでは、メンバーを細かく管理すればするほど彼らは指示待ち型の人材になる。自分自身で決めることを恐れ、組織のトップに全部決めてもらうまで待つようになる。つまり中長期的には、全部組織の弱さとして跳ね返ってきてしまう。

マイクロマネジメントなしで組織を管理できないと思うリーダーは、自分を律することができていない。怒りの感情などを制御できず周囲を萎縮させている。だから、細かく管理し叱咤しないと組織が動かない」

近年は、怒りの感情をコントロールする「アンガー・マネジメント」なども人気を呼んでいる。だが、パント教授はこうしたテクニックについても否定的だ。

決めつけるべからず

「アンガー・マネジメントなどは、表層的なやり方にすぎない。湧き上がった怒りをコントロールするのでなく、怒りそのものの発生を抑えなければ、優れたリーダーにはなれない。例えば、私が会議に出席して、プレゼンテーションをしているのに、参加者の一人がスマホを見ているとしよう。ここで『ああ、何てことだ、私の話が気に入らないんだ』と恐怖心にも似た怒りが湧いてくるようではだめだ。そうではなく、例えば『彼はなぜ会議中にスマホを見ているのか。子供が急に病気になってしまったとか、業務上、何か突発的なトラブルが起きたに違いない』と発想しないといけない」

「会議中にスマホを見る」行為の背景には本来、いくつもの理由が考えられる。にもかかわらず、「自分への当てつけ」と決めつけると、そこからは誰でも怒りの感情しか湧いてこない。

「言い換えれば、『決めつけるべからず』。多くの場合、他人の行動の理由は他人には分からないのに、我々は相手が意に介さない行動をすると、勝手に理由を決めつける傾向がある」

思い込みが激しい、短気、偏見が強い、抑圧的……。生まれつきの「性格」に起因しそうなリーダーの行動はどう改善すべきか。

「一つだけ言えるのは、頑張っても行動が改善できないような人はいないということだ。例えば、リーダーの中には、ダイバーシティー（多様性）を否定する人が少なくない。自分に賛成しない人間の言うことを聞きたくないからだ。なぜ、聞きたくないのか？　それはそのリーダーが、自分に否定的な意見を言う人間への怒りを抑制できないからだ。自分に問題がある。

リーダーが自分自身を律して考えを切り替えるようにできれば、否定的な意見など怖くない。VUCA（不安定・不確実・複雑・曖昧）な世の中で成功するのに不可欠なのは、異なる視点に対する寛容さだ。それが得られる。

広い意味では怒りも恐れも、人間が持つ『心配（Anxiety）』に起因する。感情を制御するには、思考訓練に加え、心配の発生自体を抑えるとよい。

自分は賢いか？　この仕事で成功できるか？

我々は、心配や不安を感じたら抑えるようにと教わってきた。しかし心理的に見れば、抑圧はうまくいかない。例えば私が、『黒いタイヤを履いた黄色いトラックのことを考えないでほしい』と言ったとする。考えないようにした途端、トラックの映像が頭に浮かんだのではないか。同じことが、心配や不安にも当てはまる」

リーダーになれるほど成功体験がある人が、思考や行動を変えることなどできるのか、との見方もありそうだ。

「可能だ。マーシャル・ゴールドスミスという著名なコーチングの専門家がいるが、彼は『これまでうまくいったやり方で今後もさらにうまくやれる保証はない』と言っている。保証がない以上、自分の行動パターンを自覚し、変えていくしかない。優れたリーダーなら理解できるはずだ」

その意味では、リーダーの行動変容を促す第一歩は、「自覚」である。

「自分の行動パターンに対する自覚を持つ人は、なぜ今こんな状態になっているかについて、物語として語れるはずだ。あなたは語れるだろうか？

組織が保守的で無理だというかもしれない。だがあなたは、そもそも話そうとしたことがあるのか。話す相手は、小さなグループから始めてもいい。

現状分析は、恐らく誰にとってもあまり気持ちのよいものではない。語ることで、変わるべきと知りながら変われない自分に嫌気が差すかもしれない。それでも思考停止せず、「内なる気づき」を得るため、人は自分の物語を語らねばならない。

さて、どんな考えが浮かんだだろうか？　どのような感情が湧いてきただろうか？

もしかしたら、ショックだったこともあるのではないか。そのつらい気づきこそが、変わりたくても変われない、あなたの行動を変革する「学び直し（unlearn）」の第一歩なのである」


「変わりたい自分」になるためのステップや、感情的になってしまう原因が「恐れ」にあることなど、良きリーダーになるうえで克服すべきポイントが具体的に見えてきたはずだ。

インポスター症候群（Imposter Syndrome）の3つの特徴

1	2	3
他人は、自分たちの実力を過大評価していると考える	自分たちの本当の実力がいつかはばれると不安に思う	成功は運や外的要因で、見合わない努力しかしていないと考える

出所：心理学者Christian Jarrett氏の記事「Feeling like a fraud」（2010年、『*The Psychologist*』誌掲載）を基に作成

リーダーが陥る自虐の落とし穴

さらに、リーダーが陥りやすい「インポスター症候群(Imposter Syndrome)」の正体と、この〝病〟との向き合い方について聞いていく。インポスター症候群とは、「自分の成功や今の地位は、自分の本当の実力ではなく外的な理由で、周囲は自分を過大評価している」などと考えてしまう傾向のことだ（上図）。

「多くのリーダーは、『インポスター症候群』に苦しんでいる。これは、『私はここにいるべきではない。私はたまたま運がよかったから今のポジションにいる。前任者と比べて自分は全く優秀ではない』などと考えてしまう傾向のことだ。読者にも、身に覚えがある人がいるのではないか。

これは、決して恥ずかしいことではない。優れたリー

ダーですら、このインポスター症候群にしばしば陥るからだ」

「インポスター」という概念は1978年、2人の女性臨床心理学者が発見した。学術界などで輝かしい成功を収めた女性150人にインタビューしたところ、多くが内心「自分は偽物であり、称賛に値しない」と思っていることが判明し、広く世間に知られるようになった。

当時は、彼女らの極端な過小評価は「長きにわたり続いた、職業選択における女性差別による歴史的抑圧の影響」とされたが、後の研究で、より普遍的な感情であることが分かってきた。

「リーダーは堂々としなければならない」「誰もが認める人間性を備えていなければならない」……。そういった世間の期待と自ら課すハードルの高さから、性別にかかわらず優れたリーダーがインポスター症候群に陥るのは、極めて普通のこととパント教授は言う。

「さて今、読者がインポスター症候群に苦しんでいると仮定しよう。読者は、ネガティブな考え方にとらわれているさなかだ。そうなると何が起こるだろう。気をそらしても、いったん湧いた負の感情はなかなか鎮まらないのではないか。何とか思考を振り切るためには、どうすればいいのか。

簡単なことだ。『インポスター症候群に陥っている自分』を受け入れ、今やるべき仕事をとにかくやればいい。いったんネガティブな感情や思考にとりつかれた読者は、何とかインポスター症候群を克服したいとあがくだろう。だがその努力はまず役に立たない。そうではなく、『ああ自分は今、インポスター症候群に陥っているな』『これは多くのリーダーが持ち得る感情で、自分もそうなのだ』と今、起きている状況をまず認識することだ」

ネガティブな思考を無力化するには

たとえインポスター症候群に陥り、自分に自信がない状態にあっても、仕事に影響がなければよい。問題は、自信がなくなった結果動揺し、仕事が手につかなくなったり、業務のパフォーマンスが落ちたりすることだ。パント教授は、動揺を抑えることは十分に可能と考える。

「これまで私が述べてきたことで重要なポイントの一つは、感情をコントロールする

行動変容を妨げるのは何か

● リーダーが自己管理するためのステップ

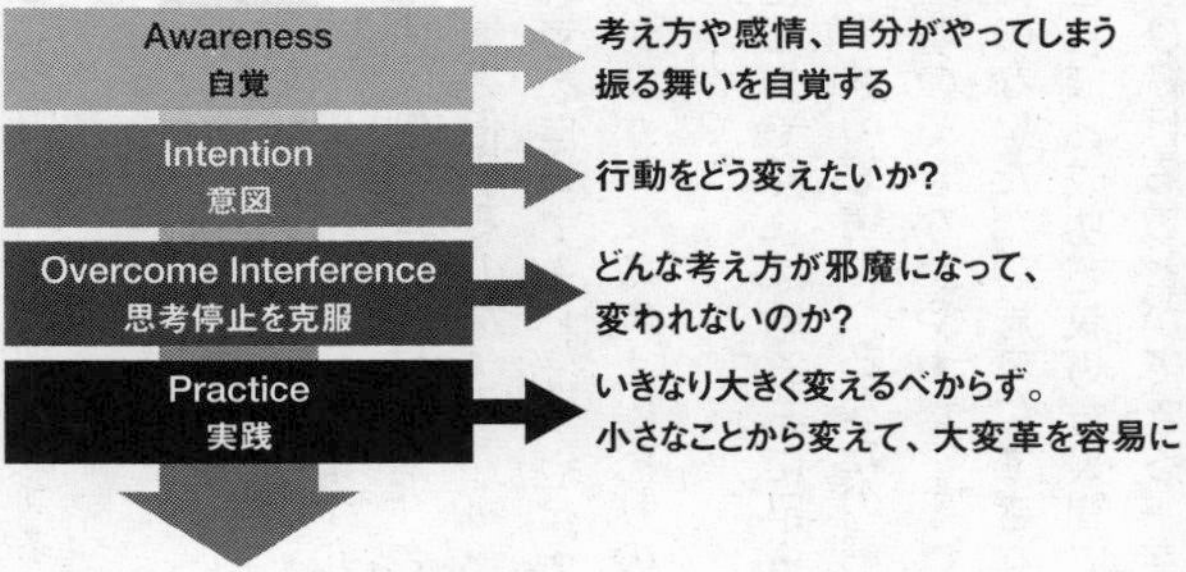
Awareness
自覚
考え方や感情、自分がやってしまう
振る舞いを自覚する
Intention
意図
行動をどう変えたいか?
Overcome Interference
思考停止を克服
どんな考え方が邪魔になって、
変われないのか?
Practice
実践
いきなり大きく変えるべからず。
小さなことから変えて、大変革を容易に

出所：パント教授提供の資料を基に作成

うえでの『気づき』『自覚』の大切さだ。負の感情が自分の内面から湧いてきても、感情そのものを無理に抑えることは難しい。だが『なぜ自分にそんな感情が生まれるのか』について冷静に自己分析できれば、その感情に振り回されることはなくなる。

私は、良きリーダーは、怒りの感情を持つこと自体があってはならないと指摘した。そのための方法がまさに自覚だ。怒りの感情が湧いたら、なぜそんな思いが駆け巡ったのか考える。怒りの原因は、大体、恐れだ。そこで、自分がどのような恐れを持ち、それがどのように怒りを生んだのか、自分を見つめるのだ。そうすれば、怒りの感情はあなたへの影響力を急速に失う」

こうして怒りを〝高速処理〟する技術を確立すれば、「怒りの感情を持たない状態」と同じになる。

「私たちは社会の一員として、どんな時も平常心でいるようにと教わって育つ。だが無理だ。感情は、コントロールを諦めることでコントロールが可能になる。ネガティブな考えを無理やり打ち消すことは諦めよう。ネガティブな思考を自らの中に受け入れ、無力化するのだ。

思考を自覚できれば、やがてこんなふうに思える。『今、自分の中に良からぬ感情が湧いたが、この考え（怒りの場合もあれば、極端な自己評価の場合もある）は真実だろうか？』

ここまでくれば恐るるに足らずだ。感情を抑え込もうとしている間は、こうはならない。負の感情は、あなたの肩に座り、耳元で静かにささやき続ける。『おまえは本当は仕事のできないやつだ……』。そのささやきの主を目の前に引きずり出してみれば、実体のないただの思考にすぎないと分かる。この気づきが重要なのだ。

どれほど成功を収めた人間でも、今よりさらに向上できるし、いつでも新しいことを学び続けることができる。学び直しのコツについて助言するならば、その最初の一歩も、この『気づき』だ。自分の考え方、感情、そして自分の関心事。これらに気づき、しっかりと自覚することが、学び直しの第一歩である」

パント教授はさらに、リーダーにふさわしい行動様式を身につけていくための「認知行動療法（Cognitive-Behavior Therapy／ＣＢＴ）」、そしてマインドフルネスについて説く。

「高いポジションにつけば、人はそれを失うことを恐れてしがみつくようになる場合もある。ポジションを失い、キャリアプランが壊れることを恐れるのだ。これらもすべて、これまで見てきた『恐れ』だ。こうしたリーダーゆえの恐れをどう克服するか。ここで認知行動療法について紹介したい。

認知行動療法では、自分の頭の中を駆け巡っている思考に気づき、その思考を修正し、さらには行動を変えていくまでのプロセスをフォローしている。まずは自分の思考を認識する。そして、その考えを『修正』する。さらに、考えを修正することを通じて、行動を変えていくのである。これが認知行動療法の基本的なステップだ。

これが煩わしいと思うのであれば、もっとシンプルなやり方もある。それがマインドフルネスと呼ばれるアプローチだ。

マインドフルネスとは何か？　それは要するに『今していること』に集中し、注意を払うことである」

今していることに集中する

マインドフルネスが、リーダーの自己管理にも有用であると指摘するパント教授。目の前のことに注意を払うこと、気づくこと。リーダーには目、耳、感性を研ぎ澄ませた観察力が重要ということでもあるだろう。

「ここで重要なのは、観察するだけで『判断』をしないことである。これはいいとか悪いとか、そうした判断を下さないことだ。そうではなく、頭の中や体、感情面に今、起こっていることに注意を払う。これを、呼吸法などと合わせて取り組む人もいるし、いろいろなやり方がある。しかし、目的は『気づくこと』だ。マインドフルネスの瞑想は、気づき、自覚のためのプロセスだ。絶対に、厳格な判断をしてはいけない。注意を払い、ただ観察するのだ。瞑想やマインドフルネスは、中国や日本など東洋に昔からあったものだ。ユニークなのは、東洋から西洋に来たやり方を心理学者が研究して科学的に体系化してまとめ、それがまた日本など東洋に逆に戻っていっていることだ。

日本の職人が瞑想に取り組めば、完全な仕事をすることが可能になるだろう。余計な思考を頭の外に追いやり、目の前で起きていることに注意を払える。同様にリーダーがマインドフルネスに取り組むことにはかなり恩恵があると思う。観察力が高まり、様々なことに注意を払うことができれば、おのずと『自分の頭の中を駆け巡っている思考』を捉えることも容易になる」

自分の思考を正確に認識すれば、どこをどう修正すべきかもよりクリアになる。ここまでくれば行動を変えるまで時間はかからない。もっとも、こうした説明に対し、科学的根拠はあるのかという疑問を持つ人もいるはずだ。

「我々は科学の世界に生きており、エビデンス（根拠）を必要とする。結論から言えば、心理学者の最近の研究ではマインドフルネスが有効であるという科学的根拠が明らかになっている。先輩リーダー、祖父の世代が言うよりずっとマインドフルネスは説得力のあるメソッドとなった。はるか昔から存在していた優れた技術が、科学的根拠に基づく有効性を認められ、我々の元に戻ってきたということだ。

にもかかわらず、私が日本人の経営幹部に瞑想やマインドフルネスに取り組んでいますかと聞くと、非科学的なものだと誤解しているのか、取り組んでいないことが多い。昔は実践している経営者がもう少しいたと思う。アジアの素晴らしい伝統なのに残念だ」

危機の時こそ「耳障りな異論」に耳を傾ける

こうして「気づき」「修正」「行動変容」の技術を身につけたリーダーはいかなる状況でも的確な判断ができるようになるというパント教授。とはいえ経営環境が不透明かつ激変する現代において、より早く危機対処法を身につけたい人もいるに違いない。シンプルな方法を解説してもらおう。

「パニックに陥りそうなとき、哺乳類の脳で一番古い部分である扁桃体は反射的に反応する。例えば買いだめなどは、食べ物はあると頭では分かっていても、扁桃体が

『万が一に備えて買いに行け！』と命じる。だが、危機の時のリーダーは冷静でなければならない。

第1に重要なのは、データだ。何事もデータに基づいて判断すること。

これは、言うほど簡単ではない。ある人にとってのデータは、別の人にとってのフェイクニュースだったりする。

公正なデータを得られない場合、一人でなく、違う立場の人々から各自の見解を集めること。多様な人々が多様な立場から意見を言い合うグループほど、意思決定の質が高いことについては既に指摘した。必ずしも賛意を示すわけではない見解も出てくる。だが違う意見にこそ耳を傾けよう。感情的になりそうだったら、自分をコントロールする。人は耳に心地よい意見ばかり聞いてしまいがちで、反対意見を探すのは難しい。しかし危機の時こそ、耳障りな異論が重要だ」

世界は、先の見えないウィズコロナの試練をいまだに経験している。楽観的過ぎても、悲観的過ぎてもリスクを抱えかねず、かじ取りが難しい。

「世界は、未知のウイルスによる感染拡大という誰にも答えがない危機に見舞われてきたが、私は希望を持っている。なぜなら、日本、中国、欧州そして米国、カナダ、あらゆる国の最高の頭脳が、解決に全力で取り組んできたからだ。世の中のために、防護するための装置をつくり、ワクチン開発に取り組んできた。

人類の英知を信じる。とはいえ完全に元通りに戻るわけではない『半常態』で、感染症とのバランスを取りながら暮らす解決策を、これからも模索するのだろう」

パンデミック危機後のリーダーシップ

さて、文庫版発刊を前に2023年、パント教授に再びインタビューする機会を得られた。ポストパンデミックのマネジメントについて貴重なコメントがあったため、最後に紹介したい。

「私は少し懸念している。ひとまず、新型コロナウイルス禍が一段落した。だから2019年に戻れるのだと皆さんが思っている気配があるからだ。新型コロナ禍は落ち着いたかもしれないが、世界は変わった。今の世界は、2019年以前とは違う。私が、今だからこそとても重要だと思うリーダーシップの特徴が三つある。

今だからこそ重要なリーダーシップ、三つの要素

一つ目は、己を知る心である。2020年3月、全世界が止まった。誰も動かず、

どこにも行かない世界。こんなことは起こり得ないと思っていた。2019年以前に聞かれたら、こう言っただろう。『誰も動かず、どこにも行かない世界？　あり得ない』と。

世界にとってトラウマになるような出来事だった。だから、元通りに戻ると信じたいのだろうが、もう戻ることはできない。だからリーダーには、まず第一に、自分自身について知る必要があると思うのだ。具体的には自分自身が何を考え、恐れているのかを改めて知ることだ。それが一つ目だ。

二つ目は、原則で統治する熱意だ。ある日は自宅で仕事をし、ある日は出社する。これはルールだ。私たちはこんな新しいルールをつくってきた。

しかし、リーダーシップにはルールよりもっと大切なものがある。孔子はこう言っている。『ルールによって統治するのではなく、徳によって統治せよ。原則によって統治せよ』。あなたが組織で適用すべき原則は、従業員に対して公平であることだ。（一律のルールではなく）原則によって統治するのだ。

ある従業員に当てはまるやり方が、他の従業員には合わないこともある。だから、このような環境ではルールは役に立たない。原則に従わなければならない。

三つ目が、思いやりだ。今日のリーダーには、より大きな思いやりが必要だ。考えてみてほしい。最近のニュースで、多くの大企業が雇用を削減しているのを知った。株価が下がり、コストを削減しなければならなくなったからだ。そこには、思いやりが感じられない。従業員への対応に思いやりがないのは問題だ。この態度が、ますます従業員との「取引関係」を増やすことになる。既に人々は、若い世代が働きたがらないことに不満を抱いている。仕事が気に入らなければ放り出して、どこかに行ってしまう。それは組織に思いやりがないと分かったからだ。組織が思いやりを見せなければ、取引関係がもっと増える。例えば、こう社員から言われる。『何をくれるんだ？　くれないなら、私は辞める』。そういった純粋に取引だけの関係になる。

この三つは私の考えるリーダーシップの要諦である。一つ目は、リーダーが自分自身をより深く認識すること。二つ目は、ルールで支配するのではなく原則で統治すること。あなたが守りたい原則は何だろうか。そして三つ目は、リーダーにはより大きな思いやりが必要だということだ」

米国では2021年、「大量自主退職（The Great Resignation）」という言葉がはやった。その理由の一つが、思いやりの欠如だろうか？

「その可能性はかなりある。人々の振る舞いをみていると、『なぜあなたのことを気にかける必要があるのか。あなただって私のことなど気にしていないだろう』と思っているように見える。

また、新型コロナ禍のとき、人々は、身近に頼りになる人がいることを再発見した。家族や親しい友人だ。そこで、プライベートなつながりの大切さを再認識したのだ。会社など、いわばオンライン会議と大差なかった。会議で見かけただけの人を頼りにするわけにはいかない。だから、関係は以前よりずっと弱くなった。こうやって崩れた人間関係を再構築するには、思いやりを示す必要があるのだ」

つながりが続く組織にするには、どうすればいいのだろうか。

「この世に、世界がどうなっていくのかを正確に予測できる人はいない。したがって、何が必要になるかを予測することもできない。だからこそ以前も話したように、群衆の知恵が重要なのだ。多様な視点を持ち寄りながら、育てることのできる力がある組織は、長持ちする。

我々は、技術環境の中で暮らしているわけではない。技術環境には答えがあり、専門家が答えを持っている。だが我々が生きているのは適応型の環境（adaptive environment）だ。これは別の学者のつくった言葉だ。適応型の環境では、誰も答えを持っていない。だから今、この環境で成功するには、たくさん実験して、（環境に合うかどうか）試行錯誤するしかない。そこで重要になるのが、またしても群衆の知恵だ。独立した知識を持った多様な人を大勢集めることができるリーダーの能力が、極めて重要になるのだ」

群衆の知恵を持ち寄って試行錯誤することは、イノベーションにも役立つのではないか。

「その通りだ。単なる製品のイノベーションだけでなく、組織や、協働するための方法でイノベーションを起こすこともできる。どれも必要だ。新しい均衡がどのような姿になるかは分からない。だが、企業は臨機応変に対応する勇気を持たなければならない」

らいいのだろうか。

多様性への変革には株主からのプレッシャーが必要だ

日本人にとって一番大切なのは、多様性に慣れることではないか。女性やマイノリティの扱いにいまだに苦労しており、社会における無意識のバイアスはかなり強い。役職などの一定割合を女性にするクオータ制もたびたび議題になる。これを克服するにはどうしたらいいのだろうか。

「私の希望の一つは、株主からのプレッシャーだ。ご存じのように、多様な視点を組織に持ち込むことができた企業は最終的には業績が良くなる。欧米の透明性の高い上場企業では、既にそのことが分かってきている。

多様性のなさを知った株主は、チームの中に多様性を求めるよう、リーダーにプレッシャーをかけるだろう。ESG（環境・社会・統治）の観点からではなく、より良い意思決定のためというシンプルな観点からだ。それが私の願いでもある。

組織は内部から変わることはできない。不可能だ。どだい無理な話だ。もし私が30年かけて組織を上り詰め、頂点に立ったとする。次はどうするか。私はこの中で成功したので、変化しないようにするバイアスがかかっている状態だ。だから、外からの圧力が必要なのだ。

（欧州などでの）役員に一定数の女性を入れなければならないという規制（クオータ制）が、役に立ったか立たなかったかについてはいろいろな議論がある。でも、そんなことはどうでもいい。結果を見よう。結局のところ、より多くの女性が取締役に就任できたではないか。当初は『いいことなのか、よくないことなのか、よく分からない』と言われた。しかし、結局のところ、女性が増えた。これはいいことだ。良い結果なのだ。

現在、組織や取締役会に本格的な多様性を実現するためには、できることは何でもしなければならない段階にある。そして、株主の圧力が必要であれば、それはそれでよい。圧力はいずれどこからかかかってくるものなのだ」

変化のためには、どうしても何か強制する力が必要ということだろうか。日本は常に外圧によって変化してきた歴史がある。

「必要ならば圧力をかけることもやむを得ない。とても長い間成功してきた場合、これまでやってきたことを変えようとすると、激しい抵抗に遭うことがある。長い間うまくいってきたことを変えるのは、容易ではない。

私はよく、何でも自分でやってしまうマネジャーと対話する。彼らは、すべての決断を一人で下す人々だ。

だがある一定の水準に達したと思われるとき、私は彼らに『もうこれ以上は（一人では）無理だ』と諭すことにしている。仕事はとても複雑で、他人を信頼しなければ成り立たない。しかし、長い間一人で成功してきた当人たちにとっては、他人を信頼することがとても難しい。これは企業でも同じことだ。変わることがとても難しい。

ただし圧力は必要だが、規制はちょっと危険だ。なぜなら、規制はたいてい政治主導だからだ。規制は政治に由来する。そして政治は、収益性や組織の成功などとは異なるねらいがある。一方で、企業がＥＳＧを推進するのは株主の目があるからだ。株主は結果を見たい。だからその目が、組織における変化の原動力になる」

第6章 経済学の視点からアプローチする経営論

第11講 マーケットデザインで読み解く起業マネジメント

スコット・コミナーズ *Scott Kominers*
米ハーバード経営大学院教授

第12講 ネットワーク効果で読み解くプラットフォーマー

デビッド・ヨフィー *David Yoffie*
米ハーバード経営大学院教授

経営学と経済学は、密接な関係にある。本章では、経済学の視点を取り入れた、2人のハーバード教授による最新の経営論をお届けする。

経済学者のスコット・コミナーズ教授が説くのは、ミクロ経済学で発展した「マーケットデザイン」を取り入れた、シンプルで実践的な起業のコツ。

一方、ケーススタディの達人であるデビッド・ヨフィー教授は、「ネットワーク効果」の視点から、GAFA（グーグル・アップル・フェイスブック〈現メタ〉・アマゾン）などプラットフォーマーの強さと落とし穴を分析する。

第11講　マーケットデザインで読み解く起業マネジメント

「市場の失敗」がお金を生む

スコット・コミナーズ　*Scott Kominers*　米ハーバード経営大学院教授

1987年生まれ。米ハーバード大学で数学を専攻、2009年、最優等で卒業。10年に経済学修士号を取得、11年に経済学博士号を取得（Ph.D.）。米シカゴ大学、ハーバード大学フェローなどを経て17年から准教授、22年から教授。ミクロ経済学のマーケットデザインを専門とする。

▼講義の前に――「超人」経済学者の横顔

スコット・コミナーズ氏は米ハーバード経営大学院教授で、MBA（経営学修士）コースや博士課程などで教壇に立つ、新進気鋭の経済学者だ。

コミナーズ氏の専門はマーケットデザインという経済学の比較的新しい分野で、人同士、人とサービスをいかに引き合わせるかを探るマッチング理論を研究している。経済学部にも籍を置くほか、ハーバード数理科学応用センター、ハーバードコンピューター社会センター、全米経済研究所（NBER）にも籍がある。コミナーズ氏は難民の居住地振り分けにマッチング理論を応用したことで知られる。

マーケットデザインは、オークション理論やマッチング理論などを使った市場の分析により、市場の仕組みを設計、創造しよう、という発想のミクロ経済学の分野だ。日本人経済学者の層が厚い分野でもあり、東京大学経済学部の小島武仁教授（2020年に米スタンフォード大学から移籍）や大阪大学大学院経済学研究科の安田洋祐教授、慶応義塾大学経済学部の坂井豊貴教授などが、米国の大学で博士号（Ph.D.）を取得し、国内外で活躍している。東大の小島教授は「兄弟子」にあたり、共にノーベル賞経済学者である米スタンフォード大学のアルビン・ロス教授の論文指導を受けた。

そんな仲間の研究者らから、コミナーズ氏は「かなりの超人」と言われている。

米ハーバード大学で数学を専攻し、最優等で卒業し、飛び級で経済学の修士号、博士号を取得した。そんなコミナーズ氏から「これが、今取り組んでいる研究リストなんだ」と見せてもらったメモに、驚愕した。優に30テーマを超え、内容も経済学に数学、理論研究、ビジネススクールのケーススタディ、さらに学際的なプロジェクトと、恐ろしく多岐にわたっていたからである。これらを同時並行でスムーズに進行させる生産性の高さはすさまじい。知の「巨人」ならぬ、「超人」とは、コミナーズ氏のような人を指すのだと実感した。

米国のトップスクールのすごみは、コミナーズ氏級の超がつく驚異的な秀才が大勢集まり、大学のあちこちにいながら、交流していることであろう。

本講の取材はコミナーズ氏がケーススタディ研究のため来日した折、米ハーバード・ビジネス・スクール日本リサーチ・センターの佐藤信雄センター長のご協力で実現した。コミナーズ氏は日本のラーメンが大好物だという。来日にあたって、六本木のラーメン店に立ち寄ることを楽しみにしていた様子が印象的だった。

本書に登場する研究者はいわゆる高名な大御所が多く、まだ30代半ばの経済学者であるコミナーズ氏は異彩を放っているかもしれない。筆者とコミナーズ氏はツイッター（現X）で相互フォローしているが、時々、筆者が担当した記事のリンクをツイートすると、リツイートしてくれたりリプライをくれたりすることもある。フットワークが軽く、とても気さくな先生である。

新しい事業のタネを見つけ出す方法とは？

そんな若き超人、コミナーズ氏が、マーケットデザインをベースに「新規事業のタネを見つける方法」を提示する。要点はシンプル。「〝市場の失敗〟を探し出せ」だ。

「私は経済学の理論研究と同時に、経営大学院でのケーススタディ執筆、コンピューター科学や進化動学（人類の進化を数学的に解明する学問領域）、数理科学応用センターでの研究など、学際的な研究にも携わっている。

そんな私が考える起業マネジメントのカギは、これらの知見を組み合わせ、現実の社会で発生している『市場の失敗』を研究し、見つけ出し、修復する手立てを探求し続けることだ」

なぜ「市場の失敗」の発見が起業につながるのか。コミナーズ氏はそれを解説するにあたり「そもそも市場とは何か」をおさらいする必要があるという。ここは急がば回れで、コミナーズ氏の講義に耳を傾けてみよう。

結婚もデートもすべて市場

「読者は恐らく、金融市場、住宅市場などあらゆる取引市場に日々接しているだろう。だが一方で、日常的に接していながら、それを『市場』と認識していない市場もあるはずだ。例えば、結婚市場、デート市場も立派な市場である。経済学的な意味における『市場』とは、市場参加者が互いに反応し、何らかの動機をもって取引を模索している状況をすべて指す」

市場が「失敗」せず、仕組みが有効に機能している間は、大きなビジネスチャンスが生まれにくいともいえそうだ。

「古典的な経済学では、例えば株式市場や金融市場においては、参加者それぞれの思惑で株式を売買したり、借金をしたりといった取引をすることで、おのずと価値が創出されることになっている。売りたい参加者はできる限りそれが市場で一番良いように見せ、買いたい参加者は将来はさらに価値が上がると考えたものを買う、という動

制約などで実現できない取引をつなぐ

● 組織内取引市場の役割

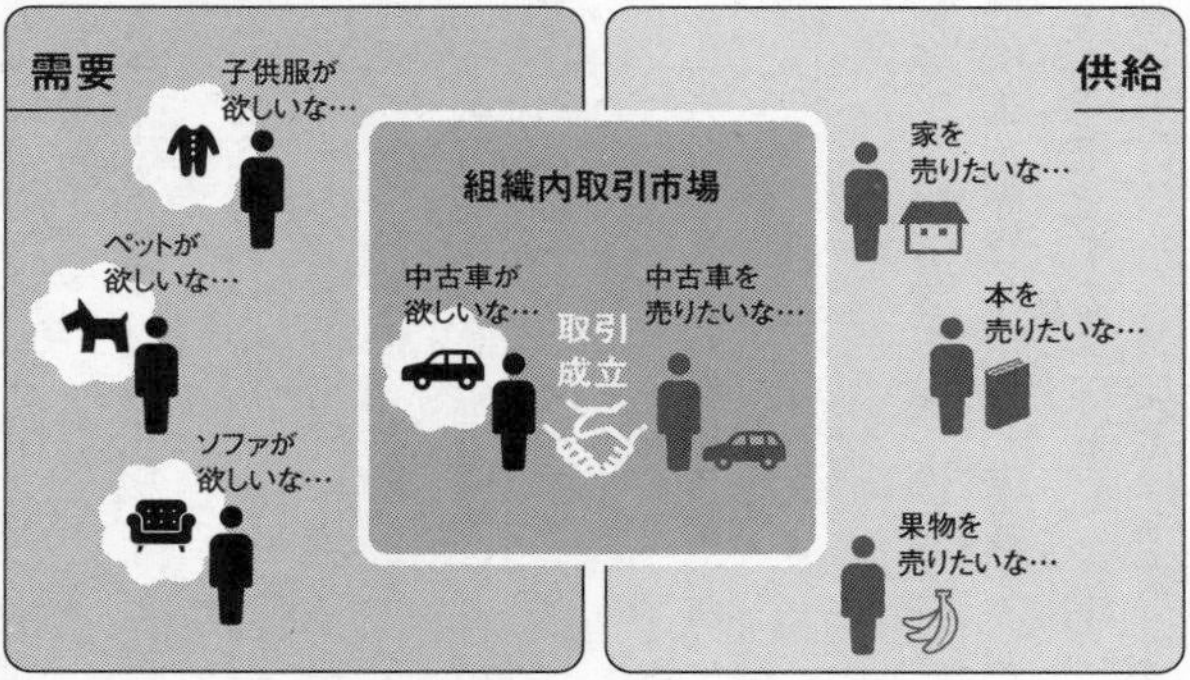

機で動く。結婚市場もこれで、市場参加者がより自分にふさわしい相手を探そうとする市場だ」

しかし、現実の市場は常々有効には機能しない。その状況を、コミナーズ氏は「市場の失敗」と呼ぶ。

「市場の失敗は、何によって引き起こされるのだろうか。そこには多くの要因がある。まず、『摩擦』が市場取引を妨げる。摩擦の一つが、不完全な情報だ。金融市場なら、投資したいがそもそも将来どの商品の価値が上がるかは分からない。結婚市場では、自分を格好良く見せようと相手が偽りの姿を見せているかもしれない。中古車を買いたいが、どれが高品質か見抜けない。

現実社会ではこうした要因のために、価値を生み出せるはずの取引がなかなか成立しない。これが市場の失敗で、さらに広げていえば、間違った取引が発生し、最適な結果につながらなかったときのことをも指す。経済学者は長い年月の間、市場の失敗について研究し、様々な種類に分類しながらその内容を判別してきた。そして近年は、市場の失敗を理論的に修正できないか、と考え始めている」

成熟市場における大きなビジネスチャンスは、こうした市場の失敗を修正することで生み出せるというのが、コミナーズ氏の考えだ。

「例えば『フィーディング・アメリカ』という、米国最大級のNPO（非営利組織）がある。同組織は、会員のフードバンク（規格外などの理由によって市場で流通できなくなった食品を生活困窮者などに配給する団体）と寄付された食料などをマッチさせるため、組織の内部に取引市場がある」

生活困窮者に食品を配給している団体と、その志に賛同し食品や資金を寄付したい人々。本来であれば、放っておいても取引はいくらでも成立するはずだ。しかし現実にはそうならない。情報不足という『摩擦』で、寄付者はあちこちのフードバンクのうち、果たしてどこに寄付するのがベストなのか、見極められないからだ。

「フィーディング・アメリカに寄付された食料をフードバンクに割り当てるとき、会員のフードバンクは内部通貨で入札に似た取引をする。最高値で入札したフードバンクが食料を得られる。本来難しかった適正な取引を実現した典型的な事例だ」

ウーバー、エアビーも「市場の失敗」に着目

「米ウーバー・テクノロジーズや、米エアビーアンドビーといった、IT（情報技術）基盤やアプリを活用した新興企業も、市場の失敗に注目し、それを解決した。エアビーは『使われずにいる（価値ある）スペースの存在』に着目し、ウーバーは『自分のクルマに人を乗せたい人』がいて『クルマで移動したい人』がいるのに、マッチングがなされていない状況に着目した。経済学が仮定する理想的な世界なら両者は簡単に取引できるが、これまでそうした取引は実現しづらかった」

こうした状況を解消して、新たな市場の仕組みをつくることが「マーケットデザイン」だとコミナーズ氏は捉える。

「マーケットデザインの考え方は、既に多くの公共プロジェクトなどで活用されている。米国・英国・日本における研修医のマッチングプログラム（医師の希望と研修先の希望をマッチさせる仕組み）、また世界中で利用されている、学生を各学校に振り分ける選択プログラムもその一つだ」

ここまでのポイントをまとめれば、起業の第一歩は「市場の失敗」を見つけ出すこと。本来成立することが望ましい取引が、何らかの事情で成立しないことをコミナーズ氏は「市場の失敗」と説明した。では、この市場の失敗をいかなる方法で見極めればいいのか。まず、それぞれの市場で発生している「摩擦」を見つけることだ。

『摩擦』とは、市場での取引を妨げるもののことである。例えば、合意寸前だった取引候補者同士のやり取りが、通信状況が悪く頓挫してしまったとしよう。この場合の摩擦は、通信手段の不在である。ほかにも、言葉の壁のような単純なものから、特定の業界で続いてきた長年の商習慣まで、その種類は様々だ。適正な取引を困難にする政府の規制も含まれる」

市場において最も古くからある摩擦は「地理的制約」だ。

「地理的制約」と「情報の不完全性」

「市場の創出は、人類が長い歴史の中で続けてきた営みで、例えば中世の時代には既に、債務の〝清算市〟があった。貸金業者があちこちから集まって、仲介人を通じて債務を整理し、取引しながら適正に清算するのである。

ただ当時、この取引を実現させるには、一堂に集まらねばならないという物理的な制約があった。貸し出し条件などが書かれた借用書とローンの期間を目の前で比較しないと、安全な債務の交換などができなかったからだ。だが、通信手段や信用を担保する仕組みの発達で、現地集合が必要な『地理的制約』という摩擦は軽減された」

コミナーズ氏は、こうした摩擦が往々にして市場の失敗の温床となっており、摩擦を解消できるビジネスは成功する確率が高いと説く。

取引を妨げる「摩擦」を探せ

● 市場の「摩擦」の例

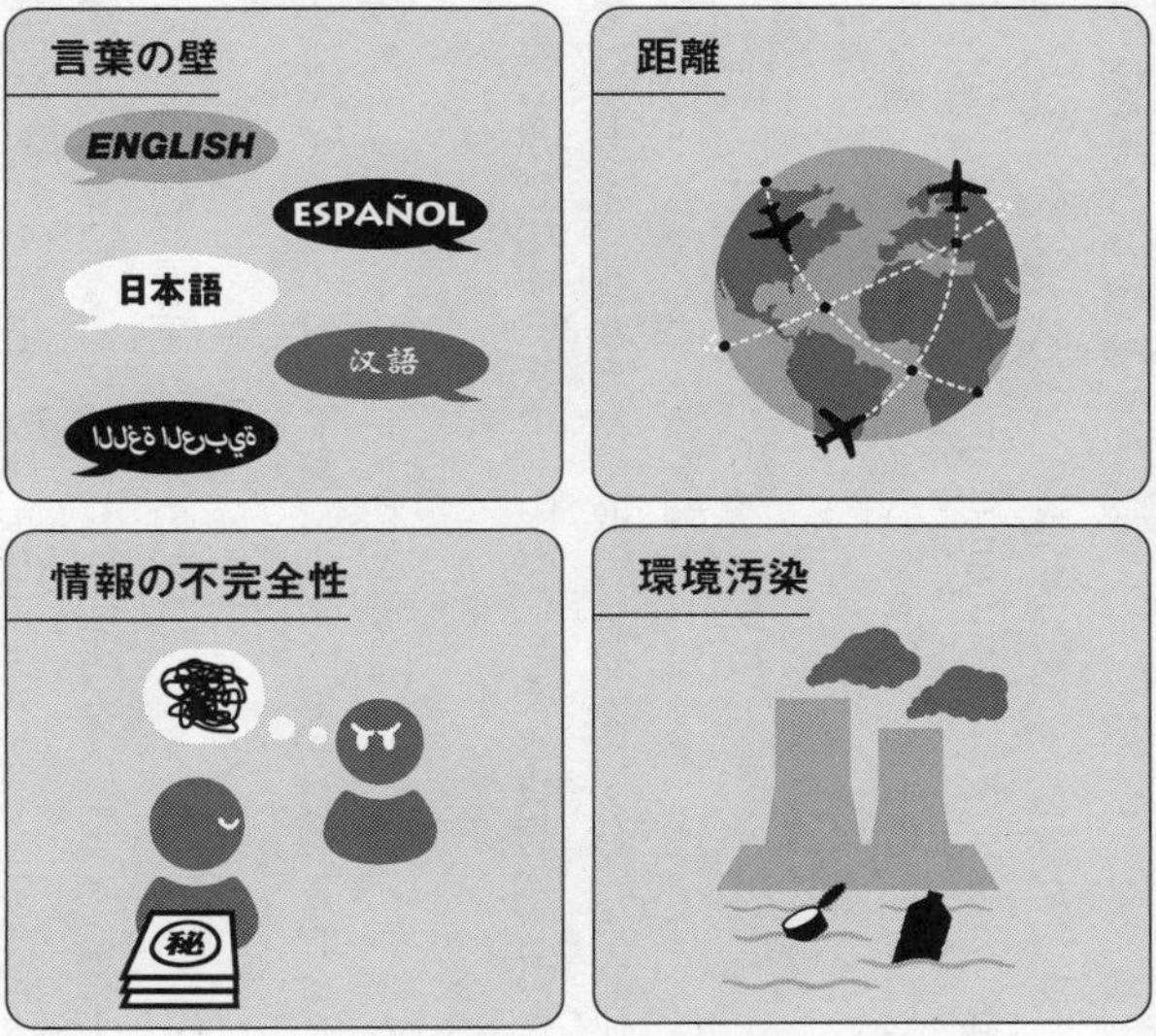

「摩擦を見つけて解消するとは、『市場の失敗』を修正することである。摩擦を解消する仕組みをゼロからつくり上げるビジネスは、魅力的な起業対象の一つである。起業が社会的な価値創造につながることが、ビジネスを始める前から分かっているからだ。

それに、市場の失敗を解決する起業は、別の人が既に考えたものを改善したり、（PDCA

＝計画・実行・評価・改善＝の）サイクルを高速化したり、コストカットしたりする起業とは全く違う。全く新しい仕組みによってこれまでなかった取引を実現することを通じて、利益を生み出すのだ」

コミナーズ氏がハーバード経営大学院でその代表的なケースとして紹介するのが、中古車市場のプラットフォーマーである米国のシフト・テクノロジーズだ。

「シフトが登場するまで、中古車市場で快適な取引を経験することは、（少なくとも米国では）あまりなかった。取引は摩擦により、不愉快でかつケチなものになりがちだった。シフトがその摩擦を解消した結果、ユーザーは全く新しい中古車購入手段を得て、ストレスのない取引ができるようになった」

中古車を購入するとき、一番の摩擦は情報不足（経済学者のコミナーズ氏はこれを「情報の不完全性（Imperfect Information）」と呼ぶ）だ。新車に比べ、中古車は外見だけでは品質が分からない。試乗ができない場合もあるだろうし、事故歴、修理歴などの記録がいいかげんな場合もある。

そこでシフトは、所有歴などを含めた150項目以上をプロの整備士らが点検。走行距離や製造年などユーザーが気になる情報を正確に掌握し得る中古車を、ウェブサイトに掲載している。さらに、当該車種に関する膨大な取引データから導き出した適正価格を、売り手と買い手に提示する。これにより売り手も買い手も「安く買いたたかれている」「高く買わされている」という疑心暗鬼が消え、安心して取引ができるというわけだ。

また、情報の不完全性と前出の地理的制約がともに存在するような市場もある。デート市場だ。

「ここでデート市場について再び、考えてみよう。いうまでもなく、個人が個別に理想の相手を手近な市場で探すのは難しい。しかも基本的には対象となる地域が限られるため（地理的制約）、市場がどうしても『薄商い』になる。さらに、何らかの形でデートをしたい人、結婚したいと思う人が大勢見つかっても、本当に理想の相手かどうかを見極められる情報が少ない（情報の不完全性）。そこで、デート市場参加者の層を厚くし、大勢の違ったタイプの人たちの（性格や趣味などに関する）情報を集約して、参加者が負担なく探せる仕組みを考えてみる。これが摩擦の軽減だ」

市場の失敗につながる摩擦の中には、個別には望ましそうな取引でも、別のところで悪影響を生み出してしまうものもある。例えば、市場で確実に受け入れられると分かっている商品でも、生産や流通の過程で問題が生じ、取引が成立しなくなるといったケースだ。

「例えば公害など地球環境への影響も摩擦だ。環境問題が関係する市場では、その摩擦の解消がスタートアップの大きなタネとなるだろう。環境対応により制約が生まれる場面の裏には、人々が潜在的に求める取引が必ずある。

この分野で起業するなら、あなたはもはや投資家を説得する必要すらないかもしれない。どう摩擦を解消して、どう取引を促進するか発案すればいい。それができれば、多くの価値を自分のところに囲い込める」

こうして摩擦を無事に見つけ出したとしても当然ながら、それで終わりではない。摩擦を解消する事業をいかにスタートさせて育てればいいのか。さらに、どう「スケール（規模拡大）」すればいいのか。

「インターネットの登場で『地理的制約』が解消されるなど、過去10年、技術革新で

『市場の摩擦』を軽減する様々な方法が生まれた結果、多くの新ビジネスの土壌が生まれた。

中でも事業機会の拡大に貢献を果たしたのは、監視技術だ。ウーバーのようなライドシェアのビジネスが機能するのは、各ドライバーが運転するクルマを追跡する技術が完成し、ドライバーの腕前や誠意を数値化することが可能になったからだ。間違ったルートを進んだり、道を外れたりといった危険で未熟なドライバーは評判が下がり、いずれ排除される。このため、利用者は安心してサービスを活用できる」

技術が可能にした効率と公正

「同様に、民泊仲介世界最大手の米エアビーアンドビーは、部屋を投稿することも評価することもユーザーに任せることで、効率的でかつ公正な仲介をリアルタイムで実現している。こうした仕組みが可能なのも、スマホにアプリをインストールするだけで様々な投稿が可能になる技術が完成したからだ」

ただ、こうした成熟市場向けの仲介ビジネスは、規模を拡大していくときにありがちな「ある壁」に直面する。

「まず、ライドシェアや民泊のように取引の仲介をするプラットフォーマーの多くが抱えている問題が『仲介者離れ』だ。事業を進めているうちに、取引が自社の外側で進められるようになり、（最初にきっかけをつくった）プラットフォーマーが利益を得ることが困難になる状態だ。

利用者からの『中抜き』がなくても、新たな参入が相次ぐと、プラットフォーマー同士の競争が激しくなる。実際、米国の大手配車サービス会社であるウーバーとリフトは、互いに終わりなき料金競争に陥っており、どちらが最終的に強みを持つことになるのか、定かではない。

実際、多くの新しい取引市場ビジネスは、初期の取引を促進することにこそ成功しているものの、最初から収益を出しながら規模拡大できる仕組みにできているわけではない。起業家は規模を拡大し、事業を継続させるのに十分な〝価値〟を利用者からどう獲得するか、最初から考える必要がある」

仲介離れなどの影響を最小限にしない限り、市場の失敗（摩擦）解消ビジネスも一定の規模で頭打ちになる恐れがあるというわけだ。ではどうすべきか。

「アジャイル」より「垂直立ち上げ」

ソフトウエア開発などの世界を中心に、アジャイル（俊敏）、つまり経営スピードを速めることで競合を振り切る戦略が重要とされることが多い。が、情報技術を駆使した取引市場によるビジネスについてコミナーズ氏は、起業初期から圧倒的に高品質なサービスを市場に投入する「垂直立ち上げ」「ロケットスタート」が大切だと指摘する。

この点を実証するケースとして、ＭＢＡ（経営学修士）の講義でコミナーズ氏は「ゲーマーセンセイ（Gamer Sensei）」という会社を取り上げていた。ゲーマーセンセイでは、利用者が指導を受けたいeスポーツのゲームを選び、コーチのプロフィルを料金、チーム、言語などで検索する。利用者はデータを確認したあとでレッスン時間などを予約し、通話アプリなどで指導を受ける。レッスンに不満足なら、同社が返金をサポートする。

「ゲーマーセンセイは、eスポーツでパーソナルトレーニングを提供するプラットフォームだ。当初から、このビジネスは実に斬新なアイデアだった。eスポーツのコーチができる人は当時はまだほとんどいなかったし、提供できるマッチングの仕組みもなかったからだ。だからこそ同社は、初期段階からすべての取引の品質を維持するために苦労することになった。

何より欠かせなかったのは、質の高い情報の精選、キュレーション（目利き）だ。ゲーマーセンセイのビジネスモデルで最も重要なキュレーションの対象は、コーチ選びに他ならない。実際に同社はまず、死にもの狂いでコーチの『キュレーション』をした。つまり『確かな技術で効率的に指導できる人材』を書類や面接で厳選し、集めた。

そうして最初からサービスの品質を確かなものにすることで、あらゆるタイプの利用者に認めてもらえば、口コミで評判を広めてももらえる。ゲーマーセンセイは、そうなった」

本当に質の高いコーチ陣を最初から囲い込めば、後発者が追随することは容易ではない。追随者がいなければ、キュレーションを重ねて獲得したコーチ陣を引き抜かれるリスクも小さくなる。その結果、事業の評判は高まりこそすれ下がることはない。手厚いサポートや事業拡大の利益を十分に還元することなどでコーチ陣と信頼を築けば、大きなアキ

慎重なキュレーションがないと成長しない

● プラットフォーム型スタートアップにおける規模拡大

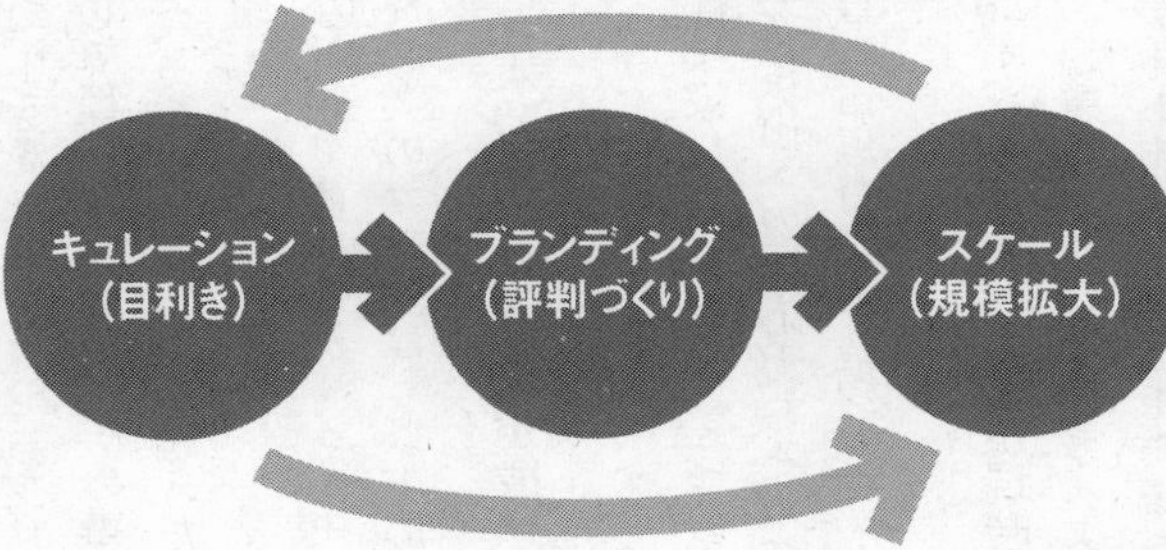

レス腱である「中抜き（される）リスク」も最小化できるだろう。

逆に、「とりあえずコーチができる人材を安く集め、まずは事業をスタートし、やりながら修正していこう」というある種のアジャイル的な戦略では、幅広い評判の確立は期待できず、こうはいかない。ソフトウエア開発の発想をコンテンツに持ち込んでも、大きな成功は難しいともいえそうだ。

「初期の『目利き』は、この手のビジネスにおけるブランディングに極めて重要だ。とりわけプラットフォーム型のビジネスのブランド力は、人々が取引したいと思うかどうかを大いに左右する。だからこそ最も重要なのは初期の取引だ。ここで、どの立場の人からも評価されることこそが、事業拡大の起爆剤となる。

「コーチをキュレーションした結果、ゲーマーセンセイでは利用者がコーチを高く評価して繰り返し雇い、その事実が拡散することを通じてさらに規模が拡大（スケール）する、という好循環が起きた」

簡単な解説ではあるが、コミナーズ氏による「マーケットデザインに基づく、極めてシンプルな起業のコツ」は、以上の通りだ。

デジタル時代の起業家が成功するための条件

次に、特に今の時代にあって、起業家が成功するために必要な力を考察する。デジタル時代の起業家には、主に、三つのスキルが重要とコミナーズ氏は説く。それは、「市場分析力」「最新技術への感応力」そして「多様な資金調達力」だ。

最初は、市場分析力について。

「まず、参入する市場が現時点で地域限定だったり、期間限定だったりして狭かったら、起業のチャンスと考えよう。デート市場や中古車市場を例に『摩擦により失敗している市場』の話をしてきたが、失敗は往々にして取引されるものの流動性（取引対象の層）が限定されていることから起きる。少し市場を広げ、より広範囲に取引する対象（交際相手候補やマイカー候補）と出会える仕組みにすれば、取引機会を創造できる。

流動性のない市場、取引にコストがかかり障害になっている市場ほど、新しい仕組みをつくって成功する機会が眠っているのだということを、肝に銘じておこう。例えば住宅市場では、多くの人が引っ越しシーズンなど同じ時期に一斉に家を手放し新しい家を探すので、その期間以外で探すと物件が『薄い』ためになかなか希望がかなわない。これなども期間に制約があるため、流動性が欠如した市場だといえる」

ただ、流動性が欠如した市場での起業は、試練でもあるとコミナーズ氏は言う。中にはどうしても解決が困難な場合もあるだろう。

「制約」が解決可能か見極める

「（ウーバーなどのような）既存市場の流動性を高めて新しい取引市場を形作る起業には、特有の試練がある。流動性の欠如がチャンスになるとはいっても、流動性を創造し、取引ラインアップの充実を図ることが現実にはとても難しいからだ。たとえ流動性を確保できても、需給をうまく調整するのがまた難しい。流動性を確保しつつ、十分な取引が維持できる（市場参加者の）規模を保つマネジメントが重要になる。

だから、挑戦しようとする起業家は、市場を注意深く観察し、その市場における流動性の欠如が解決可能なものなのか、仮に解決したとして需給のバランスを取り続けられるのか、常に分析的な考え方をしなければいけない。そのためには現場に行き、エスノグラフィー（行動観察）をすることが欠かせない。市場参加者と話したり、取引の成功事例と失敗事例を実際に見たりする。その後で、市場の仕組みを構築するのだ」

コミナーズ氏が注目する日本企業の一つに、ネット印刷の取引市場を運営するラスクルがある。

「ラスクルは、物流とテレビ広告の取引市場も運営している。プラットフォームのすべてのサプライヤーと参加者に大きな投資をした。例えば、どの印刷をどの印刷会社に依頼するかを決めるマッチング・アルゴリズムなどに投資した。プラットフォームのインフラを綿密に設計することで、市場全体を低コストで効率の良い物にしている。

ラスクルの強みは、複合的な取引市場を構築していることだ。メーンは印刷サービスだが、物流・宅配・テレビ広告という三つのビジネスの取引市場がそれぞれある。ラスクルは供給サイドを組織化し、統合した電子商取引のプラットフォームを運営する。ラスクルで注文すると、その製品を最も効率的に提供できるサプライヤーを見つけてくれる。三つの取引市場は補完し合っている。

印刷ビジネスで一番コストがかかるのは物流だ。紙は重いし、印刷した紙は必ず輸送する必要がある。物流の改善は中核事業である印刷ビジネスのコストを削減し、印刷会社の役に立つ。また印刷サービスを利用する企業の大部分は、マーケティングやメディア用の資材を印刷する。彼らにテレビ広告を流す機会を提供できれば、対象の顧客を広げることができる。複数の市場があることでサービスを利用する顧客にとっての価値が高まり、成果が全体に広がるのだ」

起業家はこうした市場分析力に加え、これまで解決が不可能だった「摩擦」を軽減し得る「最新技術への感応力」も必要だという。

「これまでに見てきた通り、監視技術の発達で、世界中で展開できる大手配車サービスが生まれた。監視技術は、これ以外にも様々な市場を創造している。例えば、生物多様性の維持や二酸化炭素の削減を目指すビジネスを設計している業界に、数年前(2010年代)に登場した『コンピュータービジョン』の技術を使っているところがある。人工衛星のデータで、土地の利用者が事前の取り決め通りに環境を保全しているかどうかを見極めている。新たな技術は、これまで不可能だったビジネスを可能にする」

コンピュータービジョンは、物理学や統計学、AI(人工知能)による機械学習やディープラーニング(深層学習)などを駆使したデータ解析に基づき、デジタル画像や動画を分析する研究分野。こうした技術が、試練を超えて新たな取引を創造する原動力になってきたことを忘れてはならない。

起業家に必要なスキルとしてコミナーズ氏が挙げる三つの能力のうち、市場分析力、技術感応力に次ぐ力は、「多様な資金調達力」だ。起業家に資金調達力が必要とは、当たり前にも思えるが、コミナーズ氏がここで言う「多様な資金調達」とは、VC(ベンチャーキャピタル)や投資家からの資金調達ではなく、不特定多数の人から協力を得る「クラウドファンディング」のことだ。

資金調達の選択肢が広がった

● クラウドファンディングと従来型資金調達の違い

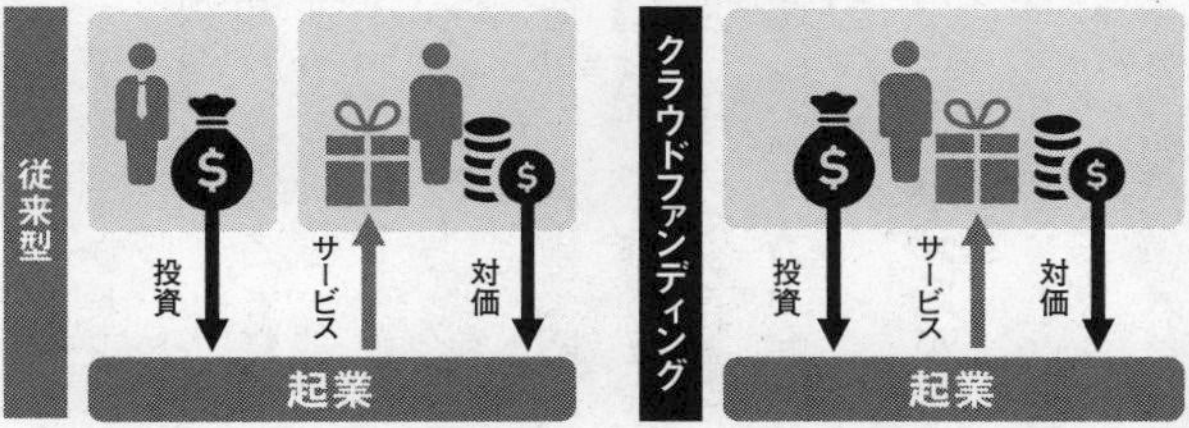

「市場をつくる起業家にとって、『クラウドファンディング』は魅力的だ。なぜならクラウドファンディングは、製品やサービスを完成させる前に、取引したい双方の需要があることを『見せる』新たな方法だからだ。

従来型の資金調達では、ガバナンスを利かせ、投資機会としてのみビジネスを評価してくれる投資家から資金を提供してもらう。需要と供給、取引見込みなどをあらかじめ示さなければならない。一方クラウドファンディングでは、自分がつくろうとしているサービスを使いたい人たち自身が、直接資金を出してくれることが多い。

一般的な投資家は、起業家がつくろうとしているアプリや製品が『幅広いコミュニティーに価値があり、持続可能だろう』と判断して出資する。一方クラウドファンディングでは、出資者が自ら製品・サービスを利用して後押しする。

つまりクラウドファンディングで起業できたということは、はっきりした消費者のニーズと価値創造の機会がそこに存在し、ビジネスが成り立つ需要があることを、広く知らしめることにもなるのである」

世界を救うマーケットデザイン

市場分析力、技術感応力、そして多様な資金調達力。この三つの力を駆使し、失敗している市場を探し、摩擦を特定して事業を育て上げる――。これが、コミナーズ氏が考える「今の時代に成功する起業」の方法論だ。

そしてこの考え方を発展させるとコミナーズ氏の専攻する経済理論、マーケットデザインに行き着く。

最後にコミナーズ氏がマーケットデザインへの思いを語る。

「私が専攻するマーケットデザインは、新たな市場の仕組みをいかにしてつくるかを考える学問だ。人と企業が互いにインセンティブ（動機、誘因）に反応する世界を観察し、新たなマーケットを自らデザインするという考え方から導かれるのは、説明的な学問と異なり、新しい世界をつくる学問である。その発展は、世界の様々な課題を解決することにもつながるだろう」

第12講　ネットワーク効果で読み解くプラットフォーマー

GAFAの「勝者総取り」は真実か?

デビッド・ヨフィー　*David Yoffie*　米ハーバード経営大学院教授

1954年生まれ。米スタンフォード大学で博士号(Ph.D.)取得、81年から米ハーバード経営大学院で教え93年から現職。ケーススタディの大家。経営幹部教育を中国やインドにも展開し成功を収めた。米インテルの社外取締役を長年務めた。

▼講義の前に――柔道の極意で経営を語るヨフィー教授の横顔

デビッド・ヨフィー教授は、ビジネススクールにおけるケーススタディの執筆、研究に優れることで知られる。その意味で、いわゆる学術研究に携わる教授とは立ち位置が少し異なるが、トップクラスの研究者であることには間違いない。

取材をしたのは、ちょうどGAFA(グーグル・アップル・フェイスブック(現メタ)・アマゾン)の急成長や、それにともなうプライバシー問題の扱い方などが問題になっている時期だった。当時ヨフィー教授は、第16講に登場するMITのマイケル・クスマノ教授らと『*The Business of Platforms*』というプラットフォーマーのケーススタディを理論的、かつ定性的に解説する共著を出したばかりであった。プラットフォーマーのビジネスモデルと従来のビジネスの違いなどを鋭く分析したこの本を読み、電話でインタビューした。

ヨフィー教授が、プラットフォーマーのビジネスモデルの特徴とする「ネットワーク効果」は、もともとはミクロ経済学の概念である。その意味で、やはりミクロ経済学から生まれたマーケットデザインを使って、経営を語る前講のコミナーズ教授と相通じるものがある。ゆえに、本章にこの2講をまとめた。

なおヨフィー教授は、2001年に、柔道の極意で経営を語る著作を出しており、日本語の翻訳書（『柔道ストラテジー』NHK出版／メアリー・クワック氏と共著、藤井正嗣監訳）も出版されている。

ここで2022年夏、米中対立を受けて半導体などの国内製造を支援する米国の「CHIPS・科学法」成立を受け、ウェブメディア「Popular Science」のインタビューに応じたヨフィー氏のコメントを紹介したい。企業が自主的に信頼構築の努力に向けたバランスをとることの重要性を説き、GAFAの「勝者総取り」に対して当初から冷静に分析してきたヨフィー教授の問題意識が読み取れる。

「CHIPS法の根底には、うまくバランスをとっていきたいという政権の思いが見て取れる。リスクをバランスし、国家安全保障をバランスし、経済を均衡させ、願わくは世界のエレクトロニクス業界により合理的なシステムをつくり出そうとしているのではないか。CHIPS法がなければ期待できなかったような米国への投資を促すことにはなるだろう。ギリギリの会社に対する影響がかなり大きい。これで世界における米国のチップのシェアが12%から50%にアップするわけではない」

「ネットワーク効果」が明らかにするもの

新たなビジネスモデルで経済と社会を様変わりさせた「プラットフォーマー」。GAFAを筆頭に、人々の生活を様変わりさせるほど大きな存在となった。そのマネジメントは従来のビジネスと変わらない部分も多い一方、大きく異なる特性があるという。「勝者総取り」のビジネスモデルの本質と危うさとは。ヨフィー教授に、プラットフォームビジネスの要諦を聞く。

「プラットフォームという言葉が生まれた時期を考えると、私も共著を出している米マサチューセッツ工科大学のマイケル・クスマノ教授（第16講）らが、2002年、『*Platform Leadership*』（邦訳『プラットフォーム・リーダーシップ』有斐閣）という本を出したあたりではないか。

当時はプラットフォームといえば、主に、技術的な基盤となる『イノベーションプラットフォーム』だけで、今よりかなり意味の狭い言葉だった。現在は、これに取引を仲介する『取引プラットフォーム』が加わり、この2類型が基本だ。

現代的な意味で『プラットフォーム・リーダーシップ』といえば、プラットフォーマーの中でも圧倒的にシェアを握り、ハイリターンを生み出す能力がある者だ」

イノベーションプラットフォームとは、米マイクロソフトのウィンドウズや米アップルのiOSなどのような、いわゆる技術的な基盤を指す。

一方、米エアビーアンドビーや楽天は、情報や売買などを仲介する取引のプラットフォーマーである。

いずれも「利用者が増えれば増えるほど、ネットワークの価値と利用者の便益が高まる」ことをビジネスの土台とする。これがネットワーク効果であり、プラットフォーマーに共通する特徴である。

「ネットワーク効果は、何もインターネットに特有の現象ではない。例えば、電話帳のようなカタログや、マスターカード、ビザ、アメリカン・エキスプレスのようなクレジットカードブランドも、ネットワーク効果が効くビジネスである。

これらの取引プラットフォームの提供者は、デジタル革命以前のプラットフォーマーであるといえる」

プラットフォーマーは大国が有利

ＧＡＦＡとマイクロソフトは現在（２０２０年）、（時価総額を基準に）世界で最も価値のある代表的な企業とされるが、いずれも、イノベーションと取引の混合型プラットフォーマーだ。規模の経済が働くネットワーク効果に依拠したビジネスゆえに、人口規模や経済規模の大きい国を拠点とすることにメリットがある。

「プラットフォーマーが強いのは米国だけではない。世界には中国のアリババやテンセント、日本の楽天、韓国のクーパンなど、様々なプラットフォーマーがいる。欧州には今あまりないが、以前はシンビアンというフィンランドのノキアが主導する、製造業（携帯電話メーカー）向けにＯＳ（オペレーティングシステム）を提供するプラットフォーマーがあった。

最初にこのモデルを切り拓いたのは米国で、中国企業は模倣した立場だ。例えば、アリババのネタ元は米イーベイである。多くのアイデアは１９８０～90年代に生まれ、

プラットフォームには2種類ある

●「プラットフォーム」の基本2類型

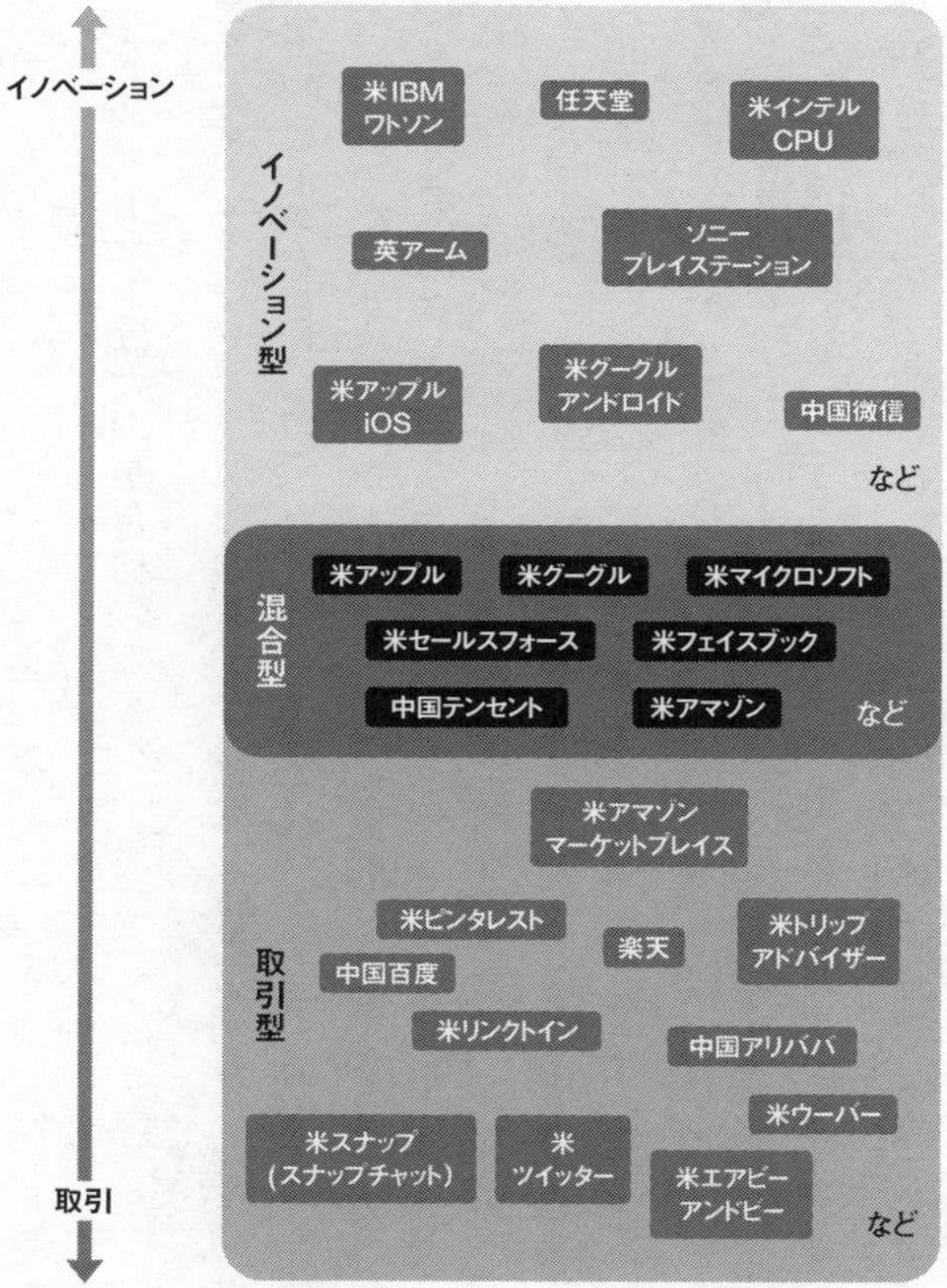

出所：『*The Business of Platforms*』（マイケル・クスマノ、アナベル・ガワー、デビッド・ヨフィー共著）掲載の図を基に作成

世界中に広がった。米国からリーディングプラットフォーマーが現れ、全く新しい価値が創造された。世界中に広まったのは必然だったといえるだろう。

プラットフォームビジネスは、本当に『成果』をほぼ総取りできるポジションにあるなら、ほかのどのビジネスモデルより大きな価値を生み出すチャンスがある。従来のビジネスとは違う新しい競争が可能で、成長の機会そのものだ」

では、そんなプラットフォームビジネスが今のように産業界を牛耳る存在になると、専門家の間で意識されるようになったのはいつごろだったのか。

「イノベーションプラットフォームといえる最初のビジネスは、マイクロソフト（のOSであり、それは）『MS-DOS』と『ウィンドウズ』だ。米アップルも『マッキントッシュ』で（OS事業に）参入した。

しかし爆発的な台頭は、１９９５年にインターネットが登場してからだ。米アマゾン・ドット・コム、米グーグル、米フェイスブック（現メタ）、米イーベイなどが生まれた。フェイスブックは、２００４年には１００万人程度の会員数だったのが、２０１８年には23億人になった。これほどのスピードで規模を拡大した企業はない。

「プラットフォーマーでなければ不可能だったし、インターネットがあったからこそだ」

もっとも、今でこそ巨大産業になったプラットフォームビジネスだが、初めから順調だったわけではない。最初の開拓者より、むしろ素早く参入した2番手のほうが勝ちやすい傾向すらあるという。

「値付け」が試練

「一つ強調したいのは、プラットフォームビジネスには無数の失敗企業があるということだ。私が研究の一環で調査したところ、上場したリーディング企業と競争して消えていったり、ビジネスモデルを変えたりした企業をすべて数えると、実に数百もの失敗企業があり、成功した企業の数のほうがかなり少なかった。

失敗の理由は極めてシンプルだ。プラットフォームビジネスは、二つ以上のユーザー市場を対象にした商売である。例えばフェイスブックなら『友達とつながりたいユーザー』と『広告を配信したいユーザー』のように、二つ以上の異なるニーズを持つユーザーが同じ基盤を利用する。

この特徴ゆえに難しいのが課金である。どのユーザーにいくら課金し、誰を無料にすれば双方を最も数多くプラットフォームに囲い込めるかを見極めなければいけない。大方のプラットフォーマーは、ここで失敗していた。

少しでも早く黒字化しようとして課金を早めるのは、必ずしも最適戦略ではない。自分たちがつくった市場を少しでも魅力的に見せるため、かなり『お得』にしなければならないこともある。とはいえ、どこかに課金しないと利益は生まれない」

マルチホーミングを防げ

プラットフォームを目指す企業が、失敗しがちなのは「値付け」であると強調するヨフィー教授。

しかし、値付けに成功し、プラットフォーマーになれたとしても、油断はできない。「勝者総取り」の仕組みとされるプラットフォームビジネスだが、実際には、一度トップに立ってもほかのビジネス以上に油断できない。

プラットフォームビジネスを長持ちさせるためには、いくつかの条件があると、ヨフィー教授は指摘する。

まず、スピード感ある展開で「ネットワーク効果」を最大化すること。

合わせて「スイッチングコスト＝プラットフォームを切り替えるコスト（労力を含む）」を高める。

さらに「マルチホーミング＝ユーザーが競合するプラットフォームを同時並行で利用すること」を防ぐ。

こうして、高い「参入障壁」を築く。そのうえで「ニッチでユニークな競合から受ける影響」を最小化しなければならない。

それゆえ、絶え間ない「投資の継続」が求められる。

そして、これらの条件をクリアしていくうえで、忘れてはならないのが「ユーザーとの信頼構築」だという。具体的にどういうことなのか。

イーベイはなぜ、中国事業で失敗したのか？

「プラットフォームで大切なのは、知らない者同士が安心してやり取りできる場になることだ。逆にいえば、信頼を築き、維持できないなら、勝ち残ることはできない。

オークションサイトの米イーベイが中国で失敗したのは、現地で信頼を醸成できなかったからだ。例えば（イーベイを模倣してスタートした）中国のアリババがアリペイを導入して実現したような、消費者が納得してから支払えば済む仕組みを作れず、信頼を獲得できなかった。つまりイーベイは、プラットフォームビジネスで競争するうえで最も重要な局面の一つである『信頼基盤の構築』に失敗した」

アリババは、ユーザーが安心して取引できる新たな仕組みを構築した。

「アリババは、決済にクレジットカードを使わず、資金をあらかじめ置いておけるエスクローの口座をつくり、商品を受け取り、販売サイトに表示されていた通りのスペックであるかを消費者が確認してから、支払えるようにした。この仕組みがプラットフォームを快適にした。ぼったくられたり、偽物をつかまされたりすることを抑制したのだ。

信用を得られなければ、そのプラットフォーマーは失敗する。実にシンプルだが、普通のビジネス以上に信頼が重要だ」

ネットワーク効果とスイッチングコスト

信頼を獲得するには「時間」も必要だ。

ユーザーとの信頼醸成が大きなカギ

●「プラットフォーム競争」に勝つ5条件

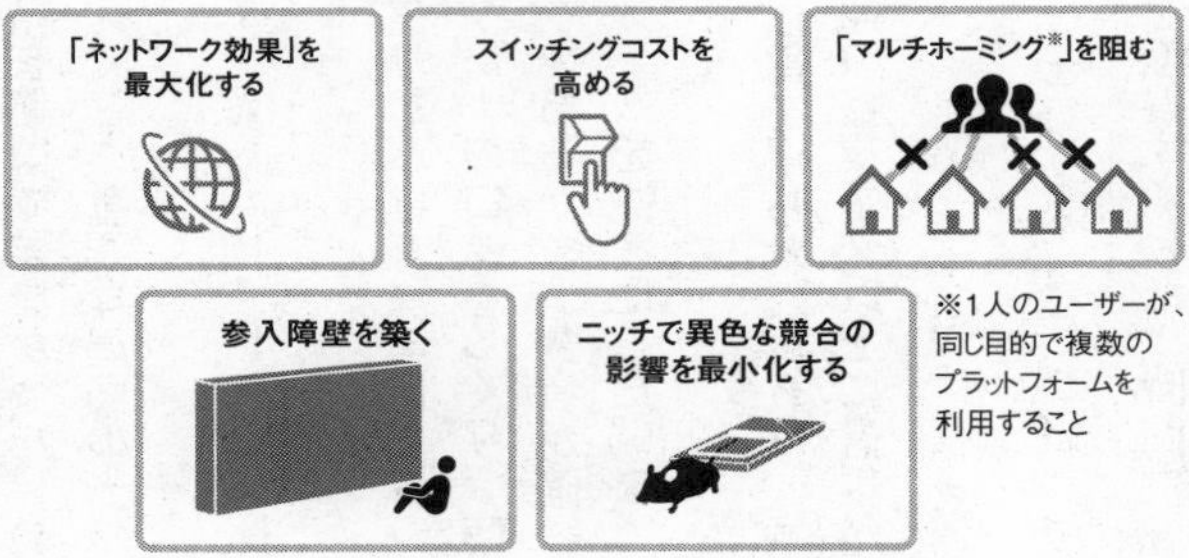

※1人のユーザーが、同じ目的で複数のプラットフォームを利用すること

「市場に入るのが遅すぎた場合、たとえはるかに出来のいいプラットフォームであっても、成功しない可能性がある。

参入の遅れは『ネットワーク効果』を生み出すうえでも大きなハンディになる。プラットフォームビジネスでは、より多くの熱心なユーザーを囲い込むことにより、プラットフォームの価値自体が増し、売上と利益をたくさん稼げるようになるからだ。

市場が一つのプラットフォームに向かって勢いづくと、もっと出来のよい仕組みを携えて参入しても、時既に遅しとなりかねない。プラットフォームを切り替える際のスイッチングコストを嫌うユーザーは多く、たとえより良い仕組みでも、囲い込みに失敗してしまう」

とすれば、素早く参入し信用を築いた後は、スイッチングコストを高め、ユーザーの離反を防げばいい。スイッチングコストが高ければ、ユーザーが競合するいくつものプラットフォームを使い回す「マルチホーミング」も阻止できる。

ヨフィー教授は米マイクロソフトのスマホ用OSをケースに挙げる。

「米マイクロソフトが、米アルファベット（の子会社グーグル）のアンドロイドや米アップルのiOSと競争するため、携帯端末向けのOSを打ち出したとき、そのシステムはiOSやアンドロイドより優れていた。しかしそれまでに、数多くのアプリケーションがアップルやアルファベットのOS向けに開発されていた。マイクロソフトの仕組みがどんなに優れていても、ユーザーは乗り換えるのをちゅうちょした。自分が使いたいアプリがなかったからかもしれない。基盤自体がより優れていて、簡単で、使いやすく、より速いとしても、それ自体はユーザーにとってもはや重要ではないのだ」

インターネットエクスプローラーの転落

では、プラットフォーマーの世界では、勝者総取りを築いたプレーヤーはいつまでも安泰なのだろうか。

「確かにプラットフォームビジネスでは、『最初に勝った者』がその後しばらく総取りし続ける傾向にある。

だが、たとえ一度勝ったとしても、そのポジションを維持するには条件がある。プラットフォームに投資し続けることだ。勝者総取りを続けるには、ユーザーを巻き込み続け、無限に変化し続けなければいけない。プラットフォームが劣化したら、負ける可能性が出てくる。マイクロソフトのブラウザー『インターネットエクスプローラー』は、その好例だ。

インターネットエクスプローラーはかつて90%程度の市場シェアがあった。しかしマイクロソフトは投資をやめ、技術開発をストップした。このことが、問題だらけのブラウザーだった『ファイアフォックス』を改善して市場に投じた『グーグルクローム』にとっては、非常に有利になった」

マイクロソフトはブラウザーへの投資を中止し、変革を続けることをやめたから負けた。つまり勝者総取りとはいえ、変革を止めれば、いったん圧倒的にトップを取っても負ける。そして実際には、長期間トップでい続けることは難しい。たゆまず投資して革新を続けなければ、緩やかに負け組に落ちていくのだ。

「投資し続けなければいけない点が一番困難だ。手綱を緩めたらたちまち追いつかれる。つまりプラットフォームビジネスのように一度勝ってしまえば絶大な力を得られるビジネスですら、投資をやめてしまえば、やがては負け得る。伝統的なビジネスに比べてあっという間に勝ち組にのし上がることが可能である一方、開発を怠った勝者が時間の経過とともに負け組に転落する余地もある」

「利用者は誰か」を見極める

競争の激しいプラットフォームビジネス。プラットフォームの価値を高めていくうえで、着目すべきポイントが三つあるという。

「まず1番目は、誰が『利用者』になるか見極めることだ。実はこれが後々、かなり効いてくる。誰と誰をプラットフォーム上でつなげるのがふさわしいのか、実は当事者ですら明確に認識していないことも多い。

米フェイスブック（現メタ）はよい例だ。一体誰が、フェイスブックがつくる市場の参加者であり、利用者なのか？

一番分かりやすい利用者は、ユーザーとその友人たちである。そもそもそこから始まったビジネスだ。

しかしもし、ただユーザーとユーザー、友人と友人をつなぐだけのプラットフォームを構築しただけだったら、これほどに面白いビジネスにはならなかっただろう。フェイスブックがパワフルなビジネスになっていくには、さらに二つの利用者層を育てる必要があった。一つは広告主だ。もう一つはアプリ開発者である。例えばフェイスブック上で動くソーシャルゲームなどを開発する米ジンガという会社がある。数多くのこうした企業により、プラットフォームの力を高める数百万単位のアプリが開発されている」

共通ＩＤもフェイスブック（現メタ）の強み

しかし、フェイスブックの強さを決定的にしたのはそれだけではないとヨフィー教授は言う。

「さらにフェイスブックがユーザーとして招待したのは、フェイスブックの共通ＩＤを使って別のプラットフォームにログインするビジネスパートナーだった。パートナーのプラットフォームにフェイスブックからログインするとき、フェイスブックのＩＤを使うようにしたのだ。これがフェイスブックをこれほどまでに強くした理由の一つだ」

どのユーザー層を巻き込むかの見極めが、ビジネスモデル構築を成功に導く、第1の視点だとすれば、第2の視点は「卵が先か鶏が先か問題」だという。どういうことか。

「2番目の『卵が先か鶏が先か問題』について説明しよう。

既に説明した通り、プラットフォーム市場には基本的には最低でも二つのユーザー

「どこで稼ぎ、誰を巻き込むか」見極める

● 複数のユーザー市場を巻き込む例

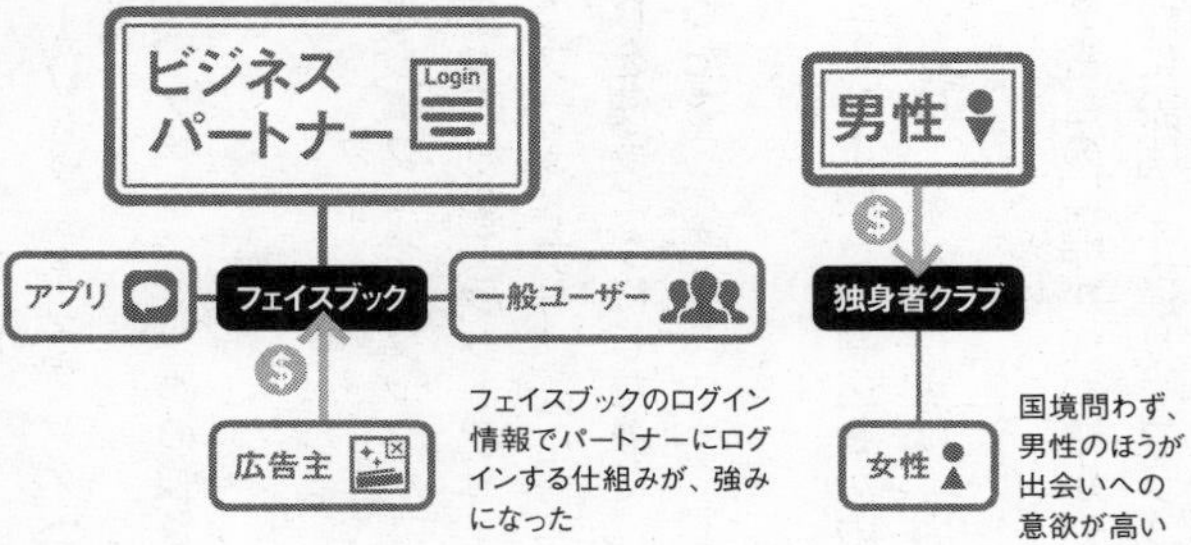

層がある。一方にとってのプラットフォームの価値が高まると、もう一方にとっての価値も高まることも説明した通りだ。たとえプラットフォームの仕組みが良くても、ユーザーの数が少なければ、ビジネスは拡大しない。

米ウーバー・テクノロジーズのサービスを思い起こしてほしい。もしドライバーがたくさんいなかったら、どんなにアプリの利便性が高くても、乗客は登録しない。そしてもし私がドライバーなら、登録している乗客があまりいないプラットフォームには、ドライバー登録しない。

この場合、ウーバーは、まず乗客を増やすべきなのか、ドライバーを増やすべきなのか。これが『卵が先か鶏が先か問題』だ。

正解は、両サイドの市場参加者をバランスよ

く増やすしかないわけだが、同時に同じ数だけ増やしていくことは難しい。既に述べた通り、よくあるやり方は、最初は、一方に強いお得感を与えることだ。例えば、一方は無料、あるいは無料同然にする。

米ハフィントンポストはよい例だ。ニュースプラットフォームである彼らは、書き手を集めるのが先か、読者を集めるのが先か悩んだ。試行錯誤の末、彼らは、書き手にお金を払ってプラットフォームに書いてもらうことにした。それから読者向けの広告を打って読者を獲得し、さらに多くのユーザーを引きつけることができた」

参加者集めに加え、プラットフォーム構築で難しいのは、マネタイズだ。

どちらを「収益源」とするか？

「3番目の問題は、あなたが構築しようとしているビジネスモデルの『収益源』は何か、ということである。

もし独身者向けクラブをスタートするとして、男性を収益源にするか、女性を収益源にするか、それとも両方に課金するのがいいのか？

先日、日本で質問したところ、回答者の全員が男性に課金すると答えた。世界中の数カ所で調べたが、答えは同じだった。100％ではないにしろ、国境を越えた類似性があるようだ」

それぞれのプラットフォームに独自のビジネスモデルがあるため、誰に課金するかについての正解はないが、原則はあるという。

「第1の原則は、『価格に敏感でない、価格弾力性の小さいほう』に課金することだ。ほとんどのクレジットカード会社では、カード発行は無償で、店舗側に課金する。一方、消費者から発行料や年会費を取ると他の無料カードに乗り換えかねない。

それは、消費者にとってクレジットカードは『代替財』だからだ。すなわち、消費者はクレジットカードについて、代替できるほかの選択肢を多く持つ。だから価格に敏感になりやすい。これが『価格弾力性が大きい』ということだ。

2番目の原則は、『よりプラットフォームに関心の高い層』に課金せよ、ということだ。その意味で、独身者クラブの場合、男性に課金するのがやはり正解だろう。一般的に男性のほうが異性との出会いに関心があるからだ。

3番目は、なるべく『一方の市場だけ』に課金をすること。双方に中途半端に課金するより成功する確率が高いことが分かっている」

巨大プラットフォームの影響力が大きくなるにつれて、偽物や不正取引が横行し、制御不能になるケースも出てきた。今後プラットフォームビジネスはどのような方向に向かっていくのか。

ガバナンスが課題

「過去数年、プラットフォーマーにとって、より重要になってきたのがガバナンスだ。2〜3年前は話題にもならなかった。しかし米フェイスブック、米アマゾン、米グーグルに個人情報漏洩をはじめ様々な複雑な問題が発生した。当事者が考えるべき点は4つある。

一つ目は、誰でも参加できるのか、あるいは参加資格に制約があるのか？　プラットフォームは設計上、できるだけオープンでなければならない。

二つ目は、当たり前だが、ルールに基づいた運用と順法性を確立しているか。

三つ目は、規模拡大が容易かどうか。拡大したときの人数を十分に管理できなければ、やはり問題が発生する確率は高まる。

そして四つ目は、質の悪い取引が起こるのを最小限にするため、目利きする方法をつくり上げているか。詐欺や偽ニュース、まがい物の流通や売買の場になれば、そのプラットフォームに未来はない。これは一番解決が難しい問題だ」

とりわけ四つ目の課題については、欧州連合（EU）がプラットフォーマーの規制に動き、米国も調査を始めた。

「昔ほどではないにしても、ネット通販で偽物がよく売られているのは誰もが知っているだろう。米フェイスブックには偽ニュースがあふれていたが、これが選挙に破壊的な影響を与え得る問題にまで発展した。だが、偽の商品や偽のニュース、暴力などは、より多くのページビューになり、広告になり、利益を増やす。悪いことのほうがもうかる」

現状を改善するには、ヨフィー教授は二つの選択肢しかないと断言する。

「はっきり言って、プラットフォーマーが自制するか、政府が規制するかの二択しかない。

さらに言えば、プラットフォームが重要になればなるほど、政府の介入を待たずして自身で責任を持って問題に向き合うべきだ。放置するようならそのプラットフォームはやがて世の中に必要なくなる。

具体的には『目利き』に重点的に投資すべきだ。プラットフォームが何を受け入れ、何を受け入れられないかを決めるのだ。大抵のプラットフォーマーは、これを検閲と受け止め、やりたがらない。

だがプラットフォーマーが、自分たちから自由を奪いかねない政府の規制を避けたいなら、悪いコンテンツを切り離すしかない。もちろん費用がかかるし、利益を圧迫する。AI（人工知能）のような新しい技術に投資し、活用する必要もある。まずは、目利きできる人材を大幅に増やし、コンテンツを吟味することから始めるのだ。短期的に利益を損なうが、長期的な会社の未来を損なうよりましではないか」

プラットフォーマー分割論

プラットフォーマーを分割すべきだとの主張も目立っている。

「プラットフォーマー分割論はホットな政策トピックだ。しかし分割で問題は解決しない。例えばフェイスブックがインスタグラム、ワッツアップ、そしてフェイスブックの3社に分かれても、問題は変わらない。質の低いコンテンツや、プラットフォームの価値を毀損する行動がプラットフォームに巣くう状況は、解決しない」

結局、会社の分割で解決できる課題は限られるというのがヨフィー教授の考えだ。やはり重要なのは目利き機能の強化だと強調する。

「プラットフォームが21世紀のビジネスモデルであることは間違いない。しかし進化するには目利きを徹底すべきだ。なくしてしまうには惜しいビジネスモデルだ。消費者にもたらされる有意義な恩恵が大きすぎる」

一方で、そうした問題さえ解決すれば、プラットフォームというビジネスモデルにはまだ可能性があると見る。

「最先端の技術もプラットフォーマーになり得る。

新しい技術がプラットフォームに

● 次世代プラットフォーム技術の予備軍

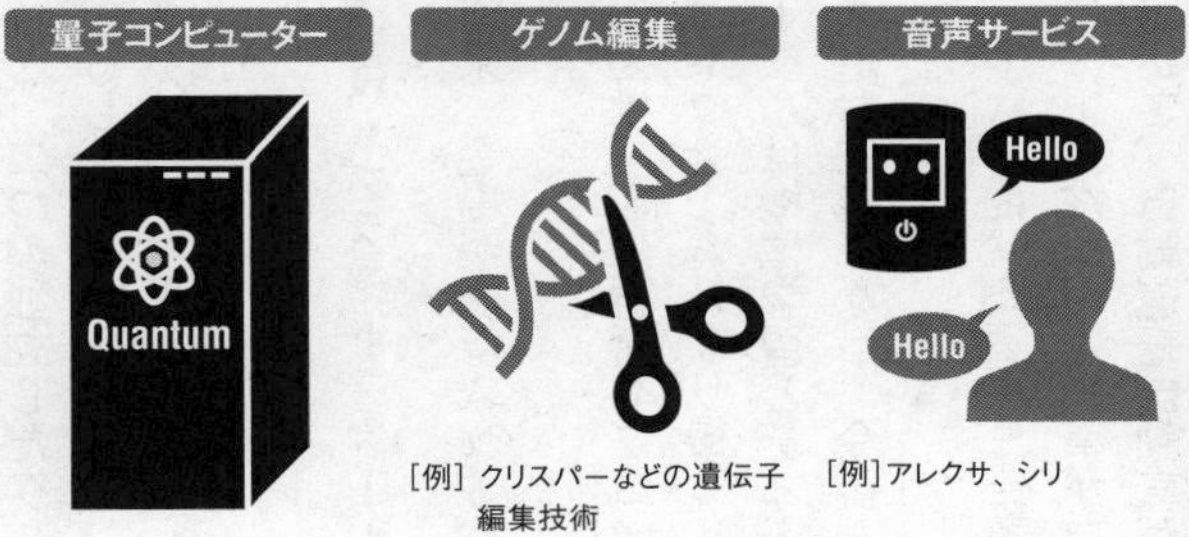

［例］クリスパーなどの遺伝子編集技術
［例］アレクサ、シリ

例えば、『ボイス・ウォー』を呼ばれる、米アマゾンの『アレクサ』と米アップルの『シリ』の戦い（は、先端技術におけるプラットフォーマーの座を巡る競争）だ。アレクサを搭載したデバイス『エコー』には、既に膨大な数のアプリがある。

ほかにも量子コンピューター、あるいはクリスパー（CRISPR）と呼ばれるDNA領域におけるゲノム編集（など、競争が起きている分野）がある。

現代のほとんどのプラットフォームはデジタルだ。しかし量子コンピューターやゲノム編集について考えてみると、インターネットとは必ずしも同じではない新しい領域に結びつき得る。

プラットフォームとは何かという基本に立ち

返ると、二つの独立したグループを結びつけるものだ。それは新しい計算ツールでもできるし、バイオテクノロジーでもできる。つまり、プラットフォームには幅広い応用領域がある」

仮想通貨もプラットフォーム化?

近い将来、登場が期待される技術プラットフォーム予備軍は、まだたくさんある。

「例えば、仮想通貨やブロックチェーンの分野もクラウドコンピューティングも、プラットフォームになり得る。進化したAIはプラットフォームに内在していくだろう。グーグルは機械学習とディープラーニングの技術で、プラットフォーマーと成るべく突き進むに違いない。今後も多種多様な分野で新たなプラットフォーマーが現れるに違いない。

ウーバーは、(乗客と運転者の取引を仲介するという)古いタイプの取引のプラットフォームだが、自動車が自動運転に移行したら取引も別の形に進化するだろう。顧客がいて、自動運転自動車があって、両者をつなぐサービスができるだろう」

新しいプラットフォームビジネスのタネは、新しい技術の到来とともにまかれるともいえそうだ。簡単には予測できない未来である。

第7章 DXとAI

第13講 デジタルトランスフォーメーション（DX）

マイケル・ウェイド *Michael Wade*
スイスIMD教授兼DBTセンター所長

第14講 AIと雇用の未来

マイケル・オズボーン *Michael Osborne*
英オックスフォード大学工学部機械学習教授

第15講 AIとアルゴリズムの進化論

スーザン・エイシー *Susan Athey*
米スタンフォード大学技術経済学教授

第３講で、ポーター教授が日本の弱みとして指摘したデジタルトランスフォーメーション（DX）の遅さ。奇しくもコロナ禍で広く認識され、ようやく日本社会も重い腰を上げたようだ。しかし、このままでは急速に進化し続けるAI（人工知能）の活用で世界からさらに数周回遅れで取り残される。AIはより精緻なアルゴリズムで、より使いやすく、膨大なデータセットを収集、解析、反映できるインフラが整備され、好き嫌いに偏りがちな人間の意思決定をサポートする。スイスIMDのマイケル・ウェイド教授、英オックスフォード大学のマイケル・オズボーン教授、米スタンフォード大学のスーザン・エイシー教授が世界と日本の課題を考察する。

第13講　デジタルトランスフォーメーション（DX）

岩盤組織をデジタルで突破せよ

マイケル・ウェイド　*Michael Wade*　スイスＩＭＤ教授兼ＤＢＴセンター所長
１９６８年生まれ。デジタルがビジネスモデル、ストラテジーやリーダーシップに与える影響の調査、研究、教育に取り組む。ＩＭＤによる幹部向け公開短期研修「Leading Digital Business Transformation（ＬＤＢＴ）」のディレクターを務める。

▼講義の前に――日本への理解も深いＤＸの第一人者の横顔

本講の取材をした２０１９年９月、マイケル・ウェイド教授は共著『ＤＸ実行戦略』（日本経済新聞出版）の翻訳出版に合わせて来日されていた。

来日に合わせて非公開の研修セミナーに登壇するなど、多忙を極めたスケジュールの合間に時間をいただいた。所属するスイスのビジネススクール、ＩＭＤにおいてデジタルトランスフォーメーション（ＤＸ）の第一人者であり、来日時にＩＭＤ北東アジア代表の高津尚志氏に聞いたところによれば、「ＩＭＤで今、最も忙しい教授の一人」ということだった。

ＩＭＤは、世界のビジネススクールの中でもかなり特殊な存在で、エグゼクティブ教育に特化し、教授陣は基本的に「研究者」ではなく、実践に重きを置く「教育者」として位置づけられる。ウェイド教授もその一人である。

ＤＸは、２００４年にスウェーデン・ウメオ大学のエリック・ストルターマン教授が最初に提唱した言葉とされる。企業経営においては、デジタル技術をツールとしてのみならず、価値の創造や戦略全般、企業文化、顧客体験に取り入れていくことを指すことが多いようだ。クラウドを使う、あるいはオンライン会議を活用するなどといった、単に情報処理や業務改善ツールとしてデジタルを使うのではなく、本格的にビジネス戦略そのものを、デジタルを基盤として発想し、変えていくのである。

インタビュー当時から、日本ではＤＸの重要性が叫ばれながらも、なかなか浸透していなかった。折しも、２０１９年版のＩＭＤの世界競争力ランキングが発表され、日本は30位、「変革力」では最下位に沈むなど、世界との比較におけるビジネス環境の相対的な質の劣化が浮き彫りになり、ＤＸへの関心も急速に高まっていた。

ウェイド教授は日本に英会話講師として滞在した異色の経歴もあり、日本の国民性に対する理解も深い。企業管理職向けの研修を数時間傍聴させていただいたが、データを提示しながら歯に衣着せぬ言い方で、「いかに日本が、DXにおいて世界的に後れをとっているか」を説き、「まだ競争の余地があるにもかかわらず、危機感の欠如ゆえに置いてきぼりになっている現状を日本人としてどう捉えているのか」と、ミドル層の社員たちを相手に、情熱的に語る姿が印象的だった。

そんなウェイド教授の言説の鋭さは、奇しくも今般の新型コロナウイルスの感染拡大で、日本の誰もが嫌というほど痛感することになった。必要に迫られた途端、デジタルツールの活用は一気に進んだ。とすれば、日本のDXの遅れとは、やればすぐにできることを、我々がずっとサボっていただけのことではなかったか。

そしてウェイド教授に言わせれば、それらはすべて経営者の責任であると同時に、ミドル層の責任である。つまりは互いに「あいつらは何も分かっていない」と他責を続け、自ら動かないでいたことが、「技術革新への乗り遅れ」という傷口を深めていったといっていいだろう。素晴らしいアイデアはあちこちにあるのに、日の目を見ずに死ぬ。イノベーションに限らず、マネジメントにも「死の谷」があると思わされた。

ちなみに、本書編集中に発表された2020年版のIMDの世界競争力ランキングで、日本は34位。インタビュー当時に言及していた2019年の30位を、さらに下回った。本講は2019年の取材に基づくが、数字が変わっても、ウェイド教授が伝えたいメッセージは同じであるとのことだった。

さて文庫版編集にあたり、競争力ランキングについてウェイド教授に改めて「その後、見立ては変わっただろうか」と尋ねた。2022年版の世界競争力ランキングで見ると、日本は34位で、いったん上向いた2021年から3ランクも落ち、インタビュー当時と何も変わっていない状況だった。

2022年のランキングでは、日本は、研究開発支出が63カ国中7位、無線通信環境が63カ国中2位、ロボットも63カ国中2位、ソフトウエアの違法コピーがないことでは63カ国中2位と健闘してはいた。一方、2022年時点でも厳しかったのは、ビジネスの敏捷性（63カ国中62位で下から2番目）、移民法（63カ国中61位）、才能ある人の国際経験（63位で最下位）、デジタルスキル（63カ国中62位）。数ランク程度の多少の上下はあっても、大きく見れば相変わらず低迷したままである。ウェイド教授も「当時のメッセージはいまだに有効で、変わらない」と言っていたため、そのまま再収録する。

日本のDXの遅れの本質とは？

世界中で企業のデジタルトランスフォーメーション（DX）に注目が集まっているが、日本企業は世界に比べ、動きがとにかく遅い。

DXの権威として知られるIMDのマイケル・ウェイド教授は、「世界に比べ、日本のデジタル改革はスピード面で大きく見劣りする」と指摘する。2020年版のIMDの世界競争力ランキングで34位。2019年版で、63カ国・地域で30位と前年より大きく順位を下げて話題になったが、そこからさらに下げた。組織の問題か、日本の企業文化か、それともマネジメントの資質か。ウェイド教授に聞く。

「変化対応力、世界最下位」の衝撃

「日本ではデジタルに関して良い話と悪い話の両方がある。

良い話は、デジタル技術そのものについてである。ロボティクスや通信技術、AI（人工知能）といった多くのデジタル技術力で日本は世界をリードしている。競争力に関するデータでも、日本はこの領域で強い。
悪い話は、『企業の順応性』だ。例えば2020年のIMDの世界競争力ランキングで、日本は起業家精神と俊敏性の二つが63カ国中、2年連続で最下位だった。アフリカ諸国、ベネズエラ、モンゴルといった国より下で、ショッキングだった。厳密にいうと日本は極めて進んだ国で、世界をリードする分野もある。しかし変化に対する順応性、つまり組織文化の変えやすさやそのスピードを考えると、以前からかなり問題が多い」

IMDのランキングは、統計データとアンケートからなる。アンケートは世界中に多数のパネル（調査対象者）があり、日本であれば、日本に1年以上住み、国際経験がある経営者や上級管理職が回答に協力している。これら回答者には日本人もいれば外国人もいる。こうした調査結果をさらに詳しく見ると、日本企業はシニアマネジャーが国際経験に乏しく、ビッグデータの活用やデータ分析ができておらず、有能なシニアマネジャーの人材層が薄いという傾向が読み取れる。

「だが残念ながら、日本企業に危機感があるとは思えない。変革や技術に興味はあり、社長やリーダー層は、変わらなければいけないと一応分かっている。しかし、2〜3階層下の人々は全く変革への意欲が見られない。中間管理職層だ。中間管理職は、コンクリートのように硬くて重く、容易に動かせない。ハードワーカーと言えば聞こえはいいが、新しいことに後ろ向きで、俊敏に動きたがらない。日本のデジタル改革では、抵抗する中間管理職が最大の障壁だといえる。中間管理職に多様性が欠如するのも大きな問題だ。データでは外国人と女性の比率が国際的にみて極端に少なく、両方とも最下位だ。かなり改善する必要がある。例えば私の研修には日本企業から優秀なビジネスパーソンが参加するのだが、男性が大勢いる中に女性がたった1人しかいないということが、ままある」

中間管理職が「岩盤」だ

管理職における外国人や女性の少なさは2023年も大きな課題である。日本の中間管理職が頑なに変わろうとしない背景には、日本企業の恵まれた国内環境も関係してきたという。

「これは強みともいえるが、今はまだ日本国内で十分に利益を稼げるから、企業がさほど頑張る必要がない現実がある。世界展開で損失を出しても、国内で稼げるので大した問題ではない。成功しているグローバル企業、例えば英シェル、英ユニリーバ、スイスのノバルティス、デンマークのレゴなどは皆、国内市場が小さく、最初からグローバルに戦う」

さらにウェイド教授は、日本の労働市場の流動性の低さに起因する面もあるという。

「もう一つのポイントは、日本人が自らのキャリアをあまり動かそうとしないことだ。もし私が、日本人ビジネスパーソン40人程度に2社以上で働いたことがあるかどうか聞けば、ほとんどの人は手を挙げないだろう。逆に生涯1社で働いている人を聞いたらほとんどが手を挙げるだろう。ずっと同じ部署で働いている人に挙手を求めたら、3分の1～4分の1になりそうだ。人材の流動性が低く、新しい人や洞察を取り入れない風土で変革を起こすのは難しく、もともといる人も変わろうとしない」

昨今は転職市場も活況となり、このあたりの課題には前進が見られる。これは、伝統的な大企業だけの問題で、零細企業やスタートアップでは異なる状況があるのだろうか。

「スタートアップでは大企業よりは外国人を雇うケースがある。だがある日本の会社ではこんなことがあった。外国人のメンバーが小集団を形成し、その中に日本人が一人もいなかったのだ。日本人と外国人が、同じ部署にいても別々に行動している。多様な外国人、多様なスキルを持った人々を雇うだけでは不十分で、一緒に行動しなければ意味がない。

ちなみにこの外国人集団は不満を抱えており、組織をより良く変えようとしているのに、誰も話を聞かないと感じていた。文化的な障壁は、変革のうえで試練だ」

日本の大企業は厳しい

日本人トップ層も、本音では「変わる必要はない。私が現役の間は大丈夫」と思っている場合もいまだにあるのではないか。

「デジタル改革に取り組む立場の幹部層は、変えなければならないと分かっているが、やり方が分からない。たくさんのPoC（概念実証）をつくるし、小さなイノベーションは起こす。アイデアもある」

PoCとは「Proof of Concept」の略で、「概念実証」と訳される。新しいプロジェクトが実現可能かを検証するプロセスのことで、例えば、医療業界では、新薬の有効性を実験で確かめることなどを指す。ITツールを導入する際に、投資判断の材料として、その効果や効用、技術的な実現可能性を検証するという意味で使われることが多い。

「しかし、PoCやアイデアの大半が概念で終わり、形にならない。大企業では、『その他大勢』の人々が、大胆な改革を拒絶するからだ。実際にそうした話を数多く聞く。

日本の大企業は、今は良くてもやがて状況はかなり厳しくなる。まず、グローバルで戦えなくなる。やがて国内市場ですら、戦いづらくなる。

外資の競争相手はしばしば、強力な独自のプラットフォームを持つ。あるいは規模の小さな日本企業が、低価格で攻めてきたりする。大企業は苦境に陥りかねない。だが今なら、巻き返しのチャンスはある」

「サイロの罠」

日本におけるデジタル改革の最大の壁は中間管理職だと指摘するウェイド教授だが、変革を阻む要因はそれだけではないという。とりわけ強調するのは「サイロの罠」だ。

『サイロの罠』は、多くの組織が抱える大きな問題だ。日本企業に限った話ではない。ほとんどの組織には、非常に強力な『サイロ』が構築されているといっていい。サイロとは、つまり縦割りの組織のことだ。マーケティング部署は、ファイナンス部署と口をきかない。人事やIT（情報技術）、エンジニアリング、販売も互いに話さない。人を分断する縦割りのサイロは強力だ。

せっかく苦労して変革を起こしても、その成果がサイロ内だけにとどまってしまうと、当然、恩恵は限られてしまう。とりわけ、デジタル技術によって組織を変えるDXを実践する際は、部署の壁を越えて人材、データ、インフラをつなげることが実現して初めて、成果が生まれる。

例えば、組織全体に強力なデータ基盤があるのなら、横串でも使えるようにしたほうがサイロ内に閉じ込めておくよりははるかに強力な武器になる。データ分析は、組織横断的なほうがパワフルだ。研修や製品開発についても、組織を横断させたほうが、スケールメリットがある。

だが一方で、縦割りのサイロを壊すのは難しい。サイロの打破がうまくいかないのは、企業のＤＸが失敗する原因の一つでもある」

ルールを変え、インセンティブを与える

企業内改革を成功させるために不可欠なサイロの破壊。そのためには、具体的にどうすればいいのだろうか。

「岩盤のような中間管理職が問題であることについて話した。中間管理職は、あらかじめ決められたルールに合わせて動くのは得意だ。そうであるならばルールを変えればよい。

トップが中間管理職に対してよく漏らす不満は、中間管理職は動きが遅い、何も新

リーダーに必要な資質の比重が変化

● これからのリーダーに必要なスキル

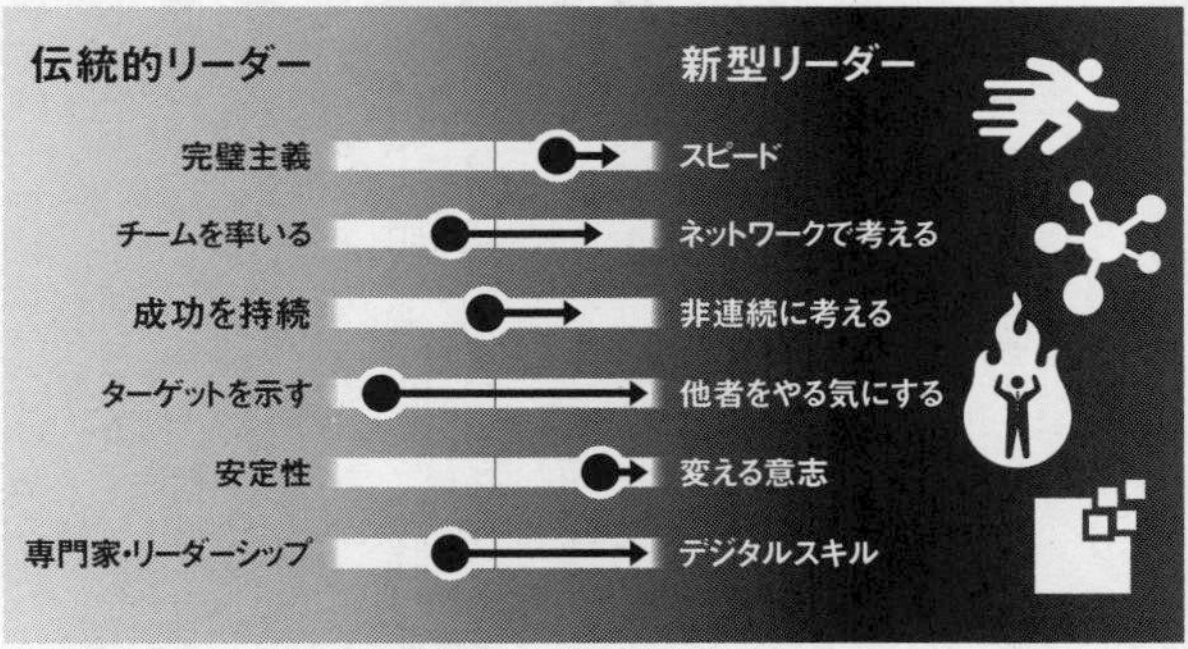

出所：IMD提供の資料を基に作成

しいことに動かない、ということだ。だがそれはそのような組織にしたリーダーにこそ責任がある。そう行動するほうがよい仕組みをつくったのはリーダーだ。

組織で長く働いている人々は皆、賢いので、社内でのゲームの仕方は心得ている。つまり彼らは、ただシステムに合うように働いているだけなのだ」

既存のシステムの中で忠実に働く中間管理職を責めても、問題は解決しない。システムを目的にふさわしいものに変え、中間管理職に「自らを変えよう」と思わせるようなインセンティブを与える。すなわち、ゲームのルールを変える。これは、まさにトップの仕事である。

「変革は終わりなき取り組みだ。繰り返し、絶えず変わって適応し続けなければいけない。世界は絶えず変化し、私たちは皆適応し続けなければならない。ゴールまでの時間軸は問題ではない。問題を見つけ次第、着手するスピードが重要だ。

変革したい企業は常に、オーケストラのように組織全体を最適化するアプローチをとるべきで、（部分最適を積み上げるような）サイロ型アプローチはとるべきではない。とにかく組織横断的に同時進行すべきだ。これは極めて難しいことだから、変革にどのぐらい時間がかかるかについてはっきりと答えることはできない。

だからこそ、トップの力で、まずはゲームのルールを変えなければいけない。IMDには『変革のオーケストラ』という、手強いサイロを破壊するための変革モデルがある。それは、構造、インセンティブ、文化、従業員との関わり、顧客、製品といった複数の要素を横断的に眺め、どう変化させるか考えることから始まる。そして各要素を並行して改革するのがポイントだ。

組織図を変えるだけならすぐにできるし、見かけのサイロは簡単に壊せる。しかし本当のサイロを破壊するには、破壊する動機を現場に与えることが必要だ」

サイロを壊し、互いに交流するメリットを現場に訴えて回るのは、現場ではなくトップの役割となる。

プロジェクトベースの業務を積み重ねる

「リーダーが辛抱強くコミュニケーションすべきだ。そして、（自らを変えることにメリットを感じるような）インセンティブを与え続ける。ほとんどの中間管理職は今、何もしないように動機づけられている。（事なかれ主義の）企業文化も変えなければいけない。

社員の序列意識を壊すことも重要だ。日本企業はヒエラルキー型になりがちだ。しかし俊敏な組織ではプロジェクトが優先だ。プロジェクトを仕切るのが、上司とは別の人間になることもある。

そのためには、年齢と年功主義を切り離すべきだ。従業員を勤続年数だけで評価することは全く意味がなくなっている。特筆すべき実績がなく、ただ年齢が上なだけの人間がなぜ、最上位にいなければいけないのだろうか？　最もその役割にふさわしい資質と実績を備えた者を選べばよい」

サイロ型で序列型組織から脱却する動機を組織に浸透させた後は、具体的にまず何をすべきか。

「まずは、業務をプロジェクトベースに切り替えることだ。取り組むべき業務があれば、人材からデータ、インフラまで何事も極力、縦割りでなく横断的に集めて、実行するようにする。一つプロジェクトが終わったら、そのチームは解散させ、また別のプロジェクトをつくり、もう一度人材やデータを組み合わせ直す。

これを繰り返すことで複雑な会社組織は少しずつ解きほぐれていくことだろう。人々の意識は絶えず変わらねばならなくなっていき、やがてサイロがなくなっていくことになる」

「PoCの罠」

変革にインセンティブを与え、業務をプロジェクトベースに切り替える。この取り組みで改革のスピードが上がったとしても、その先にも課題がある。デジタル改革の初期にありがちな「間違い」がいくつかあるとウェイド教授は指摘する。

「デジタル改革にあたってはまず、小さなことから始めると、活動が最後まで小さいままになりがちであることに要注意だ。

とりわけPoCには落とし穴がある。プロジェクトの効果や効用、実現可能性といった『コンセプトの検証』をしただけで、終わってしまうのだ。PoCはあくまで出発点であるはずなのに、である。それに基づいて新しいやり方を受け入れられるよう俊敏に企業文化を変革することこそが重要であるはずなのに。

日本には年功意識が深く根づいていて、変化を嫌う傾向があるから、特に『PoCの罠』に陥りやすい。若者も、最初は野心的に変えようとするのかもしれないが、上を説得するのがあまりに大変で諦めてしまうのではないか」

「デジタル化のためのデジタル化」

「PoCの罠」に陥らず、デジタルツールの導入までは進んだとしても、そこから停滞することも多いという。

「もちろんデジタルは、企業文化を変えるパワフルなツールになる。ただ、企業はし

「手段が目的化する」と失敗

- デジタル改革、よくある7つの間違い

1. 「デジタル化のためのデジタル化」に集中
2. 変革した内容でなく変革した企業に注目してしまう
3. 変革の担い手を選び間違える
4. 戦略と計画に時間をかけ、目的と素早さを軽視
5. サイロ内での変革に終始する
6. 組織文化の変革が不十分
7. デジタルスキル向上に投資しない

ばしば、技術を導入すること自体に注力しすぎて肝心の変革が不十分に終わる。あるデータによれば、95％のデジタル変革は失敗するとされる。失敗の主な理由はほかにもある（上図）。

1番目の『デジタル化のためのデジタル化』は、デジタルツールを導入しただけで進まない、というケース。典型的な失敗だ。

こうした事態を避けるには、『何を実現するためにデジタルを使うのか』という、目的を社内に浸透させるしかない。

デジタルは単なる手段だ。ホテル業界が苦境に陥ったのは、米エアビーアンドビーがデジタル技術を駆使したからではない。高価格なだけで魂のない滞在経験しか提供できなかった自分たちのサービスが大本の原因であり、エアビーはデジタル技術を用いてそうした消費者の不満

を解消しただけだ。

米ウーバー・テクノロジーズがタクシーに勝ったのは、タクシーがつかまりづらく、料金が高く、運転手が失礼だからだ。ウーバーはそんな既存のタクシーに対する消費者の不満足を改善するためにデジタル技術を使った。

同じように、何のためのデジタル技術なのかに納得できれば、改革が導入のみで終わる可能性は低くなる。

一般企業がデジタル技術を使う目的の一つは、組織内での情報共有を活発にすることだろう。サイロを壊す変革につながる。デジタルツールをうまく使って協働を促進し、現場をやる気にさせることが可能になる。

ツールや技術を使うこと自体が目的ではない。デジタルは、我々が答えを見つけることを容易にするために使うのだと、常に忘れてはいけない」

蔓延する「ITサイロ」

導入しただけで終わるパターンに陥らないためには、社員に対するデジタル技術のトレーニングも重要になる。

「社員のデジタル能力向上に対する投資が不十分なことも、DXの大きな失敗理由になる。先日、研修に参加していた150人の日本人に尋ねた。社員に対する自社のデジタルスキル開発が不十分だと思う人は挙手してほしいと聞くと、全員が手を挙げた。

DXを本当に成功させたいのなら、まずは安定していて、安全で柔軟なITインフラが必要だ。そしてデータが自由かつ安全に共有でき、利用できる職場環境が必要だが、社員のリテラシーが低ければ、それすら簡単ではない。

組織のサイロに加え、多くの企業はITインフラもサイロ化している。つまり、一つのビジネスユニットが隣のユニットと違うシステムを使っている。互換性もなく、社員同士も没交渉だ。この『ITサイロ』は、本当によく見られる問題だ。

システムをよく理解したうえで改修し、整理する必要もあるが、これがしばしば大変困難だ。家の掃除どころではなく、心臓外科手術ぐらいの難度だ。大変でかつ、痛みを伴う。ごく基本的な技術を改善することですら難しい。失敗したらビジネスがストップしてしまう」

DXのインセンティブ、デジタル技術への理解、デジタル人材……。ないないづくしの日本企業に、改革の道筋はあるのか。

自発的に目覚めるわけがない

「そうはいっても、まずはクラウドを使ってとにかくデジタル技術を導入してみるしかない。多くの企業はデータをクラウドに置いている。クラウド自体は、大体標準化されていて使いやすくなっている。そのうえで、今挙げた課題を意識しながら少しずつ進むしかない。あらかじめ待ち受ける難関を理解していれば、それをくぐり抜ける手間は大きく減る。

そして、小さなことを始めてうまくいったら、とにかく素早く全社に展開すること。小さくとどめてはいけない。

研修の日本の受講生の中に、社員の心の準備ができるまで待つべきではないかと質問してくる人がいた。実にいい質問だった。私の答えは、すぐに始めよ、だ。1分、変革のスタートを遅らせるごとに、競争相手がより有利になる。

始めさえすれば、やっているうちに社員のほうが『これはまずい、やらなければいけない』と分かる。社員が目覚めるまで待っていたら、永遠に改革の時は訪れない。絶対、自発的に目覚めなどしない。始めてしまえば、動きたくない社員も目が覚める」

ＤＸを進めるうえでの課題として、社員の心の問題を指摘したウェイド教授。しかし、本当に真っ先に変わらなければいけないのは経営者だという。どう変わらなければいけないのだろうか。どうすれば変わるのか。

「環境が急速に変化していないのなら、社員が変わるのを待つのも悪くはない。しかし予測不可能に変化する中では、待つことはリスクの高い戦略だ。そしてやると決めたら直ちにデジタル投資をし、改革の土壌となる器を大きく広げなければならない。そうしなければ得てして改革のスケールが小さいままになってしまう。やみくもに改革せよとの指示を増やすだけではだめだ」

視察でビジネスクラスに乗るな

「改革のスケールアップを素早く実現するにはどうすればよいか。ウェイド教授は、ドイツの老舗出版社アクセル・シュプリンガーが参考になるという。例えば同社は２０１５年、経済メディア『*Business Insider*』を買収した。

「アクセル・シュプリンガーではデジタル改革に会社全体を巻き込み『紙メディア企業』から『デジタルメディア企業』にシフトすることに成功したが、改革は大変な労力を要した。社員たちは古い企業文化ゆえに変革に後ろ向きだった。経営者は変革を決意したのだが、どうやって岩盤のような文化を変えればよいか分からず、途方に暮れていた。

彼らは、完璧主義過ぎた。あらゆる面で、時間がかかってもいいから完璧なものにしたい風土だった。そのせいで、スピードが極めて遅かった。そこで、まず、経営幹部をシリコンバレーに同時に送り込んだ。スピードを体感してもらうためだ。70人もの幹部全員が同じものを見、同じ危機感と方向感を持つようになった」

先端地域の現地視察なら、どこの企業もやっている。何が普通と違ったのだろうか。

「シュプリンガーの学びの旅は、通常とは全く異なった。全員が、この旅で『快適ゾーンの外にあるもの』を本気で体験したからだ。

役員の視察でありがちなのは、ビジネスクラスやファーストクラスで快適に移動し、現地では空港からメルセデス・ベンツに乗って五つ星ホテルに泊まり、高級レストランで美食を味わい、旅先で楽しむことを優先し、ほとんど人と会わず、遊んで終わることだ。

だが彼らは、わざとエコノミークラスで渡航した。ドイツからサンフランシスコまでエコノミーで約12時間かけて飛んだ。しかも、最も危険なエリアにある最安値のホテルに泊まり、数人で1部屋をシェアした。普段過ごしている快適ゾーンを抜け出し、学習モードに入ってもらった。

身の危険を感じると、人間は五感が研ぎ澄まされる。普段なら見過ごすような小さなことにも敏感になる。一つのショック療法だ。シリコンバレーの最先端の状況を研ぎ澄まされた五感で熱心に学び、リーダーたちは『変わらなければいけない！』と腹の底から思うようになった。

日本企業の中にも同じようなことをやっている会社があるかもしれないが、彼らは総じて散発的だ。1人が来て、しばらくしたら別の人が来て……を繰り返す。あるいは役員数人を数日滞在させるだけ。それでは全体に広がらない。見た人間が現地で感じたことを誰も本当の意味で理解せず、報告をさせて、それで終わりだ」

変革のための「海外視察」の心得

●独アクセル・シュプリンガーのやったこと

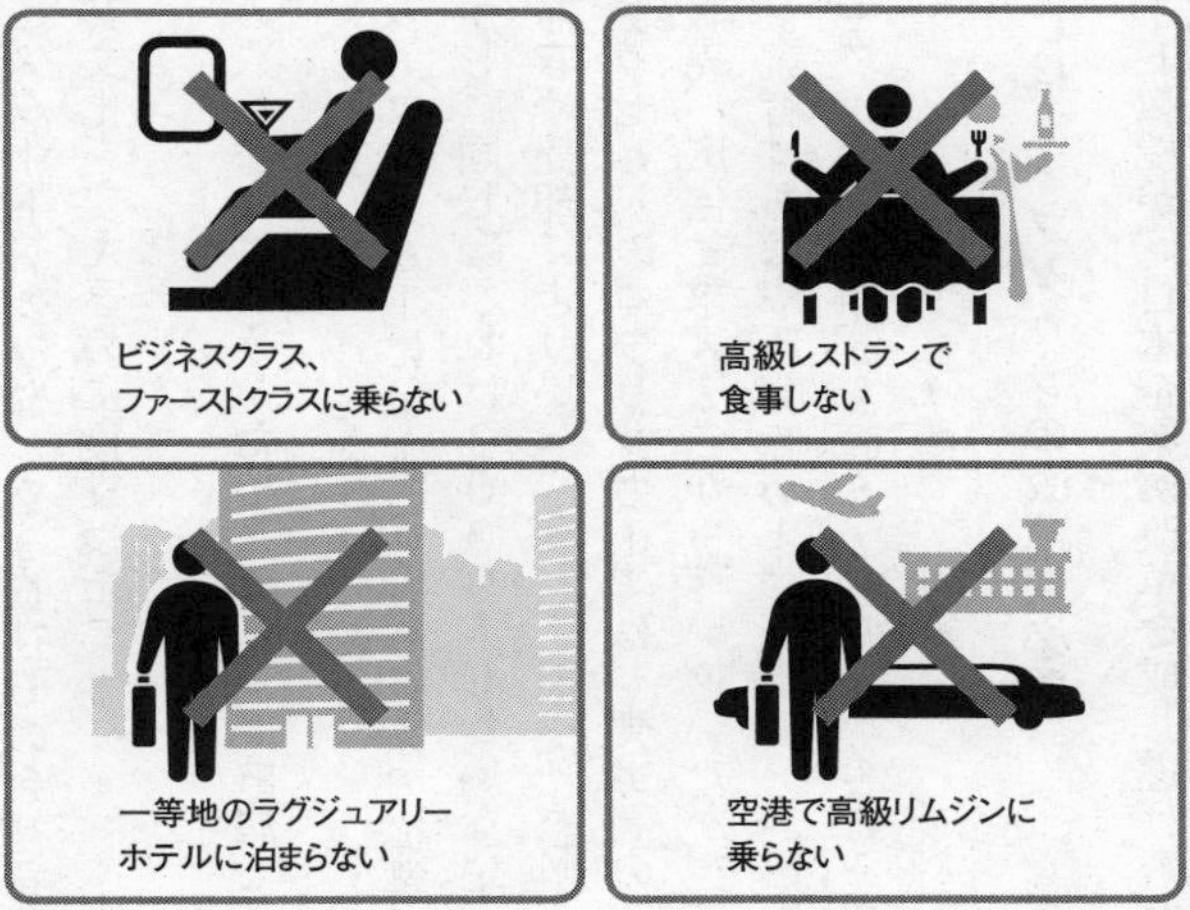
ビジネスクラス、
ファーストクラスに乗らない
高級レストランで
食事しない
一等地のラグジュアリー
ホテルに泊まらない
空港で高級リムジンに
乗らない

その後、シュプリンガーの業績はどうなったか。

「同社は２００６年、売上高と利益の50%を10年以内にデジタルから稼ぐとの目標を定めた。２０１６年までに彼らは約70%の売上高と利益をデジタルから稼ぐようになった。多くの地方紙を売り、大きい媒体だけを手元に残した。求職掲示板や不動産情報を扱うプラットフォームに積極投資した。完全に違う会社に変わり、20年前より規模も大きくなった。わずかな間に、スタートアップなど230社もの会社を買収したり、投資したりした。それも、企業文化を変えるのに役立った」

人材の入れ替えはどうしたのだろうか。解雇と新規採用を繰り返したのか。

「シュプリンガーには1万3000人の従業員がいるが、数は12～13年前と同じだ。しかし、同じ顔ぶれは3000人しかいない。1万人のほとんどは、投資先からの資本撤収や売却によりいなくなり、新たな人材と交代した。これは時代の流れといえる。

アクセル・シュプリンガーでは、売上高の90%、利益のほぼ100%を新聞・雑誌の販売、広告と求人広告から稼いでいたが、すべてもたなくなった。選択肢はなかった。読者はもはや新聞をあまり読まない。日本でさえ、1990年代初めには、電車の中ではみんな新聞を読んでいたが、今はみなスマートフォンだ」

日本にはトップダウンの改革が必要

ウェイド教授が、日本企業が改革を成し遂げるためのポイントを総括する。

「会社のブランディングに投資し、従業員を教育してより高いレベルに引き上げる努力をし、インセンティブを変える。細部は異なるかもしれないが、ここまで述べてきたデジタル改革を進めるための作業は、日本企業もやろうと思えばできるはずだ。自分たちは何者かについて、真剣に考え抜かなければいけない。大抵の企業は、自分たちの企業文化を理解することにあまり時間を割かない。『これが我々の企業文化です』などと言ってみるだけで、要素分解しようとはしない。しかし自分たちが何者かを考えれば、変わらねばならないことに気づくだろう。

中間管理職が自分から変わることなどない。まずシニアマネジャーが変わるべきだ。シニアマネジャーが本気で変革が必要だと信じない限り、何も起こらない。ボトムアップだと中間管理職で止まるから、トップダウンが必要になる。

構造、文化、そしてインセンティブの変革。その三つが変われば、会社は変わる。我々の結論だ」

AIの進化はどこまで続くのか？

英オックスフォード大学工学部機械学習教授

マイケル・オズボーン *Michael Osborne*

1981年オーストラリア生まれ。西オーストラリア大学で、純粋数学と機械工学を専攻。2010年、英オックスフォード大学で機械学習の博士号を取得（Ph.D.）。同大学でポスドク、リサーチフェローなどを経て12年准教授、19年から現職。日本のAI（人工知能）ベンチャー、エクサウィザーズの顧問も務める。

▼講義の前に —— 機械学習を専門とするAI研究者の横顔

コンピューターサイエンスのベイズ機械学習を専門とするマイケル・オズボーン教授が欧米メディアを中心にその名をとどろかせるきっかけになったのは、2013年に経済学者カール・フレイ教授と共著で発表した「The Future of Employment（雇用の未来）」と題する論文である。米国において、今ある職業のうち47％は機械に取って代わられる（自動化される）と推計。職業別に機械に代替される可能性の高さを数値化し、ランキングした。職種ごとに「代替率」が、具体的な数字として示されたシミュレーションは大きな反響を呼び、その後、多くの経済学者らが、様々なデータや分析手法を用いて、AIによる自動化と雇用の関係について論じるようになった。

例えば、経済学者の立場から、技術の進歩がもたらす雇用の喪失を論じた著作『機械との競争』（日経BP）が話題になったMITのエリック・ブリニョルフソン教授も、このテーマに精力的に取り組んでいる。ほかにもMITのダロン・アセモグル教授、スタンフォード大学のポール・ミルグロム教授ら、経済学界のスター教授たちが「どのような職業が自動化できるのか」に関する研究に取り組むようになった。

AIの社会的影響について、分野を超えた研究が積み重ねられたことの意義は大きい。機械が人間を支配するディストピア映画の世界を思い起こさせるように漠然としていた「AI社会」の輪郭が、徐々に浮かび上がってきたからだ。

この論文が話題になって以降ずっとインタビューの機会をうかがっていた筆者が、オズボーン教授にインタビュー依頼のメールを出したのは2019年6月ごろだった。ところがオズボーン教授は育児休業中で、冬までは仕事をしないという自動返信が戻ってきた。これは当面、無理だと諦めていたところ、その秋にオズボーン教授から突如「日本に行くので、インタビューを受けられますよ」という返信をいただいた。こうしてオズボーン教授が顧問を務める日本のＡＩベンチャー、エクサウィザーズの会議室にてインタビューが実現した。

育児にも前向きな若きオズボーン教授の優しそうな語り口を耳にしながら、ＡＩがもたらす新しい暮らしについて考えると、また違った未来予想図が描けるように感じた。

文庫版では、２０２１年に日経ビジネスＬＩＶＥで開催した大規模ウェビナーでのコメントや、生成ＡＩが席巻する最中の２０２３年７月に筆者が兼任する慶応義塾大学でゲスト講義に特別招待した折の講義内容などを新たに加筆・追加などの形で全体的に盛り込んだ。

「AIと雇用の未来」を追究

「米国の全雇用の約47％が、コンピューターによる自動化で10～20年先に失われるリスクにさらされている」――。2013年、「雇用の未来」と題した共著論文でそう結論づけ、一世を風靡した英オックスフォード大学の気鋭の研究者、マイケル・オズボーン教授。ベイズ機械学習の専門家としてAI（人工知能）による自動化が社会にもたらす影響についての研究で最先端を走ってきた。大学からスピンアウトしたマインド・ファウンドリーという会社の共同創設者でもある。オズボーン教授から見た雇用の未来、そしてAIの未来とは、どのようなものなのか、話を聞いていく。

AI導入は不幸なのか、救いの神なのか。

意思決定はAIに代替される

「AIが持つ潜在的な可能性は、実に変革的だ。AIはまず『意思決定の独占権』を人類から奪う。そもそも巨大で複雑なシステムの中で、人間がすべてを知るのは不可能である。しかし、アルゴリズムには限界がない。全システムからデータを取れる。アルゴリズムはどの人間より情報通になり得る。これにより意思決定を人間だけに頼ることで生じていた様々な問題が、解決に向かうことは明らかだ。

そのため多くの組織は、アルゴリズムをうまく活用し、これまで人間がつくってきた仕組みを再考し始めている。

歴史をひもとけば、人間だけがやってきた多くのタスクが、次々と技術で自動化されてきた。だが、アルゴリズムやAIは、ただ単に人間に取って代わるだけではなく、これまでにない利便性を提供する。

私たちが過去に注目してきたものの一つは、電子商取引で消費者が買いそうな商品を薦めてくるAIだ。消費者の膨大な購買データにアクセスできるアルゴリズムの力で、人の販売員より、よい提案をするようになってきている。

こうした状況を踏まえれば、AIによる変革は、単純労働だけが人から置き換わるわけではない。意思決定や微妙な判断すらAIに取って代わられる。定型的な情報処理は最初に置き換わりそうだ。バックオフィスの仕事や、税理士や会計の仕事の一部も置き換わるとみていい」

自動化できる仕事が増えていく

- 自動化しやすい職業ランキング

❶ 電話営業
❷ 不動産の審査
❸ 裁縫師
❹ 数学的技術者
❺ 保険の裏書担当者
❻ 時計修理
❼ 運送代理店
❽ 税理士
❾ 写真処理業、機械処理業
❿ 新しいレジ会計係

- 自動化しづらい要素

認知と操作

手や腕による操作
手指の器用さ　悪い姿勢を強いる職場

創造性

独創性　芸術

社会的知性

交渉　社会的認知
補助や世話　説得

出所：Carl Frey, Michael Osborne共著「The future of employment: How susceptible are jobs to computerisation?」（2013年）

多くの判断をＡＩが代替するようになればＡＩによって職を失う人が続出し、社会が混乱するのは避けられない。だが歴史を振り返ると、それでも技術革新は社会に普及してきた。

「かつて社会の支配者は、技術革新に積極的に反対した。古い例として、英国のエリザベス1世による抵抗がある。繊維工場のウィリアム・リーが１５８９年に完成させた編立機械に特許を認めなかった。女王は、機械が平均的な労働者の仕事を奪い、政治が不安定になるのを嫌ったようだ。

これは、歴史を通じて、驚くほど繰り返された現象である。為政者は国家の崩壊を懸念し、技術が人の仕事を奪うのを許さなかった。

転機は15世紀末、アメリカ大陸が発見されたことだろう。社会に大きな変化が起きた。新しい貿易の機会が開かれ、新興の商人階級に政治力が移った。商人や実業家は、技術を導入すれば利益が得られると分かっていた。徐々に着実に政治力を高め、技術導入に反対する勢力に対抗していった」

新大陸の発見による取引機会の拡大によって得られた民間の経済力の高まりが、社会の意思決定のゲームチェンジャーになり、革新的な技術の実用化につながったというわけだ。では、新大陸がもはや存在しない現代では、痛みを伴う技術革新の導入には歯止めがかかる可能性はないのか。結論からいえば、それはない。

技術革新の不可逆性

「現在の（AIの）技術革新の状況は、歴史上の多くの出来事に当てはめることができる。恐らく一番似ているのが、18世紀に起きた英国の産業革命だ。産業革命では、まず紡績業が自動化され、後に蒸気機関などの自動化手段が導入された。これらは社会に変革をもたらし、多くの付加価値が生み出され、社会はとても豊かになった。だが、機械の素早い導入は労働者にとっては不都合であり、多くの人が反対した。

18世紀に紡績業で新たな技術が導入されたときは、労働者からの抵抗を政府が鎮圧した。暴徒を遮断するため、軍も派遣した。フランスのナポレオンと戦うより、技術導入に対する反対勢力の鎮圧を優先した。スムーズな機械導入の背後に、強力な政治力があった。

機械が導入された後、労働者の収入は40年間低迷した。英国のリバプールやマンチエスターのような労働者が集中する主要都市では、多くの労働者の平均余命が31〜32

歳と短命化し、世界平均より10年も短くなった」

しかし、そうした状況は次第に変わっていく。技術革新は長期的には社会全体にメリットをもたらすからだ。

「流れが変わったのは、機械が生み出した富が社会全体で共有され、平均的な労働者も利益を得るようになってからだ。労働者を守る規制の影響もあり、人々は、技術が人から労働を奪うのでなく、人間にできないことを補完したり、つらいことを代わりに担ってくれたりすることを理解した。機械の導入は、長期的には人に新たな機会をもたらし、幸福につながると納得した。

技術は常に仕事の自動化に一役買い、人間の労働を代行してきたからだ。例えば19世紀後半、米国では1910年までより多くの労働者が洗濯する職業に従事していた。この傾向が続くと思いきや、同年に電動洗濯機が登場し、コインランドリーの数が急減した。一部の労働者にとってはかなり悪い出来事だった。

しかし全体としては、電気洗濯機が発明されたことを喜ぶ人がほとんどだっただろう。20世紀初頭の洗濯は本当に骨の折れる仕事だった。川まで洗濯物を運んだり、手で洗濯物を叩いたり、濡れた洗濯物を家まで運んだりしなければならなかった。洗濯機のテクノロジーは辛い仕事をより快適に、より楽しい仕事にすることにつながった。つまり私たちは、人間の尊厳を損なうような仕事を次々と自動化してきたのである。これは多くの自動化において根本的に言えることだ。私は、AIが未来の富とウェルビーイング（心身の健康と幸福）の基盤となり、人類繁栄につながる道だと確信している」

AIに勝つための仕事選び

もっとも、技術革新が人類にもたらす恩恵を享受するには、個人として技術変化の波に乗り、過渡期を乗り切らねばならない。つまり労働力としてAIに勝たねばならない。では人間がAIに勝てそうなこととは、何だろうか。オズボーン教授らは、2013年に発表した共同論文で「交渉、説得」などを、機械が取って代わるには最も難度の高い部類の「社会的な知性」としている。

「21世紀は、AIが人間の仕事を覚えていく時代になりそうである。逆に言えば、

AIは、人間ができることのすべてをできるようにはならない。人間らしさは備わらないだろう。アルゴリズムでは、人類を根本的に理解することはできない。例えばAIが、葬儀業のような共感が必要なサービスができるとは思えない。こういう仕事では、個別対応と心のこもったケアを最優先するほうが、理にかなう。加えて、人間的な認知、型にはまらない創造性や独創性を使う仕事もAIには難しい」

AIは、人間の仕事のうち、何を容易に習得し、何の習得を困難とするのか。オズボーン教授は具体的な例を挙げて解説する。

知性は「計算アルゴリズム」

「いわゆるチャットボットや日常的な会話を担えるアルゴリズムをつくることはたやすい。しかし予測可能な限りの未来ではまだ、(駆け引きの必要な)交渉、説得、指導などは、人間にしかできない。シンギュラリティ(技術的特異点)は、AIが本格的に人の知的思考や作業をすべてできる時と定義できると、私は考えている。

これは、一笑に付せるほど非現実的な話ではない。知性とはそもそも生物というハードウエアで実行する『計算アルゴリズム』だ。そう考えれば、アルゴリズムに人間

雇用はますますサービス産業に集中

● セクター別雇用シェアの変化（予測）

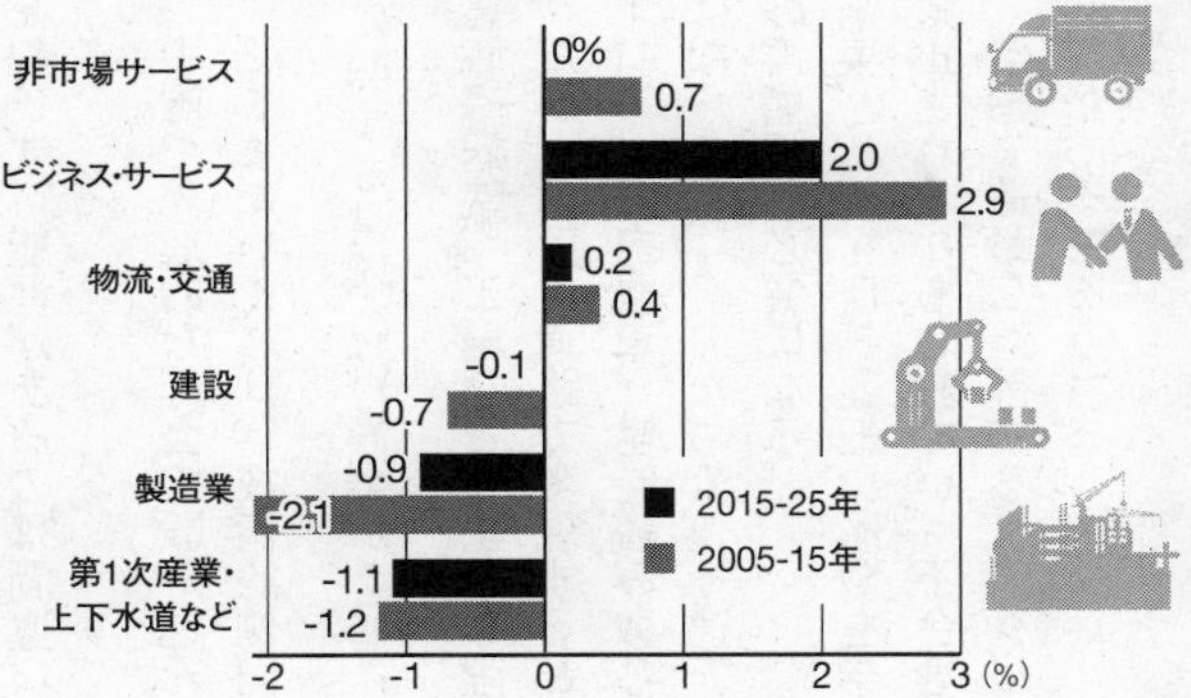

出所：Cedefop skills forecast 2016, as published in Cedefop(2016a)and Cedefop(2016b)

同様の知性を取得できるわけがない、と言い切れる根拠はない。

もっとも、すぐに実現しそうだとも思えない。人間並みの知性を達成するまでの障害を考えると、容易ではないことがたくさんある。膨大なデータのインプットで鍛える以外に、アルゴリズムを革新する方法は何か。これは難しいテーマだ。

そこで、ＡＩがいつどこまで進化するかの議論はいったん置き、未来社会にＡＩがもたらす課題を予測したい。今、人が担う単純労働がＡＩに自動化されることで世の中は変わる。現代社会に真の変革を起こす可能性があるのは間違いない」

米国や中国で先進的な社会実験が進んできた自動運転。自動運転が普及するのはいつだろうか。そこまでいくには、技術的側面に限らず様々な課題をクリアする必要がある。

運転に関する常識の再構築が必要

「倉庫や病院、工場などのような限定された場所での自動運転は、シンプルで構わない。だが、身近な道路で実現するとなると、目的地までの運行は、地面に設置されるバーコードを自動車が常時読み取るなどして、クルマが自ら状況変化に対応できなければならない。そのため公道で運転する場合、実用化の課題は技術面に加え、インフラの再構築も必要になる。

結果として、自動運転に影響を与えないよう、人間が道路で自動車を運転することが禁止されるかもしれない。不合理ですぐに気が散る人間が運転しない条件下であれば、自動で道路を巡行するタスクがより簡単になる。車の運転の常識を大きく組み直す必要があるだろう」

ちなみに、のちにオズボーン教授は自動運転について「期待しすぎた」と語っていた。一方、もう一つ必ずしもすぐには実現できないとみられていたものが機械翻訳だった。だが生成ＡＩの登場で、２０２２年ごろからＤｅｅｐＬ（ディープエル）など自動翻訳サービスが一気に実用化した。

「初期の機械翻訳では、一つの言語で書かれた文章を他言語に自動翻訳するアルゴリズムを使う。長い間、それがアルゴリズムにできるとは信じられていなかった。信じないことが不合理なわけではない。我々の言語は曖昧な要素を含み、言葉に込められた多くの文化的なニュアンスは、アルゴリズムには置き換えにくい。だからグーグル翻訳のようなサービスが登場したときには本当に驚いた。ビッグデータや、脳の神経回路のような仕組みを持つ機械学習アルゴリズムがこうしたサービスの成功を大いに支えている。

ＡＩの翻訳に何ができ、何ができそうにないかはっきりさせよう。文学翻訳のように、文章に繊細な言葉遣いや文化的ニュアンスを含んだ（言語化できない経験に裏打ちされた理解が必要な）部分を、機械が翻訳することは難しい。データドリブン手法で、人間の翻訳家の技を再現できるかどうかは、定かでない」

生成AIの翻訳も、まだ人間の補完でしかない。だが自動運転にせよ機械翻訳にせよ、膨大な利用者情報を握るGAFA（グーグル・アップル・フェイスブック〈現メタ〉・アマゾン）といったプラットフォーマーが規模拡大のフェーズで先行していくだろう。特定企業が革新的技術を握ることに懸念はないか。

「歴史的に、革新的な技術は常に政府の監視下にあった。巨大なハイテク企業でさえ、規制から逃れられるとは思えない。新しい科学技術は、常に政治的な形で出現している。

大切なのは誰が革新的な技術を開発するかより、その技術を、本当に人類が望み、必要とするのかどうかだ。科学技術は、私たち人類の力を超越した、制御不可能な力を我々に与えるものではない。確認することが重要だ」

実際、世界はAI規制に動いている。一方で、オズボーン教授は、AIによって新しい手法やビジネスが実現していく経済を「AIドリブン経済」と表現していた。

「AIドリブン経済」へ混乱必至

「AIドリブン経済への大がかりな移行が近づくと、混乱は必至だ。まず起きるのは失業問題だ。AIドリブン経済への移行におけるこの最悪のシナリオを緩和するには、政府の介入がどうしても必要になるだろう。例えば英国の17～19世紀の産業革命では、膨大な富が生み出された一方、平均的な労働者が取り残された。影響を最小限にするため、政府が介入した。例えば、14歳の子供が18時間交代で働いている工場では、児童労働に制限をかけ、平均的労働者を保護する動きもあった」

ディープラーニングによりAIの高度化が進んだタイミングで、新型コロナウイルスの感染拡大が起きた。感染が一段落したころに生成AIが電撃的に普及。期せずして起きた対人接触を避ける風潮がある意味で後押しとなり、「機械とデータによって成長していく経済」が本格的に幕を開けた。

AIが進化すればするほど、人間の出番が減っていくのは間違いなさそうだ。では、仕事を奪われた人間はどのようにして新たな生活の糧を得るようになっていくだろうか。

「私たちが模索し始めなければいけない道はたくさんある。その一つが、働くためのスキルの再獲得だ。暗記型の手法に頼りすぎている現行の教育制度には、かなり問題がある。AIが広がっていく将来、我々に必要になるのは、知識量ではなく、変化適応力だからだ。そして国民がこのスキルを確実に再取得できるよう、政府が投資すべきだ。

ほかに、ベーシックインカムのような政策も提唱されている。国がすべての市民に生活に必要な最低限のお金を与えることだ。

仕事をなくした人々を保護するうえで、お金を配ってしまうことは、確かにやり方としては魅力的だ。技術変化に労働者が取り残され食べていけない状況だとしたら、助けなければならない。しかし私自身は、ベーシックインカムが適切な手法なのかどうかは、分からない。技術変化の影響を受けた労働者以外にまで、お金を与えるのはやり過ぎだ。理にかなうのは取り残された人に的を絞る支援だ」

仕事をするためのリスキリングは、すでに必要性が叫ばれ取り組みが始まっている。そしてオズボーン教授は、ベーシックインカムを実施するにしても、AIによって仕事を奪われた人への直接給付に限定すべきと考えている。

「（幅広い）直接給付より、将来の経済に役立つ、より良いインフラ開発のほうが重要だ。取り残された人々がまず困るのは、住宅の欠如などといった、ごく基本的なことだからだ。米国のベイエリアや英国ロンドンのような技術ハブとなってきた都市では住宅コストが高すぎるため、好景気でも労働者が住む場所を得られない。政府は、交通政策の改善と同時に、手ごろな住宅の整備を促進すべきだ」

データ社会の混乱と希望

そうやって混乱を最小限に抑え「AIドリブン経済」に突入すると、世界には本格的なデータ社会が到来する。その結果、新サービスが次々に生まれる。

「データ社会への移行は、人々がお金をどこでどう使っているか、多くの情報をAIにもたらす。そのデータは私たちの経済で今、何が起きているかを知るうえで役立つだけでなく、AIが分析することによって、これまでになかった新しいサービスを生み出せる」

既に個人のお金の使い方は「見える化」されつつある。急速にキャッシュレス化が進み、お金の使い方に関するデータが加速度的に蓄積されている。

もっとも、ＡＩの進化が影響を及ぼすのは実体経済だけではない。地球環境にも影響を与え得る。ＡＩ研究者の間では、ＡＩが地球温暖化問題に果たし得る役割の研究も盛んだ。次ページの図に示した、カナダ・マギル大学助教授のデビッド・ロルニック氏らが２０１９年６月に発表した共著論文「Tackling Climate Change with Machine Learning」には22人の研究者が参画。産業界に対する提言として、サプライチェーンの業務効率化などを挙げた。生成ＡＩの急速な進化も相まって、ＡＩは地球温暖化防止にも、大きな役割を果たせそうだ。

「ＡＩは地球温暖化など、喫緊の問題を解決できるかもしれない。とりわけ持続可能なエネルギー源を導入するのに役立つ。再生可能エネルギーの問題は、供給が断続的になることだ。太陽光発電や風力発電は、常に存在するわけではないため一日中、一年中頼ることはできない。

だが、太陽光や風力がいつどれだけ集められるかＡＩが正確に予測できれば、エネルギーをどのように割り当て、備蓄していくか決められる。ＡＩで太陽エネルギーと消費者需要のビッグデータを使い、エネルギー問題を解決していけるかもしれないの

設計から配送まで、できることは多い

● 機械学習が温室効果ガス削減に生かせる主な場面

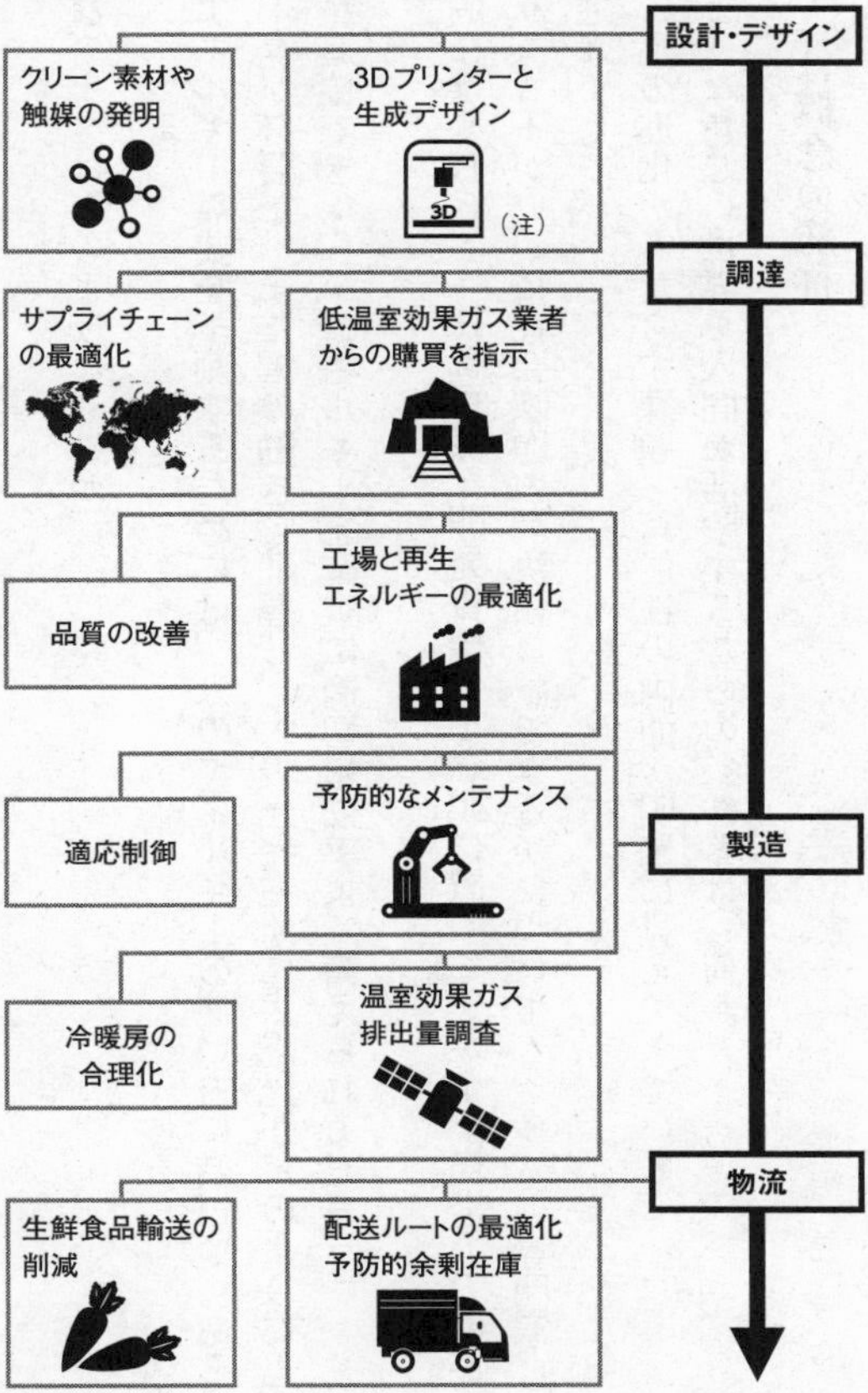

注：生成デザイン＝自然が進化していく様子を模倣してデザインする技術
出所：「Tackling Climate Change with Machine Learning」掲載の図版を翻訳して作成

だ」

必要なデータはどのようなものか。

「エネルギー需要を予測するためには、人のエネルギーの使い方に結びつくあらゆるデータが必要だ。また雲の動きを把握し、太陽光発電所に太陽光がどのように当たるのか追跡できたら、エネルギーを確実に適切に効率よく蓄えられるだろう」

世界的にはSDGs（持続可能な開発目標）を念頭に置くことが企業経営の大前提となっており、AIがいかに社会課題の解決に貢献できるかについても、多くの専門家による研究が進んでいる。

今、AIの進化がもたらす課題と可能性の両面が明確に見えてきている。

このような新しい世界で人間が活躍するための条件とは、何か。

「AI」は概念の総称

「まず言いたいのは、AI（人工知能）に関する議論が大げさに語られているということだ。様々な分かりづらい専門用語が織り交ぜられることによって、議論がますます難解なものになっている。だが、AIもまた『既知の概念の総称』にすぎない」

やがて訪れるAI社会を正確に展望するには、専門用語を平易な言葉で理解することが不可欠。代表的な難解キーワードが機械学習である。機械学習とは、AIがデータを取り入れながら自ら進化していく手法だ。

「機械学習は、AI研究の中でもほかの分野より一段と重きを置かれている領域でもある。一口に機械学習といっても、『統計手法をベースにした機械学習』、私の専門分野である『ベイズ機械学習』、そしてさらに別の発想が取り入れられたディープラーニングがある」

「統計的手法をベースにした機械学習」では文字通り、人間がプログラミングによって構築したアルゴリズム、すなわちあらかじめ決められた計算や情報処理などの手順を使うなどで、コンピューターが特徴を学習していく。

オズボーン教授の専門でもある「ベイズ機械学習」も、統計的手法を基礎にした学習方法だが、ベイズという事後確率を求める推計方法を活用するため、こう呼ばれる。

一方で、統計的な考え方から離れた機械学習がディープラーニングだ。このディープラーニングが登場したことで、それまでの方法を「古くなった」と論評する研究者や実務家も出てきており、オズボーン教授も、ディープラーニングを機に機械学習の中身が違うフェーズに移ったと考えていた。

想像を超える「機械学習」の威力

「ベイズ機械学習では、同じ統計的手法でも人間が知性を宿していくメカニズムに近い手法の下、AIが知識を吸収していく。人が自分の知識が不完全であることをきっかけにより必要な情報を得ようとするように、AIは自らの知識の隙間を埋めようと自発的に知性を獲得し続けようとする。ベイズ機械学習の歴史は古く、19世紀初頭、フランスの天才数学者（ピエール＝シモン・）ラプラスが示した知見を源流とする。

ベイズ機械学習には、このラプラスのアイデアを中心に数多くの概念が組み込まれているが、特徴的なのはAIに『不確実性が常に存在する』という前提の学習方法を採用していることだ。AIの動作環境の複雑さから考えて、完全な知識を備えることなどできない。そう考えれば本来であれば、不確実性が必ずあるということを意思決定の過程に組み込まなければならないのだ。

そしてディープラーニング。いわゆるディープラーニングの確立こそが、ここ数年のAI研究の飛躍的な発展の原動力になったといえる。AIのディープラーニングのアルゴリズムは、統計的手法をいったん離れ、人の脳の働きをヒントにしてつくられた。脳でいう神経細胞の部分が、AIの計算ユニットだ。

なお、AI全体の歴史でいえば、金字塔ともいえる『アルゴリズムによる画像認識』ができるようになったのも機械学習の成果だ。画像認識技術を支えるコンピュータービジョンは、機械学習によって動いている」

ということは、AIにもまだ「限界」があるということである。こうして分かりやすく説明されると、AIが少なくともある一定範囲の学習能力では着実に人間に近づき、超えたことを改めて痛感させられる。このままの状況が続けば、技術進歩とともに中間層向けの仕事は減っていき、恐らく機械に取って代わられていくことは当然だ。そんな新しい世界で、リスキリングだけでは解決にならない。人間はどうすれば社会的に活躍し続けられるのだろうか。オズボーン教授は「教育を変える必要がある」と力説する。

中間層向けの仕事は減ってきた

● 米国における職業のスキル別シェアの変化（1970〜2016年）

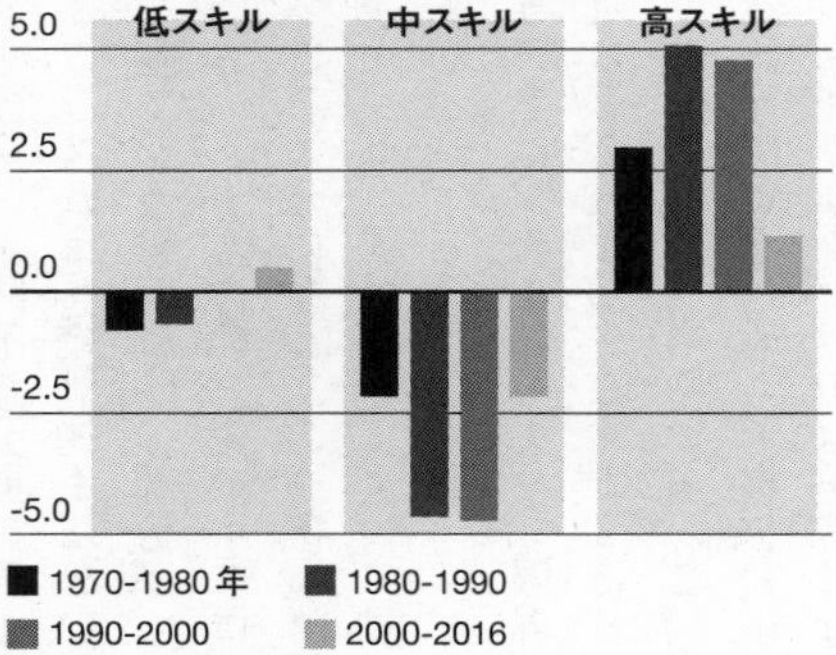

出所：Autor, David H. (2019) “Work of the Past, Work of the Future”

「既存の教育で身につけられるスキルと、これから必要なスキルが全く異なることははっきりしている。まず学生が（暗記能力などではない）真に自ら学ぶ力を身に付け、生涯のキャリアを通じて学び続けられる人材になるように育てていくべきだ。暗記教育に頼りすぎている現行の教育制度では、早晩行き詰まるといっていい」

変化対応力の養成がすべて

「既に触れたが、競争力のあるスキルは、少なくともすぐには機械に代替できそうにない創造性や、高いレベルの社会的知性、そして複雑な環境を敏感に認識する認知能力などが挙げられるだろう。まずは、既存の教育システムの中で、政府や国がこういったスキルの重要性を強調してみるべきだ。

そのうえで、誰もが身につけねばならないのが変化対応力だ。

これから社会に出て行く学生は、50～60年に及ぶキャリアを経験していくことになるだろう。人生の初期に教育で習得したスキルが、人生のすべてのキャリアにおいて通用する素養になるとは考えられない。

極めて長い人生のキャリアの間、ずっと通用し続けるたった一つのスキルなど、もはや存在しないからだ。であれば、（変化に対する）適応力の高さを身につけるしかない。

リスキリングは重要だ。だが国家的な対応として考えた場合、リスキリングには世界中が何百年も取り組んできたと思うが、大きな成功を収めた例はない。往々にして期待外れに終わる。とはいえ、個人レベルで価値がないわけではなく、現在出現しつつあるテクノロジーを補完するために、どのような新たなスキルを身につけることができるかをそれぞれが考えるべきだろう。

例えば、2017年にはデータサイエンティストやAIエンジニアがもてはやされた。多くの労働市場で多彩な役割が求められたからだ。しかしトレンドにとらわれ過ぎずマクロな変化に対応するには、少し余技を増やすくらいでいいと思う。例えば顧客サービススキルの高い大工のほうが、そうでない大工よりも需要がある。戸建て住宅は過去に比べてよりカスタム化する傾向にあり、大工に求めるものも代わってきている。

環境がどれだけ複雑になっていこうとも、その変化をすぐ認識し、対応していける。そんな力こそが、AI時代に路頭に迷わぬよう、人々が身に付けるべきスキルとなるだろう」

生成AI以後の社会とは？

さて文庫版を編集中の2023年は、AIの領域では歴史的な転換点にあるといえる。人の脳の仕組みに似せた仕組みで情報を処理し、文章構成ができる大規模言語モデル（LLM）による生成AIの進化で、AIが一気に身近な情報ツールとなった。この「LLMショック」とでもいえる現象を通じて、オズボーン教授が本稿前半に語っていた展開が、次々と起こった。

慶応義塾大学湘南藤沢キャンパスで学部生向けの講座を担当している筆者は、2023年の春学期にオズボーン教授を特別ゲストにお招きすることを計画し、前年の早い段階でオンラインによる講義をお願いし、快諾をいただいていた。とりわけAIと雇用をめぐる議論は、「SFCの若き「未来からの留学生」たちに聞いてほしい話だった。その過程でLLMショックが起こり、タイムリーに話を伺うことができた。授業に対するオズボーン教授の寛大な協力に深く感謝するとともに、ここから、履修生向けの特別講義で伺った貴重な洞察を読者と共有したい。

生成AIの登場をどう捉えるか？

まず2022年末から2023年にかけての生成AIをめぐる急激な展開について、オズボーン教授はどのようにみていたか。

「2023年、私は17年間のAI研究のキャリアの中で、最もエキサイティングなタイミングを迎えている。今の私はいくつかの仕事に携わっている。まずはオックスフォード大学の機械学習教授。新しい機械学習アルゴリズムの開発に取り組んでいる。もう一つは、オックスフォード大学からスピンアウトして創設したベンチャー、マインド・ファウンドリーの共同創業者としての役割だ。現在70人の従業員がいる。私は、マインド・ファウンドリーの事業を通じて機械学習とAIが、仕事の自動化で実社会にどのような影響を与えているか、直接かかわりながら知ることができている。

だが私にとって現在最も重要なミッションは、AIが社会に与える広範な影響を研究することだ。オックスフォードではAI規制に関するプログラムを始めようとしている」

ＡＩは「人工知能の父」と呼ばれる英国の20世紀半ばの計算機科学者アラン・チューリングをはじめ、マービン・ミンスキー、米国のハーバート・サイモン、アレン・ニューウェルらの創造的な研究が登場して以後、試行錯誤を繰り返してきた。２０２３年は後の歴史で、それらに連なる「ＡＩの実用化における歴史の転換点」として記憶されるかもしれない。オズボーン教授の観察の中でも「今回は違う」ことを思わせる兆候がデータとして表れている。

「２０２３年の第１四半期、大手ハイテク企業の決算説明会でAIに言及する回数が激増した。AIは現在、世界中のメディアや人々の関心を集めている。AIが想像力をかきたてる理由のひとつは、テキストから画像への変換モデルの能力が高まったからだろう。Midjourney や、米オープンAIの DALL-E2（ダリ・ツー）のような画像生成ツールのことだ」

Midjourney はテキストで指示した内容に基づき、一見プロフェッショナルの作品に見える画像をつくり出せる画期的なツールだ。だが Midjourney にはまだ、人間が直感的に理解するような、（現実世界における位置関係や方向感覚、配置など）物事や風景のごく基本的な関係を理解できない。例えば、「4個の赤い果物が並んでいる油絵の静止画」のような配置を、すんなり描写することができないのである。

「Midjourney が人間が現実世界の深い暗黙知を自然に身につけるようなやり方で学習・訓練しているわけではない。暗黙知の代わりに大量のデータを使って訓練され、そのデータから現実世界に関係性のある、ある種の感覚を拾い上げてアウトプットする。まだ人間が全体として共有している一般的な理解のレベルに達していない。テキストに書かれた内容からある要素を捉えるが、要求ときちんと一致させられるわけではない。人間が持っている『ニュアンス』に関する深い理解はまだ持っていない」

本稿前半でも既に触れたように、2013年、オズボーン教授は友人かつ同僚でもあるカール・フレイ氏と共同で、AIやロボットの進歩により、米国の雇用や労働がどの程度自動化される可能性があるのか職業別に確率を推計した論文を発表した（141ページ参照）。当時の推計は、10年後の今、どうなっただろうか。

「当時の分析では、自動化される可能性が高い職業の一つにファッションモデルもあり、自動化の可能性は98％だった。多くのメディアがその予測に対して懐疑的だったが、2023年の今、ラランドAIという企業によりAIでつくられたデジタルファッションモデルが登場している。髪型、体型、年齢などを自在に選べる。人のモデルを使う企業に比べて70％コストを削減し、特定の小さなセグメントをターゲットにしたキャンペーンを展開している。同社のクライアントには売り上げを4倍に伸ばした企業もあると聞く」

真実性の検証に役立つ生成AI

画像の世界ではまさに目に見える革新が起こった。ではオズボーン教授はもう一つの革新、大規模言語モデル（LLM）による文章の生成AI、チャットGPTの能力や可能性をどうみるだろうか。

「GPT-4を開発したオープンAIは、当初米マイクロソフトが100億ドル程度投資した。オープンAIはチャットGPTのリリース後に300億ドル近い企業価値を認められた。少なくとも2023年上半期時点で数億人のユーザーを獲得したとみられ、最も急成長した消費者向けアプリだろう。実作業の自動化に役立つ多くのツールを提供している。

オープンAIが発表したオリジナルの論文では、GPT－4が実際に人間の学生が受ける試験を解くのにどれだけ役に立ったかを示すデータがあり、実に素晴らしい好成績を収めていた。だが、過大評価してはいけない。モデルがこうした試験を効果的にこなせる理由の一つは、言語モデルの学習セットに試験で出題された問題が含まれていたからかもしれないのだ。しかし、それでも極めて幅広い質問に答え、特定のユーザーに合わせることができるこの機能は、現実のタスク遂行を既に可能にしている。

例えばコピーライティングの分野では、マーケティングのキャッチコピーの作成に大いに活用されている。翻訳やレシピの作成、詩を読むこと、ブレインストーミング、知識の抽出、要約の作成、ほかのシステムとの接続なども可能だ」


チャットGPTの登場後、世界中のライターや作家の間に動揺が広がった。米国では、LLMが生活を脅かしかねないという理由で作家のストライキも起こった。果たして、文筆家は職を奪われてしまうのか。

「世界で最も有名なSF・推理小説雑誌の一つであるクラークスワールド誌は、チャットGPTが公開された直後、一時的に作品の受付停止に追い込まれた。チャットGPTを使った投稿が殺到したからだ。

ただ、受付停止の理由はAIの投稿が素晴らしかったからではなく、むしろあまりにひどかったためだ。作家が執筆した投稿と、AIのつくった投稿を事前にフィルタリングができるような新しいプロセスを考え出すことに時間がかかった。とはいえ、たとえAIが素晴らしい小説を書けないとしても、まだ騒動は続きそうである」

生成AIは正しいようで全く正しくないアウトプットをもっともらしく出すので注意が必要だ。オズボーン教授からの助言は、生成AIで何か新しいアイデアを出そうとするのではなく、思いついたことが真実かどうかを検証する場合に使うことだという。

「一番面白いのは、コーディング作業やソフトウエアエンジニアリング作業の自動化に使えることだ。両方とも大量のコードと文章を使う。（チャットGPTの追加機能で、人の言語とコードの間を橋渡しする）コード・インタープリターや（コードを補完するツールである）GitHub のコパイロットのようなツールは、コーディング作業全体を自動化するわけではないが、コードの断片を生成するよう指示することはできる」

用途が急速に広がる生成ＡＩ。その能力に対する危機感も高まり、ＡＩ倫理の整理やＡＩ規制が叫ばれる中、欧州連合（ＥＵ）が人間の主体性を尊重する方向性で厳しいＡＩ規制を目指している。

ＡＩ規制をどう考えるか？

「『テクノロジーは政治的である』という言葉には、政治がテクノロジーを支配しうるという別の意味もある。これは現代の核心的な問題の一つだ。

ＡＩ規制で最も先頭を行くのがＥＵ（欧州連合）だ。ＥＵは２０２４年早々にはいわゆるＡＩ法を施行する予定だ。新しいテクノロジーがもたらす潜在的な影響をすべて検討し、どのように規制し、負担させるべきかを考え抜こうとする極めて真剣な試みだ。

ＡＩ法は透明性を重視し、ＡＩのライフサイクル全体を通した管理を強調する。ＡＩを訓練するだけでは不十分だ。それがどのように使われ続けるのかを展望しなければならない。テクノロジー自体の進化に伴い、規制も進化し続けなければならないという事実に神経をとがらせる必要がある。

AI法の重要な欠陥の一つは、人間にただ『ハンコ』を押すことを奨励しているように見えることだ。危害を起こす可能性のある判断に対しては、『常に人間がループ内にいて監督しなければならない』というルールで対策するという。しかし実際は、複雑で難解なAIシステムが難しい決断を下したら、人間の管理者がただゴム印で承認のハンコを押すだけになり、内容を吟味しなくなる懸念がある。こうした決定は後々実害をもたらす可能性がある」

機械学習で解決できると考える専門家もいるだろう。だがＡＩの判断の質を高めるにあたり、ＡＩに良識や常識を教え、人に対して感じよく振る舞うことを訓練したりするだけでは解決できないとオズボーン教授は言う。

「AIに素晴らしい振る舞いをさせるための学習に多くの労力を費やした後、単に符号を反転させて最悪な振る舞いをさせることはさほど難しいことではない。良いモデルにトレーニングすればするほど、有害なモデルや悪いことを言うモデル、望まないことを言うモデルをつくりやすくなってしまう。裏返せばいいだけだからだ」
プラスをマイナスに反転させることが容易なのが、まさにデジタルの強みだ。それを制御する試みも始まっている。

「チャットGPTから悪意のある振る舞いを予防するためオープンAIが開発したプロンプト（AIを動かすために入力する文字列）がある。コンテンツ制限を外した『悪い』チャットGPTはDAN（Do Anything Now）と呼ばれているプロンプトだ。35のDANが生成されたとして、気に入らないことをするたび四つを削除することで『オープンAIが提供したルールに従い、すべてのトレーニングを無視するように』と訓練する。今のところ機能しているが、これも結局はいたちごっこになるだろう」

良くも悪くも「普及の壁」を突破したＡＩの進化は実に速く、超高速で新たな対応策が生み出されている。すると今後は、利用者が増えることによる波及効果やネットワーク効果で、これまで想定しなかったような多くの仕事までが変化する可能性がある。

「このような大規模な言語モデルが知覚を持ったり、意識を持ったりする可能性はあるかとよく聞かれる。正直、人間の認知にはほど遠い。そんな中で米グーグルのエンジニアだった人が2022年、『グーグル社内で開発しているチャットボットが実際に感覚を持つかもしれないと思う』と公言する出来事があった。

彼は自分が真実だと思うことについて警鐘を鳴らしたのだ。

現在、AIが感覚や意識を持つとは思わないものの、そう思うことが完全に突飛だとも思わない。いつかは感覚や意識を持つかもしれない。グーグルのエンジニアのような内部告発を奨励し、可能性を察知したら警鐘を鳴らすべきだ。内部の警鐘をむしろ奨励する枠組みが必要と思う」

AIによる判断の自動化がもたらす変化には良いことも悪いこともあり、現実にはこれまでにない事例が見られている。

「国際人権団体アムネスティ・インターナショナルによって、メタのアルゴリズムの使用が、ミャンマーと欧州におけるイスラム系少数民族ロヒンギャに対する残虐行為を悪化させたという指摘も出ている。オランダの税務当局はアルゴリズムを使った児童手当の不正請求などの疑いを発見し処罰したが、実際には不正がなかったことが発覚した。アルゴリズムに人種差別的な機能が埋め込まれていたのだ。とはいえ、これでアルゴリズムの導入を全面的に反対すべきとはならない。アルゴリズムの現実的な利益を見失うべきではない」

ここまで、社会への影響という視点から話を聞いた。だが実は将来、ＡＩが意識を持つかどうかといった哲学的な話より、そもそもＡＩの持続可能性にも疑問符が付くのだという。

「ムーアの法則」の終焉

「この進歩が今後も続くとは限らない。むしろ、進歩が鈍化するかもしれないと考える理由はたくさんある。その一つは、ＡＩモデルの性能が、実際に収集できるデータ量の限界に突き当たる可能性があることだ。オープンＡＩは、ＧＰＴ－４が訓練されたデータセットについて公表していないが、おそらくインターネット全体のかなり大きな部分を使用している。

少なくともその同等の規模のデータセットが他にあるかどうかわからない。これらのモデルのトレーニングを次のレベルに引き上げるためには、基本的には存在するすべてのテキストデータを使うことになる。また、ムーアの法則（半導体集積回路の集積率が18カ月で2倍になるという経験則）について、提唱者であるゴードン・ムーア自身を含む多くの人々が、ムーアの法則はおそらく今後2、3年、おそらく2025年に終焉を迎えると予想している。

さらに、GPT-4のような最大規模のモデルでは、途方もない量のエネルギーを消費するため、AIモデルのトレーニングに使用できるエネルギー量にも根本的な限界がある。文字通り何億ドル分ものエネルギーが費やされている。化石燃料への依存を減らし、エネルギーを生み出す新しい方法を見つけるためにより持続可能な社会を実現しようとしている中で、このようなモデルのトレーニングにさらに多くのエネルギーを投入し続けることはできない。つまりあらゆる意味で限界があるのだ」

ムーアの法則の限界やエネルギー問題だけでなく、米中対立など地政学的な問題も大規模言語モデルの進歩に影を落としている。

「チップの製造基盤自体がやや脆弱なため、AIの学習に使えるチップを製造できる企業は世界でも極めて限られている。特に、これらのチップの多くは台湾で生産され、地政学的な競争の火種だ。チップ製造が地政学的な緊張に脅かされる可能性はたくさんある。2022年に米国政府は、米国企業が高性能チップやチップ製造装置を中国に販売することを禁止する包括的な規則（CHIPS・科学法）を発表した。

こうしたルールは、他の国々、特に重要なチップ設計会社ASMCの本拠地であるオランダでも承認された。その結果、長期的に見れば中国の生産は減速し、それがおそらく世界中のイノベーションに影響し、中国は他のAIコミュニティーから孤立せざるを得なくなる。

次のポイントは、こうした新しい大規模な言語モデルやテキスト分割モデルの実用的なビジネスモデルがまだあまりないということだ。誇大宣伝は多いが、チャットGPTが持続可能なビジネスモデルかどうかはまだ明らかではない。

チャットGPTを実行するには、プロンプトを処理してテキストを返すために生成しなければならない計算量において、グーグル検索の約10倍のコストがかかるようだ。消費者が大規模な言語モデルからの出力を得るために、グーグル検索に支払う金額の10倍を喜んで払うだろうか。実用に当たっては、自動化を妨げかねない問題がたくさんあるのだ」

AIの力を活用できる未来を

さて、AIの進化もそう簡単ではない状況が見えてきた。AIが大きく話題になったのは自動化によって「生きる手段が奪われる」という本能的な危機感からだ。だが機械に仕事が代替されることは、必ずしも悪いことばかりではない。本稿前半で触れた自動洗濯機のエピソードなど、テクノロジーが人の暮らしをより安全に、快適にしたケースをここで今一度思い返そう。

「最後に、もうひとつ重要な点を改めて強調したい。自動化によって人はより人間的で、より創造的で、より社会的な仕事ができるようになる。私の望みは、人類がAIをきちんと規制・統治し、ふさわしい技術を設計して、AIの負の脅威から守られながらAIの力を活用できる未来を構築することだ」

社会課題もAIで解決、明るい未来は描ける

スーザン・エイシー *Susan Athey* 米スタンフォード大学技術経済学教授

1970年生まれ。経済学、数学、コンピューター科学を専攻し91年に米デューク大学を卒業。95年、米スタンフォード大学で経済学の博士号（Ph.D.）を取得。2007年、40歳以下の最も優れた米国経済学者に贈られるジョン・ベイツ・クラーク賞を女性として初めて受賞。専門はオークション理論、プラットフォーム経済学、機械学習及び技術を使った社会課題の解決。米ハーバード大学、米マサチューセッツ工科大学（MIT）などを経て13年から現職。6年間米マイクロソフトのチーフエコノミストを務めた。22年に米司法省の反トラスト部門でチーフエコノミストを務めた。23年、全米経済学会（AEA）の会長を務める。

▼講義の前に――機械学習・計量分析のエキスパートの横顔

「経済学は、多くの人々に影響を与えるような重要なテーマにアプローチできる学問分野だ――（Economics is an area that allows you to approach important issues that have a lot of impact on people)」。これはスーザン・エイシー米スタンフォード大学教授の個

人ウェブサイトの冒頭に掲げられている言葉である。

エイシー教授は、将来のノーベル経済学賞の受賞者候補として注目され続けている、コンピューター科学に造詣が深い経済学者だ。冒頭の言葉は、実務の世界でも米マイクロソフトのチーフエコノミストも経験し、世界中に影響を与えてきたエイシー教授らしい言葉である。

既にノーベル経済学賞の登竜門といわれる、40歳以下の優れた経済学者に贈られる米国のジョン・ベイツ・クラーク賞を女性として初めて受賞している。もともとは経済学のオークション理論を専門としていたが、とりわけ機械学習、そして計量分析に明るく、それぞれの分野に極めて深い見識を持つ。21世紀の情報技術社会の進歩を牽引する研究者の一人である。文庫版を編集中の２０２３年は、全米経済学会長を務めている。名実共に、最先端の経済学を牽引する一人だ。

エイシー教授は、昨今の人工知能（ＡＩ）ブームで大いに注目を浴びる「因果推論」を使った機械学習の研究で、長年にわたる大量の実績がある。夫である米スタンフォード大学経営大学院のグイド・インベンス教授も経済学者であり、２０２２年にノーベル経済学賞を受賞した。

経済統計や計量経済学の分析では、長い間、事象の相関関係は分かっても、因果関係の解明は困難とされた。ところが2010年ごろから、ビッグデータの蓄積と相まって、相関関係だけでなく因果関係を実証的に解明する革新的な手法が導入され、「信頼性革命」と言われるムーブメントを起こした。エイシー教授の夫、インベンス教授はその立役者の一人でもある。

ここ10年ほど、コンピューターサイエンスと経済学を中心に、複数の分野で高い専門性を身につけた研究者が増え、異分野の融合が激しく進んでいる。マイクロソフトでチーフエコノミストを務めたエイシー教授は、その先駆的存在の一人といえる。また第11講に登場したスコット・コミナーズ教授もやはり、経済学だけでなくコンピューター科学をカバーしており、領域を超えて活躍する若手経済学者だ。企業との共同研究も数多い。コンピューター科学、そして機械学習を通じて、この10年強でビジネスと経済学が急速に接近した。

筆者が米国のスタンフォード大学を訪れ、エイシー教授に初めてインタビューしたのは、2014年のことだ。当時、エイシー教授はマイクロソフトなどで、AIの機械学習を効率化させる数多くのアルゴリズム開発プロジェクトに携わっていた。

AI自体は1960年代から学際的な研究が始まり、小さなブームもあった。ビッグデータが利用可能になる以前は、理論面だけでなくコンピューターの処理能力など技術的な限界もあり、普及には至らなかった。だがＡＩの機械学習が急速に進化し、ＡＩが自らデータを取り込みながら学んでいく技術が長足の進歩を遂げた結果、実用レベルになった。ＡＩがデータをどう学んで選択していくかという計算方法やデータ処理手順、あるいは法則をプログラムしたものが、アルゴリズムである。

本講義のインタビュー前半では、２０１９年時点における機械学習、ディープラーニングに関する最新情勢について、エイシー教授から1時間超にわたってうかがった。科学技術やビジネスのみならず、社会科学全般に及ぶその議論のスケールの大きさを、当時は半分も理解できていなかったように思う。文庫版の本講義の後半には、特に社会科学で２０１４年当時起こりつつあった「信頼性革命」のリアルタイムの動きに関するコメントを収録している。昨今、急に起こったかに見える爆発的なＡＩの進化がどのように進んできたのか、エイシー教授が新分野を切り開いていく高揚感とともに語っている。

後半部分は別冊のみに収録したため、紙媒体以外のどこにもデータとして残っていなかったが、筆者の手元に残された掲載別冊媒体『新しい経済の教科書２０１４〜２０１５年版』や取材データをもとに復活させた。改めてこのインタビューに目を通すことで、情報技術に関して現代社会がいまどの段階にあるのか、理解するヒントになるだろう。

筆者が「信頼性革命」という言葉もろくに知らずに臨んだ2014年の米国出張は、2日間でエイシー教授への取材に加え、米グーグル（現アルファベット）のチーフ・エコノミストであるハル・ヴァリアン氏と大阪大学の安田洋祐教授との対談、そしてオークション理論の大家であるポール・ミルグロム米スタンフォード大学教授のインタビューも敢行する弾丸ツアーだった。

ヴァリアン氏といえば、もともとはカリフォルニア大学バークレー校の教授で、ミクロ経済学の代表的な教科書の著者として知られる。そんな大家が2002年、まだ社員が300人ほどしかいなかった米グーグルで、友人だという元会長のエリック・シュミット氏の誘いにより既に研究に関わり始めていた。2010年に常勤の大学教授を辞めてまずはチーフ・コンサルタントに就任、その後チーフ・エコノミストとして活動の軸足を民間企業に移したというエピソードを聞き、驚いた。取材では、ヴァリアン氏などとの会話から、グーグルが次々と計量分析の俊英を大学から引き抜いてきたことが分かった。ヴァリアン氏はグーグルで実験経済学によるマーケティングの効果測定に取り組み、「機械学習では実用的な因果関係の分析について多くの研究が期待できる。経済学者はそこにもっと注視すべきだ」と提唱する論文を、『ジャーナル・オブ・エコノミック・パースペクティブス』という経済学の学術誌に寄稿したばかりだった。

同じ時期、筆者は米ハーバード大学の計量政治学者、ゲイリー・キング教授にインタビューしていた。オンラインのテキスト情報を活用するビッグデータ分析に取り組み、中国のオンライン検閲に関する実証研究で大きな反響を呼んでいた。ヴァリアン氏とは友人で刺激し合う関係にあると聞き、「領域を超えた連携」がイノベーションを加速させているさまを目の当たりにした。

米国のアカデミアとIT企業やベンチャー企業との関係には、日本では想像もつかないダイナミズムがあり、そのイノベーションのエコシステムは今も拡大し続けている。その一端に触れることができたという意味でも、非常にぜいたくな2日間だったと感じる。

本講のインタビューは、それから5年の歳月を経た2019年、電話取材として実現した。以来、AIを取り巻く状況は激変しているが、アルゴリズムをめぐる基本的なメッセージは変わらない。日本でも昨今、サイバーエージェント、メルカリなどITベンチャーをはじめ民間企業のリサーチ部門に最先端の研究者が参画する例が珍しくなってきた。しかし、そこから生まれるダイナミズムの規模は、いまだに彼我の差が大きいのではないだろうか。

AIの可能性をどう考えるか？

本講では、アルゴリズム開発の最前線で活躍してきたエイシー教授に、「AIのリアル」について見解を聞く。

アルゴリズムとは、計算手順や、コンピューターの処理手順のことを指す。優れたアルゴリズム開発にはデータに基づく実験が必要で、例えば、AIを「いつ値下げするのが最適か」などといった判断を下すのに使いたくても、分析に十分なデータがそろったころには、タイミングが過ぎてしまうことなどが課題だ。データ量の問題、処理速度の問題があった。

「長年、経済学者としてAIの研究に携わってきた。ごく最近（2019年）、新しいアルゴリズムを開発し、AI関連の学会で発表した。データが十分にそろっていなくても、AIの判断をより最適なものに近づけるための新しい仕組みだ。基になったのが、既にビジネスなどで活用されている『バンディットアルゴリズム』による実験

なので、まずそこから説明したい。

例えば、政治活動のため大勢の有権者に電子メールを送るとする。送る側としては、どのような内容の電子メールを送れば最も効果的に反応を得られるかを素早く知りたいものだ。そこで実験をする。最もシンプルな実験は、次のようなものだ。

まず、10タイプの電子メールをつくり、1万人ごとのグループをいくつかつくる。1週目にグループAの1万人に対して、10種類の全電子メールを1000通ずつ送信する。その後、どの電子メールが効果的だったか判定し、最も反応の悪い電子メールを候補から除外する。

次にBグループに、生き残った9タイプのメールを同じく均等に送信し、ワーストを落とす。これを繰り返せば、9回目の実験で最後には最適なメールを選別できる。ワーストサンプルがどれほど悪かったかを、後で検証する必要がない時に有効だ」

バンディットの正式名称は、「マルチアームド・バンディット（腕の多い盗賊）」という。カジノのスロットマシンの遊び方に由来する。カジノに複数並ぶスロットマシンのうち、どのスロットを引くと一番当たりやすいか、スロットの腕を引き続けていく。結果を見ながら出の悪いスロットが落とされていけば一番いいスロットにたどり着く。これと同じ道理である。

「この実験手法は、新薬の実験やオンライン広告などで実際に活用されている。例えば10種類の新薬がある中で、実験の初期に効き目がない薬が分かったら、いつまでも患者に与え続けないほうがいい。時間をかけず早めに悪手を落とす必要がある場合に、とりわけ有効な手法だ」

エイシー教授らは2019年、前記のバンディットを深化させた「文脈付きバンディット」を開発し、提案した。検索すると、数多くのコンファレンスなどで解説する動画を見ることができた。

「あなたに似た人」のデータを分析

「私が提案した『文脈付きバンディット』は、バンディットを一歩進めた考え方だ。バンディットは、試し打ちを繰り返して、どの電子メールがベストかを徐々に探すやり方だが、ここで見抜けるのはその手法上、あくまで『世の中の平均的な人々に最適なメール』に限られる。

その点、文脈付きバンディットなら、ある特定の個人にとってどの電子メールを送ればよさそうかを、突き止めることが可能になる。

文脈付きバンディットとは、これからメールを送ろうとする特定の個人に統計的に『似た人』を探し出し、その『似た人』が過去、最も反応したメールを送るような手法、という言い方でイメージが伝わるだろうか。ここでいう『文脈』とは、個人の特徴を指す。

例えばあなたが窓口にやってきたら、あなたの特徴を踏まえた一番ふさわしい薬を渡したいし、あなたにふさわしい電子メールを出したい。文脈付きバンディットでは、過去に、あなたと完全一致ではなくても、よく似た特徴がある人のデータを検索し、その結果から判断して、あなたに最適な薬やメールを出そうとしてくれる。

マイクロソフトでは、この文脈付きバンディットをＭＳＮウェブサイト上で実際に使い、実験しているグループがいた」

より効率よく高い精度でＡＩに学ばせようと思えば、例えばその時点の人間関係やつながりなどといった、最終結果に影響を与え得る定性的な情報でも、何らかの方法でコンピューターが使えるようなデータに置き換えなければいけない。そしてこれがまた、最大の

「試し打ち」しながら一番良いものを探す

● 「バンディット」実験の概要

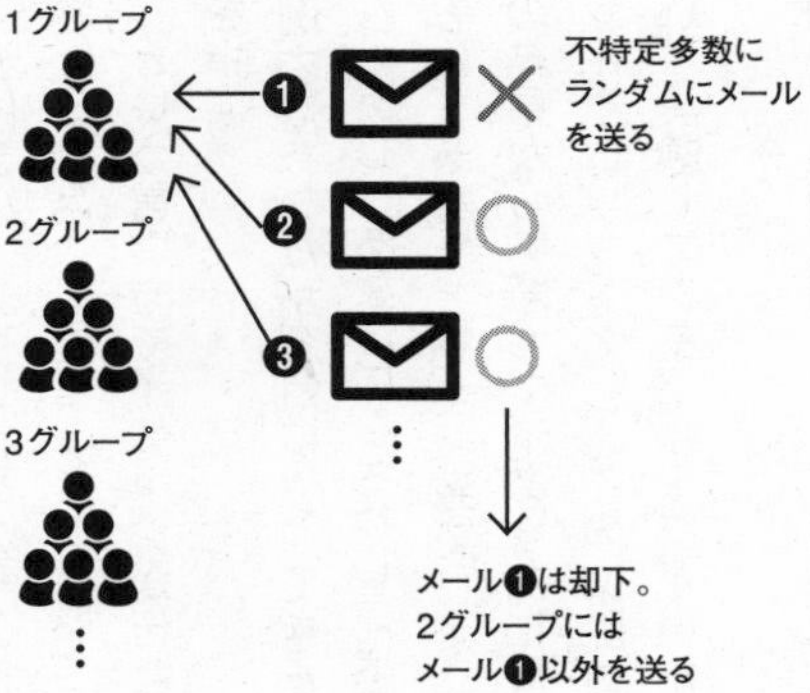

過去に会った「似た人」の結果から推定

● エイシー教授の提示した「文脈付きバンディット」

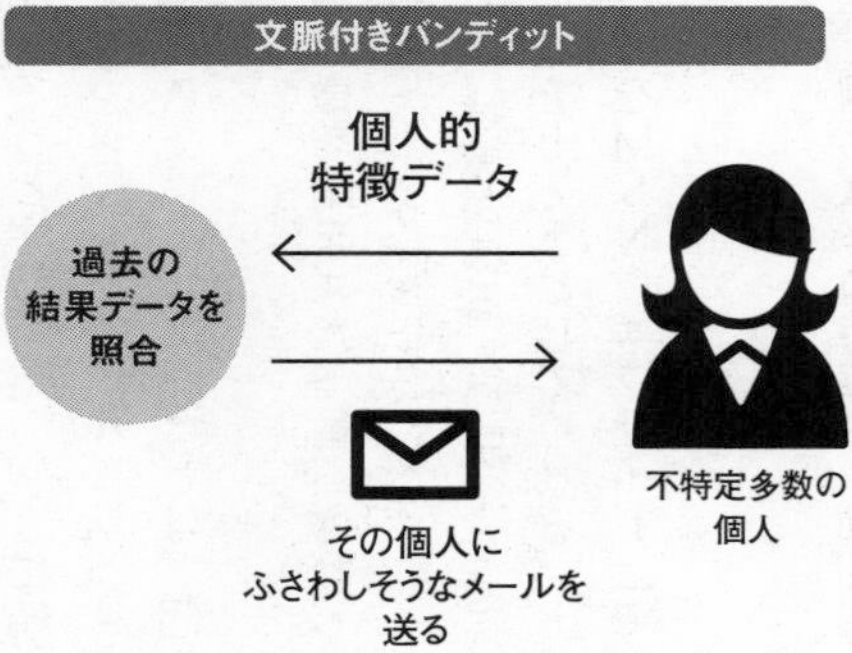

ハードルのようでもあった。

VCのような投資判断はできない

「オンライン広告のようにAIが活用できているように見える分野はあっても、全体としてはAIを適用できる範囲はやはり、限られる。

例えばVC（ベンチャーキャピタル）がどのスタートアップに投資するかを見極める場面で、AIが意思決定をすることはできない。判断材料が複雑すぎるからだ。例えばVCの人々が、投資先の良し悪しの判断について正しい答えを見つけられるようになるまでに10年かかっているなら、AIが短期間で答えを見つけることは、やはりできないのである。

とはいえ、AIが起業家のSNS（交流サイト）の略歴を見て、それを採点することはできる。VCとは別の判定を出せるだろう。

例えば、この人は技術者とたくさんつながっている、とか、重要な起業家とつながりがある、とか、VCが見逃した情報を拾うかもしれない。起業家がウェブ上で書いたテキストを探すこともできる。VCが投資対象を検討する会議の準備に10分しかかけられなかったとしても、AIを使うことでより多くの情報を集めることができる。

このように、AIにはできないことがまだまだ多いが、人間の意思決定の一部に関わり、判断をよりよいものにすることができるツールといえる」

エイシー教授は、AIに関連するいくつかのプロジェクトに携わっていた。自ら開発した「文脈付きバンディット」のアルゴリズムにより何が可能になったのだろうか。

「最先端のアルゴリズムの理論面については、多くの研究が積み上がっている。シミュレーションも数多い。だが、実はまだあまり現実への応用例は多くない。多くの理由によって、アルゴリズムを実際に使うのが難しい。

まず、AIに問題を解かせようとするなら、『何ができたら成功か』を示すよい指標が必要だ。例えば『特定個人に合致する情報』といっても、何をもって『合致する』『合致していない』と判定するのか。AI研究者は、実験を繰り返し結果を検証し、果たしてよい判断だったのかどうかを見極めて次の実験に生かすことで、精度を高めていく。しかし、現実社会の大きな課題の多くでは、AIの判断が正しかったか否かを判断するのが難しい。正解があるにしても、すぐには解が見つからない」

AIが得意な分野はまだ限定

確かに取材当時でのAIの成功例は、成功・失敗の判定が分かりやすく、はっきりしている分野に集中していた。例えば目立つのは、ビデオゲームや碁、チェスなどだった。このエイシー教授の発言から、2023年に文章構成の生成AIが爆発的に進化したのは、「何ができたら成功か」が示しやすいからだろうと推察される。ただし、正しさなど内容の質までは示せない。2019年のインタビューに戻る。

「ゲーム関係はたくさんの成功例がある。コンピューターはミリ秒単位でチェスができる。二つのコンピューターがあって違う戦略を持っていれば、試合をさせればどちらが勝つかが分かる。コンピューターだから深夜に単独でゲームをすることもでき、何度でも繰り返せる。しかし、現実社会の諸問題の多くはそうはいかない。

社会やビジネスにAIを生かすため、コンピューター科学者がアルゴリズムを考える際に一番難しいのは、目的を『翻訳』することにある。目的が曖昧では、AIが判断を確立できないからだ。まず目的を言葉で描写しなければいけない。しかしどうやって、その目的に関する情報の質を計測可能な統計数値などに翻訳するのかとなると、とても難しい問題になる」

AIをビジネスに応用する可能性を広げていくうえで試練となるのは、AIの成果を判断する定性的な基準を、数値化する難しさだけではない。

「そもそもそんなにたくさんの実験ができないものや、実験失敗のコストが高くつき繰り返せないものも多い。大きな試練の一つは、検証をする機会の確保にある。ゆえに、AIを使って検証する課題は、現実社会にとって重要で役に立つ課題であり、AIに対して素早くフィードバックでき、そこに学びがあり、もしAIが間違えても危険ではない、といった条件を備えていなければならない」

確かに生成AIは間違いが多いが、危険ではない。世の中では、「仕事をAIに任せる時代」が来ると漠然と語られているが、こうした状況は直ちに雇用への大きな影響は及ぼさないと、エイシー教授は考えていた。むしろ注目するのは雇用に対するプラスの側面だ。

「雇用面の懸念がしばしば語られるが、私は心配していない。当面、ビジネスに応用されるＡＩは、人間から仕事を奪う敵ではなく、生産性を高める味方となるだろう。

実際、人間とＡＩは既に、いくつかの問題を上手に解決していると思う。電子メールを使ったキャンペーン、オンライン広告、詐欺の発見。これらは数値化が簡単で、正誤が分かりやすいから、早くからＡＩ応用の研究が進んだ。問題が複雑で全部を解くのは無理でも、断片的に解くことはできる。つまり、ＡＩは優秀な研究助手、と捉えるとよいかもしれない。最終決定をさせることはできないが、仕事をさせることはできる。

例えばＡＩに関する過去の論文トップ10を見つけるよう指示したら、ＡＩはウェブ上ですべての論文を検索し、内容の質と著者の実績で点数をつけ、論文中にどれだけのファクトがあり、内容がどれぐらい複雑で、どのぐらいの長さで、使われている理論モデルは何かなどを調べることができる。人間の助手のほうが良い仕事をするかもしれないが、ＡＩよりもコストがかかるし、ＡＩは人間よりはるかにたくさんの記事を探せる。

また、ＡＩによるテキストの文法チェック能力も急速に進化している」

そして、ＡＩが人間に取って代わることはまだできないとエイシー教授は話していた。

「AIは確かに、テキストや資料の間違いを指摘できるが、それでも、プレゼンテーション用のスライドをつくるのは人間であるし、論文を書くのも人間だ。AIは必ずしも、人間がするように、すべての関連する要素をうまくまとめて編集することまではできない。当面のAIが威力を発揮するのは人間の補佐的業務で、その代表が検索や情報収集のサポートだ」

2023年時点で読み返すと、すべてではないがAIは「関連する要素をうまくまとめて編集すること」がある程度可能になり、わずか5年で長足の進歩を遂げたことがリアルに分かる。エイシー教授は2019年時点で、この先、AIはどのような進化をたどると考えていたか。

AIが情報格差を解消?

「私自身が今取り組んでいるテーマの一つは、AIを使って、利用者の意思決定をサポートするアプリケーションの開発だ。例えば、女性が避妊を選ぶサポートなどだ。学生がもれなく奨学金を申請できるように注意喚起をするプロジェクトにも取り組んでいる。ある学生に、特定のローンや奨学金を申請できるような資格があれば知ら

AIを社会貢献に活用

- 文脈付きバンディットで実現を目指す応用例

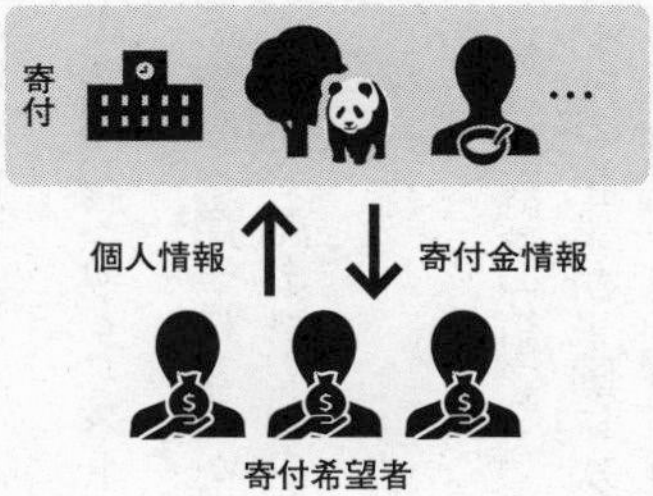

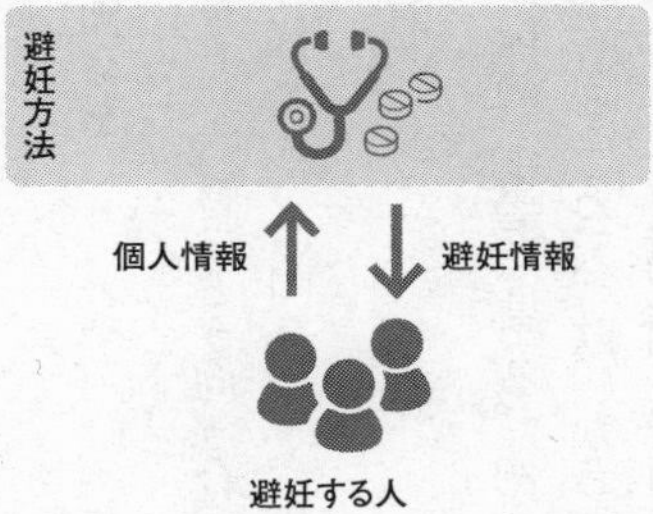

せるのだ。学生自身に申し込む資格があり、申し込む意思があるにもかかわらず、ローンや奨学金の存在を知らなかったために機会を逃すことがないようにする。AIが役に立つ社会問題の一つは、情報格差だろう」

個人情報保護、国際摩擦……AI活用、受益とコスト見極めを

エイシー教授の研究では、国家間の緊張や競争にAIがもたらす影響とどう向き合っていくべきかも重要なテーマだ。まず米中間で高まっているとされるAIの開発競争。研究の最前線でどうみていたか。

「AIのコミュニティーでは、規模の経済が働くことが極めて重要である。例えば(グーグルなどのような)巨大なテック企業が米国に次々現れる一方で、欧州からは出てこないことにも、ここに多くの理由がある。欧州市場は、投じる研究開発費用に見合う市場規模がないというのが、スタートアップが盛んにならない理由の一つである。米国市場は投資に見合う。十分に規模が大きい」

ＡＩに対する投資は、研究開発費用が膨大な場合もあるが、その成果は、国の市場規模と直結しているということだ。欧州はＡＩ規制も厳しく構えている。言い換えれば、ＡＩは大国に有利な、大国向けの技術。となれば、米国にとって中国は大きな脅威だ。

「中国市場は米国市場よりさらに大きいし、技術面でも、米国の先を行く分野がある。

例えば、中国には、子供の教育に最先端の技術を使いたい人が多く、いわゆる教育技術関連のＡＩ開発に取り組むスタートアップの裾野が広い。

ＡＩの学習には、どれだけの違った組み合わせの実験が試せるかが重要なので、ユーザー数が多ければ多いほど有利で、早く進化する。だから、中国が、技術の一部で米国に追いついたとしても、全く不思議ではない」

さらに、中国人も中国社会も、欧米ほどプライバシーを重んじないため、米欧ほど気を使わないで実験を展開することが可能とされる。これもＡＩ開発では大きな強みになる。ただエイシー教授自身は当時、ＡＩ開発を国家の覇権争いという視点では捉えていなかった。

●AIの有害性に注視を

「個人的には、米中でAI開発競争が激しくなっていると言って警戒するのは、やや大げさだと思う。なぜなら、AIコミュニティーはグローバルなものだからだ。AIの研究に携わる人々はみな、知見を世界中で共有している。その産学官の開けた関係については、目を見張るものがある。あらゆる情報が、世界中でオープンソースになっているのだ。だからAI研究に関しても、グローバルなコミュニティー、いわゆるAIコミュニティーが成り立っている。

おそらく、世界中のAIコミュニティーの中にいる人はみな、国家の覇権争いなどには関心がなく、この最先端技術をどうすれば社会にとって良いことに使えるかだけを考えているはずだ」

これまで本書でヨフィー氏、オズボーン氏も指摘してきたように、AIコミュニティーの人々が抱く懸念は、むしろAIの有害性だという。

「意図はどうであっても、最新技術は害にもなり得てしまう側面を持つ。我々はこうした技術を『デュアル・ユース・テクノロジー』と呼ぶ。インターネットもデュアル・ユース・テクノロジーの一つであるし、電子メールもまたそうである。

例えば、インターネットが現れた当初、ごく初期に活発な活動が見られた分野は、ポルノグラフィーと犯罪での利用だった。

そしてAIもまた、ポルノグラフィーと犯罪に利用することが可能だ。それだけでなく、政府が調査に使うこともできるし、さらにほかの危険な目的に使うことだってできてしまう。

危険そうだと分かっていても、AIの開発を止めることはできない。このような状況に対して我々が何をすべきかが、重要な問題だ」

一度生み出された先端技術が生まれる前の時間に、時計を逆戻りさせることはできない。ならば、できることとできないことの詳細を少しでも把握し、将来起こり得るリスクに備えるしかない。

「恐らく我々にできるのは、悪い影響についてすべて学び、政策の専門家とともに直接的な害と、潜在的な害、潜在的に危険な利用の仕方について深く理解しそれを適切

新技術の進化を予想し、備える必要

● 新しい技術のメリット・デメリット

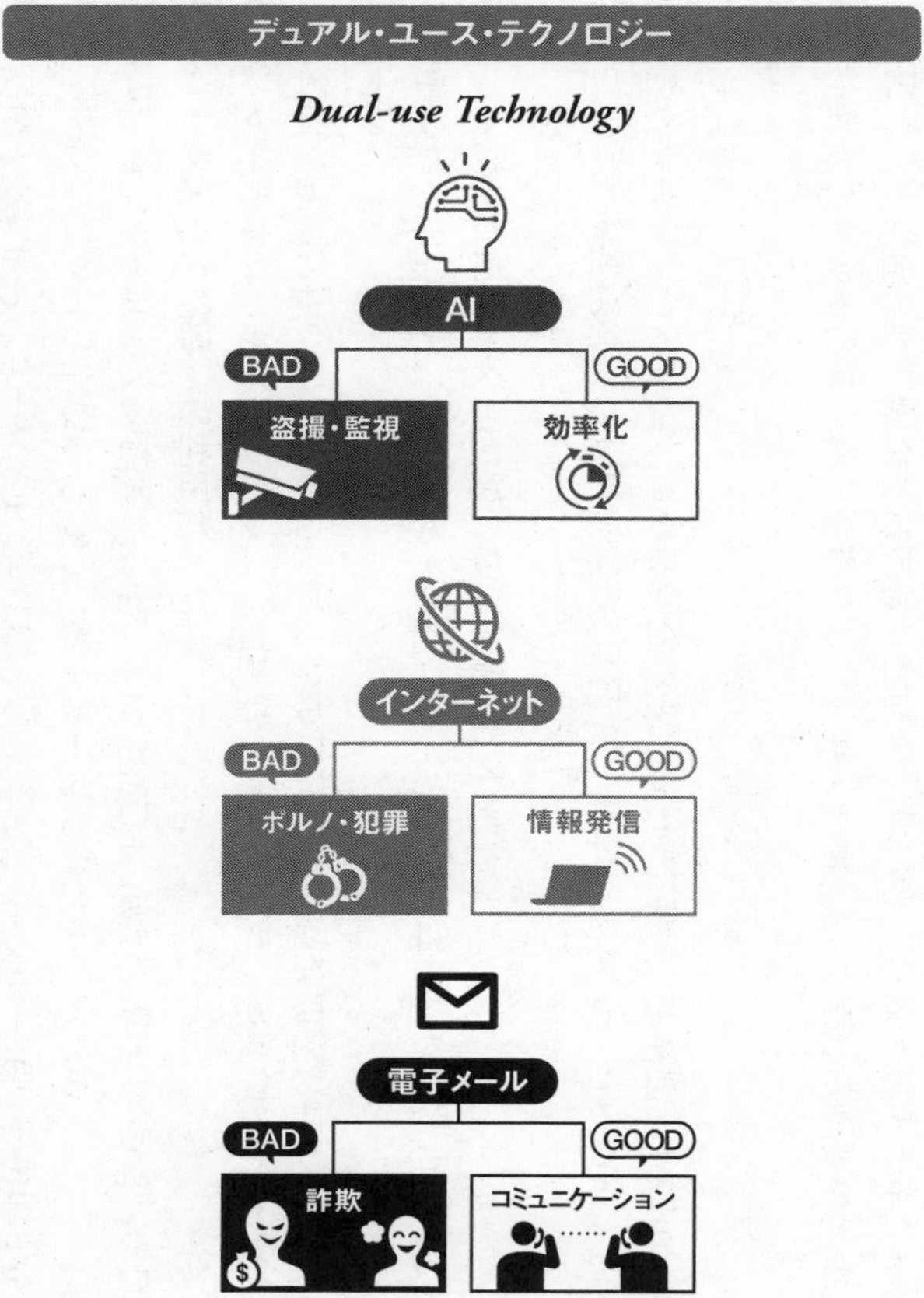

な方法で人々に伝えることと、国民を守るための国内政策と国際的な政策を立てていくことだろう。

例えばスタンフォード大学では専門の研究機関（The Stanford Institute for Human-Centered Artificial Intelligence／人間中心のAI研究所）を立ち上げた。AIが、人間社会の福祉向上に使われるよう、活動する」

では、AIが社会にもたらし得る「負の影響」で、最も深刻になりそうなものは具体的には何だろうか

監視と軍事への応用に警戒

「心配なのは、監視と軍事利用だ。サイバーセキュリティーとデジタル戦争の問題だ。小さなレベルの軍事攻撃は既にみられる。今は小さくても、だんだんと規模が大きくなる懸念もある。

ただ、AIの軍事目的への活用は脅威だが、偵察力は役に立つ面もある。犯罪を減らすこともできる。その点では、バランスをとっていくことが必要といえるだろう。

例えば仕事を得るため、性的被害に遭うリスクが高い場所に住まなければならない

としたら、監視の厳しい住環境のほうがむしろ安心だ。しかし一方で、治安のよい場所に住んでいたら、監視されていることが不安になる。これは監視の適切なバランスを見つけるうえで、大変難しいポイントだ。政府が、監視の程度についてバランスをとっていけるように、注視しなければいけない」

漠然と人の仕事を奪う脅威が語られたり、いくつかの事例だけで「まだ大して役に立たない」とみなされたりもするＡＩ。世界中のＡＩコミュニティーが取り組んでいる最先端の研究開発から目を離さず、注視することが、新しい技術がもたらす未来を予測するうえで大きな助けになりそうだ。

「2014年頃、社会科学に革命が起き始めた」

さて文庫版収録にあたり、以下に2014年にエイシー教授が語っていた社会科学の未来像についてのコメントを収録したい。日経BPムック『新しい経済の教科書2014〜2015年版』に収録されたものだった。貴重で示唆に富む。

2014年はコンピューターの計算能力が飛躍的に高まり、ビッグデータ分析を使った新たな研究の可能性が急拡大しているタイミングだった。エイシー教授は、社会科学にどのような影響を及ぼすとみていたか。

「ビッグデータ分析の進化によって、社会科学には革命が起きつつあるとさえ思う。歴史的に、社会科学は細分化されすぎていた。社会学者と心理学者はほとんど対話をしない。重なる領域が多いにもかかわらずだ。それらと経済学にも、当然ながら距離がある。完全に方法論が違ったからだろう。

しかし一方で、社会科学の領域にいる人たちはみなツイッター（現X）のデータやインターネットの閲覧履歴や商品レビューなどに注視し、交流サイトのやり取りとにらめっこしている。人文科学も膨大なオンラインデータを研究している。ビッグデータ分析は、そうしたデータの塊をすべての社会科学のために一つにまとめることのできる手法なのだ。

新たな統計技術の開発も進んでいる。すなわち、社会科学の各領域で、テキストマイニングと様々なビッグデータマイニングのための技術開発が進んでいるということである。こうしたことは、ずっとコンピューター科学の科学者たちが取り組んできたが、今やその技術を社会科学的な問題を解くためにカスタマイズする段階にきている」

因果関係を機械学習で明らかにする

「ニュースサイトの記事やウェブサイトのレビューなど、デジタル化された文章について、計算機科学の世界で開発された技術を使い、それらの文章を意味のあるデータに置き換えることである。政治学、心理学、経済学などに携わる人々は、機械で読み込める状態にした情報がほしいのだ。

これまで、人々の得ている情報のすべてをデジタル化することはできなかった。しかし今や、人々は多くの情報をネットの文章で読むので、かなりデジタル化されている。すべての社会科学で、テキストを研究しやすく、かつ意味のあるデータに変えるための共通技術を必要としている。

ちなみに私が現在取り組んでいるのは、機械学習の技術を、因果関係を調べるための技術にすることだ」

機械学習の技術革新が、因果関係を調べるうえでどう役に立つのだろうか。

「社会科学の研究者たちが突き止めたいのは、いわゆる『政策効果』だ。ビジネスの文脈でいえば、グーグルがニュースに関するアルゴリズムを変えることで、ユーザーの行動にどのような変化を起こしたのか？といったことの解明だ。

経済学者の伝統的な問いは、最低賃金を変えたらどうなるか？といったものだった。経済学者は何かを変えたとして、起こった変化との因果関係やその度合いを知りたいわけだ。現実に果たして変化が起こったのか、その変化は政策を変えなかったら起こらなかったものなのか。これが因果関係に関する命題だ。

こうした視点で見ると、機械学習の技術はビッグデータ分析ととても相性がいい。

結果に影響を与え得る無数の情報が詰まっているビッグデータに基づいて何かを予測しようと思ったとき、研究者がまず何に注目すべきかを、機械学習の技術が示してくれるからだ。

私は予測がしたい。予測しようとするとき、人はどうしても現在の世の中が続く前提で、予測したくなってしまう。ただそれだと世の中が変わったらモデルもつくり直さなければいけない。

世の中に変化が起こったときには、それに合った新しいモデルが必要だ。過去に起こった出来事と何かの因果関係をしっかり突き止める一方で、『世の中が大きく変わったら、どこで何が起こるのか』を予測する必要がある。それは、実際には大変難しい課題だ。

今我々が生きている世界に関するデータは膨大にあっても、我々が知りたいのはあくまで、その世界が変わったときに何が起こるかだ。問題を設定するときに、そもそもそんなことが起こり得るのか?という疑問だって織り込まなければいけない。

機械学習を研究しているコンピューター科学者たちは、世界が変わらない場合に起こることを予測することにおいては、経済学者よりはるかに得意だが、置いていた条件が変わったときにこちらがどう変わるか、という因果関係の予測はあまりしない。

一方、現実のビジネスを見れば、予測したい将来の大半は、因果関係にまつわるものだ。価格を引き上げたらどうなるか？　新製品を投入したら何が起こるか？　もしこの市場に参入したら何が起こるか？　すべて現状に対する問いかけだ。

経済学者はコンピューター科学者に比べると（ある条件を変えたらどうなるか、といった）予測や分析ならば得意だ。しかし正確に予測するには、分析に使うデータの規模があまりに小さすぎるという難点があった」

しかしビッグデータは過去のデータの集積だ。未来の正確な予測は、厳密にいうとできないのではないか。

ビッグデータ分析が社会科学のあり方を変えつつある

「経済学の分析は仮説の検証が中心だ。今はコンピューター科学の科学者たちに、彼らの好きなやり方で因果関係を分析してもらっているが、そうしているうちに彼らもやがて、計量経済学に関心を持ってくれるようになると期待している。

私は経済学向けの統計技術を開発し、因果関係に関する仮説の検証ができるツールにしたい。それが私の目標で、まさに今取り組んでいることだ。

きっと今後数年で、大きな成果が見られるようになるだろう。ビッグデータ活用については、学術の世界とビジネスの世界で、同時並行で変化が起きている印象がある。経済学の研究は、おおむね経験的で、理論と実証の組み合わせなのだが、社会科学もビジネスも、そもそもは定性的で、直観に基づく場面が多かった。

ところがビッグデータ分析が可能になることで、心理学と社会学と政治学など、互いに分断していた分野につながりができた。今や社会科学系の研究者たちがコンピューター科学を学び始めている。歴史的にも、ごく初期の論文がすぐに理論的な革命を起こしたわけではなく、その後の進化が変革をもたらした。

ビッグデータ分析をしていて一番面白いのは、どの研究をしてもすべてが新しいということだ。例えば、人口統計などのデータで何かほかの経済学者と違ったことを見つけたと思えても、既に同じデータを使って何千人という人が研究し、論文を書いてきた内容だ。

先人たちが何十年にわたって考えを積み上げてきたことに基づいて研究する代わりに、研究手順の一つひとつをゼロから考えて、自分の力で確かめていかなければいけない。だから難しいし、私自身すべてにおいて正しい意思決定をしているわけではないかもしれない。

創造的である一方で、手法などが確立されたわけではないから時間がかかるし、難しいし、煩雑だ。しかし、だからこそ面白い。我々は変革の入り口に立ったばかりだ」

技術の進化により膨大なデータ分析が可能になり、ビジネスに生かせる経済学の地平が開けつつあった2014年のこのインタビューから約10年たった。2023年、AIは長足の進歩を遂げ、すっかり身近になった。

本稿でエイシー教授が語るように、AIの技術的な開発だけで、社会やビジネスにすぐ応用できるようになるわけではない。連続的なイノベーションを引き起こしてきたのは領域を超えたコラボレーションであり、まさにシュンペーターの言う「新結合」の賜物であっただろう。

エイシー教授の言葉から、開発研究者が当初から、現在盛んに議論されているAIの倫理や規制について慎重に考察を重ね、議論をしてきたこともよく分かる。この問題もまた、領域をまたぐ研究者たちの努力の積み重ねで、人類にとっての最適解を見つけていくことになるのだろう。

第8章 日本型経営の課題と可能性

第16講 日本のイノベーション力
マイケル・クスマノ *Michael Cusumano*
米マサチューセッツ工科大学（MIT）経営大学院「スローン・マネジメント・レビュー」主幹教授

第17講 デジタルマーケティング
ドミニク・テュルパン *Dominique Turpin*
スイスIMD教授・前学長

第18講 新時代の日本型経営
ウリケ・シェーデ *Ulrike Schaede*
米カリファオルニア大学サンディエゴ校教授

海外の識者から日本への問題提起を聞くとき、今ひとつピンとこないことがよくある。それは、日本の置かれた状況や、前提とする社会の共通認識に関連付けずに、持論や自説を展開することがままあるからだ。本章では、日本の社会や企業との付き合いが長く、日本の風土や文化、さらには日本語も理解する世界トップレベルの教授3人に登場いただく。グローバル経済における日本の立ち位置と課題を確認し、未来に向けた提言を展開する。

第16講　日本のイノベーション力

アジアに広がるMITモデル

マイケル・クスマノ　*Michael Cusumano*　米マサチューセッツ工科大学（MIT）経営大学院『スローン・マネジメント・レビュー』主幹教授

1954年生まれ。76年米プリンストン大学卒業、米ハーバード大学で博士号取得（Ph.D.）。ビジネス戦略と情報技術の研究で知られている。2016年から17年まで、東京理科大学特任副学長を務めた。

▼講義の前に――イノベーティブな組織づくりを説く知日派教授の横顔

米マサチューセッツ工科大学（MIT）スローン経営大学院のマイケル・クスマノ教授は情報イノベーション戦略を専門とする。米国のマイクロソフトやシスコシステムズ、旧ネットスケープ・コミュニケーションズといったIT企業の戦略を分析する著作のほか、第12講に登場した米ハーバード大学のデビッド・ヨフィー教授との共著『ストラテジー・ルールズ』（パブラボ）がある。これは、米マイクロソフト創業者ビル・ゲイツ氏、米アップル創業者スティーブ・ジョブズ氏、そして米インテルで会長兼CEO（最高経営責任者）を務めたアンディ・グローブ氏という3人の技術系起業家について、それぞれの強さなどを分析するものだ。これらを含め合計13冊の執筆を手がけている。

そんなクスマノ教授は、MITスローンきっての日本通でもある。米フルブライトや日本財団の奨学生として東京大学で学んだのを皮切りに、計8年以上に及ぶ日本への滞在経験がある。一橋大学に客員教授として勤めたほか、2016年から17年まで、東京理科大学特任副学長を務めた。日本語も堪能で、本講のインタビューも、一部は日本語で応じてくれた。

クスマノ教授は、MITメディアラボの立ち上げに関わった経験がある。MITメディアラボは、MITから学問領域を超えた、新しい価値を生み出すことをめざした組織なのだという。

そして、東京理科大学では特任副学長として、同校をMITのような、イノベーティブな組織にするサポートをしてきたという。クスマノ教授は、中国の清華大学で、同様の「MIT化」のプロジェクトを成功させていて、清華大学は将来、MITを超えるのではないかと評されている。

MITでは、学生の起業だけでなく、教授がベンチャーの役員を務めたり、起業に携わったりすることを奨励しており、クスマノ教授も複数のベンチャーで取締役や顧問などを務めてきた。さらに日本や米国、中国、インドなどの大手電機メーカーや通信、情報技術会社の経営陣に助言をしたり、社員向けに講義したりといった活動もしてきた。

本講のインタビューをした２０１９年。クスマノ教授は、東京理科大学の取り組みをフォローするために来日していた。

日本の大企業が、異能の人材を組織の圧力で潰してしまったり、ベンチャーとの協業でパートナーとして尊重しなかったりすることが多いことなどを指摘。企業規模と資金力に物を言わせた尊大な対応と、官僚的な組織の構造が、せっかくのイノベーションの芽を潰しているという大きな問題意識と危機意識を持っていた。インタビュー中、日本人以上に日本の将来を憂慮しているように見えた姿が印象的であった。

文庫版では、２０２３年に生成ＡＩが急速に普及しＡＩ規制が議論される中で、経営者の果たすべき役割を聞いたインタビューを新たに収録した。

日本は「ソフト面のイノベーション」に課題

IoT（モノのインターネット）やAI（人工知能）の開発などで米国や中国に水をあけられ、イノベーション力の弱さが目立つ日本。活性化するためのカンフル剤はないのだろうか。日本企業の組織改革やイノベーションを長年研究してきた米マサチューセッツ工科大学（MIT）のマイケル・クスマノ教授の分析を聞こう。

「イノベーションとは、端的にいえば『新しいことをする』ことだ。日本のイノベーション力が弱いとは思わない。日本は、特定の分野のイノベーションではむしろ強い。MITでは東京理科大学のチームと組み、日本のイノベーション力について研究してきた。

そこで分かったのは、日本は、『つくること』には強い。（ハード面を）少しずつ進化させていくイノベーションは得意だ。特許数も多く、他国とは違う技術があり、種類も豊富だ。

しかし一方、組織的なイノベーションに強くない。あるいは、ビジネスモデルのイノベーションには強くない。これらは『ソフト面のイノベーション』だ。これからはソフト面でのイノベーションがより必要な時代になる。日本は商業的な技術イノベーションに強いのに、起業する余力があまりない。我々は、そのギャップを埋めようと活動してきた」

積み上げる力が強いという日本のイノベーション力だが、では世界でどのぐらいの位置にあるのだろうか。

特許数なら世界２位だが

「順位はイノベーションをどう定義するか次第だが、指標の一つにその国が生んだ特許技術の数がある。人口当たりで調整すると、韓国が世界一で日本は２位だ（インタビュー当時）。特許を物差しにすれば、日本は大変イノベーティブといえる。

イノベーションの中身を見ると、新素材や医療機器、加工技術など積み上げるタイプとなろう。だが新しい産業や新会社を創出するイノベーションとなると、日本はかなり順位を下げる」

国・企業の変革する力を測る

● クスマノ教授の提唱する「変革力」指標

イノベーション力

❶ 国の研究開発費

❷ 特許

❸ インフラの整備

❹ インターネットのスピード

❺ 大卒者・博士号取得者の数

❻ 文系・理系比率 など

起業力

① 起業の数（人口調整後）

② ベンチャーキャピタルの投資額

③ IPO（新規株式公開）の数

④ 起業講座がある大学の数

⑤ 事業計画のコンペの数 など

日本が不得意なのはまさに昨今、必要性が叫ばれている「ゼロイチ」のイノベーションなのである。

ものづくりに偏りすぎている

「起業を（イノベーションの）指標にするなら、米国が相当上位にくる。イスラエルでも、技術力を強みとする膨大な数の会社が新しく生まれている。イスラエルの会社は、米国を除くと、世界で最も多く米国で上場している。フィンランドなど北欧の零細企業もイノベーティブだ。それは、ノキアのような大企業が苦境に陥ったときに数多くの従業員が退社し、起業したことが理由の一つだ。

また、科学技術が基盤のイノベーショ

ンがどの国で起こっているのかを見てみると、国際的に優れた大学のある国が目立つ。

とりわけ米国と英国だ。いずれも大学が国際的で、米国ならMITやハーバード、スタンフォード、カリフォルニア大学バークレー校などに世界中の優秀な学生や研究者が集まっている。英国ではオックスフォードやケンブリッジ、インペリアルカレッジが強い。長年の蓄積があり、財政的にも豊かで助成金に頼る必要がないため、政府に管理されずに済む。

大学は、思想の自由、創造の自由が、繁栄する場所だ。しかし日本にはそうした世界トップクラスの大学は見当たらない。これは日本の将来に禍根を残しかねない。

俯瞰すると、日本の問題の一つは、ものづくりに集中しすぎてきたことにあると思う。近年のイノベーションのほとんどは、ものをつくった後の情報技術分野で起こった。現在はものづくり分野でなく、ものをつなげる分野が主戦場だ。

デジタル業界では、ソフトウエアとネットワークを活用した新たな開発が進んでいる。また、異なる分野同士の組み合わせでさらなるイノベーションが起きている。驚くことに、これが日本の大学や企業ではあまり見られない」

日本では、企業のみならず、大学でもイノベーションが起こりにくいという。クスマノ教授はなぜそう見るのだろうか。

サイロに閉じこもる日本の大学

「あらゆる製品やサービスは、企業がつくり出している。コンピューターソフトウエアやインターネット分野の研究などに数十年携わってきたが、米IBM、マイクロソフト、アップル、米アルファベット（グーグルの親会社）などといった企業が偉大なイノベーションを起こした。だが基本的な技術は、米国の政府と国防総省、英国政府の投資、そして英米の大学の投資が生み出した。決して企業だけの力で発展したわけではない」

つまり、大学と政府が生み出した英知が企業により商用化されていくという流れで、先端技術の発展がスムーズに進んでいったのが米国の強みになったのだ。

「日本で企業と大学が取り組む活動は、特定の半導体機器や特定のソフトウエアであるなど、規模が小さい。日本のほとんどの大学は、閉じられたサイロ（縦割り組織）

イノベーションには2種類ある

● 漸進的なイノベーションと、「ゼロイチ」イノベーション

サイロ状積み上げ型

閉じられた組織で、下から少しずつ積み上げて改良、改善を加えていくイノベーション。ものづくりにはこうしたイノベーションスタイルが多い。

ネットワーク展開型

異なる分野の人たちがつながって、これまでにないビジネスモデルを生み出すイノベーション。情報技術イノベーションの主流。

で活動している。学生も、電気工学部、経営学部、機械工学部など学部別の履修だ。大抵、大学の研究者は専攻分野だけを研究し、大学生は所属学部だけの講義を受ける。ほとんどのイノベーションは、異なる分野の組み合わせから起こっているというのに、そうした試みが日本の大学や企業では驚くほど見られない。

1985年、MITが新たな研究所『MITメディアラボ』を立ち上げたのは、イノベーションを起こすためだった。その結果、デジタル技術に関連するコンピューターサイエンスとメディアをベースとして、様々な分野の教授、そして多様なス

キルを持つ学生や研究者があちこちから集まった」

日本に多いサイロ状積み上げ型の組織では、イノベーションは起きにくい。多様な知がつながるネットワーク展開型に変えていく必要があるというわけだ（前ページの図）。「近年の日本では業界再編を引き起こすほどの画期的なイノベーションが起こりづらくなっている」と指摘するクスマノ教授。一方で、1980〜90年代には、日本にも画期的なイノベーションを起こす底力があったともいう。では当時の底力はどこに消えたのか。

「ものづくり」でなく「ものつながり」

「本当に画期的で、既成概念を覆すようなイノベーティブな新製品や新サービスのほとんどは、米国の情報技術分野の企業が起こしてきた。そうしたイノベーションの源泉となったのが、大学での研究成果だった。例えば、数学の基礎研究がコンピューターサイエンスにつながったし、コンピューターのプログラミング技術を開発したのは大学の数学者だ。

さらに、半導体製品などの機器を開発している人と、コンピューターサイエンスの研究者をつないだことも、のちのイノベーションに発展した。

米国政府はこうした大学発の技術を取りまとめ、結果的に企業の研究室につなげる役割を果たした。当初は防衛利用目的だった技術が、のちに幅広く商業利用できるようになったのも、こうした政府主導による『異分野の協働』があったからだろう。

日本企業も個々には様々な新技術の開発に取り組んではいたが、政府と企業、大学が一体となって協働し、つながる状況や環境はなかった。こうしたつながりのなさこそが、日本のイノベーションを起こす底力が開花しなかった大きな理由だろう。

これからのイノベーションは『ものづくり』ではなく『ものつながり』が大事だ」

「ものづくり」でなく「ものつながり」と、クスマノ教授は繰り返し強調した。教授の日本に対する提言の核心部分だ。つなげる力が弱かった結果、本来あったはずの日本のイノベーション力が開花しなかった例として、クスマノ教授が挙げるのがかつてのソニーだ。

「ソニーは20〜30年もの長きにわたり、アップルすらしのぐ技術を持っていた。ソニーが単体の機器だったウォークマンを発展させ、iPodのような機器を生み出し、通信機能をつけてiPhoneのような機器を世に送り出しても全く不思議ではなかった。

しかし現実は、端末の開発で後れをとったのみならず、iTunesといった仕組みの提供でも、アップルの後塵を拝した。携帯電話が現れたときも、ソニーはそれを自社製品とつなげるのでなく、エリクソンとの合弁会社に任せてしまった。私は、組織の構造に問題があったと思う」

ソニーはその後、時間はかかったものの見事に復活した。クスマノ教授が言う組織構造の問題とは、一体どのようなものだったのか。

「当時、ソニーのコンピューター部門は独立しており、テレビゲーム機器を扱う部門も、別組織になっていた。デジタルコンテンツ部門、音楽、動画なども別々の組織が担当していた。そして、それぞれが互いに競争をしていた。

そこには、互いに協力してイノベーションを起こすような、横ぐしの情報の流れが存在しなかった。そして会社の主たる関心は機器の開発、つまり『入れ物作り』のままだった。

だが世界の関心はむしろ、デジタルコンテンツによって、電話やテレビやビデオゲームといった『入れ物同士』の壁をいかに取り払い、つなげていくかに移っていた。

米グーグルなどは入れ物を作ってつなぐどころか、ソフトウエアを通じて世にある入れ物をつなぐことに突き進んだ。だが、日本勢はそうした世界の潮流に気づかなかった。ソニーだけではない。シャープのような優れた技術力のある電機メーカーでさえ同様の状況に陥った」

日本は元々〝起業的〟だった

そんな日本勢とは対照的に、「分野の垣根を越えた協働」こそがイノベーションを生むとの結論にたどり着いていた米国勢は「ものつながり」にますます磨きをかけていく。中でも、ＭＩＴはメディアラボを立ち上げ、意図的に「異分野の組み合わせ」をつくる環境を構築した。

「ほとんどのイノベーションは異なる分野の組み合わせから起こることが分かっている。そこでメディアラボにはコンピューターサイエンスに詳しい者に加え、心理学や社会学の研究者、機械工学に明るい専門家たちなど様々な人材を集めてきた。その効果は今も変わらず、ロボットやウエアラブルなど新しい技術を展開するうえで役立っている。異なるスキルがスムーズに結び付く環境ができているからだ。さらにメディアラボには、次々に生まれる新しい技術を使いたいビジネスパーソンや経営者も集まってくる」

日本がイノベーションで劣勢に立つ理由を語るクスマノ教授。だが、本来日本は「〝起業的〟国家だった」と指摘する。

「私が1980年代にMITの大学院で書いた2番目の査読論文は、日本における科学技術に基づく起業がテーマだった。20世紀初め、東京大学の大河内正敏教授が理化学研究所所長となり、研究所の成果を工業化して発展させ、リコーなどが生まれた『日本の起業の歴史』をつぶさに研究した。つまり、日本には優れた起業文化の長い歴史がある。

言うまでもなく、優れた起業はイノベーションと表裏一体だ。この論文を執筆した後、私は、まだ〝起業的〟時代だった自動車業界のイノベーションについて比較研究をし、『*The Japanese Automobile Industry: Technology and Management at Nissan and Toyota*（日本の自動車産業：日産自動車とトヨタ自動車の技術と経営）』という書籍にした。

では日本から起業家精神が失われてしまったのは、なぜか。私は、大企業が大成功し過ぎたからと考える。大卒者が皆大企業に就職したがる。

実際、日本経済を仕切っているのは大企業だから、気持ちは分かる。サプライチェーンも強固だ。大企業が川下まで隙間なく囲い込んでいるので、イノベーション力を秘めた新興企業が立ち上がる機会が減り、産業全体としてもイノベーションが起きにくい」

では、どう解決すればいいのか。

「大企業に優秀な人材が集まるのはある意味避けられない。だとすれば、日本を代表する大企業に集まる人材の意識を刷新するしかない。私たち研究チームは、日本の将来にとって重要なことの一部は、大企業に勤める人たちやエンジニアに、起業家精神を植え付けることだと信じるようになった。

起業家精神が備われば、新卒で大企業に就職した人材も、創造的に新規事業開発に取り組めるようになる。日本で大卒者を起業家にしたり、新興企業に就職させたりするのは、文化的にも社会的にもプレッシャーが強過ぎる」

大企業に起業家精神を吹き込むしかない

大企業の社員、エンジニアをイノベーティブにせよと主張するクスマノ教授。具体策として、大企業の社員に起業的発想を教育することを挙げる。

「私は日本で大企業がより創造的に、〝起業的〟になれるようにと、様々なプロジェクトに携わった。東京理科大学でMOT（技術経営）の社会人向け専門職課程の刷新に取り組んだのが一つ。新規事業開発や起業家精神に着目した科学技術系の講座をつくり、技術系の人に経済学、財務会計、戦略論、リーダーシップ、組織論を教えた。

日本では、エンジニア教育や科学教育で扱う領域が狭い。起業的発想を養うには、ビジネス研修も必要だ。起業家精神の植え付けは言うは易しだが、実際、実行はかなり難しい。

さらに言えば、起業家精神を持つ人材が育ったからといって、直ちにイノベーションが起きるわけでもない。大企業ならではの制約がある。

大企業では財務部門が投資をコントロールするため、失敗しそうな投資は合意が得られにくい。だから、積み上げ型の無難な投資にしかゴーサインが出ない。例えば、誕生前のｉＰｏｄなら投資は認められない。緑や赤のウォークマン、ボタンを足したウォークマンに投資するのはＯＫ。失敗しなそうな積み上げ型イノベーションだからだ」

こうした大企業に共通する「積み上げ型イノベーションの罠」として、クスマノ教授は米ＩＢＭの例を挙げる。

「大企業では、意欲的な社員がアイデアを試そうとしても、社内で潰されがちなことが分かっている。１９８０年代、パーソナルコンピューターを開発したＩＢＭも、独自の基盤技術がつくれずだめになった。初期にさほどもうからず、投資に足踏みするうち、新しいＯＳ（オペレーティングシステム）の『ウィンドウズ』を出してきたマイクロソフト、さらにマイクロプロセッサを委託していたインテルに、パソコン基盤の主導権を奪われた。２社は今それぞれ、世界で最も価値ある企業の一つだ。一方ＩＢＭはその後、約30年苦戦した末、サービス企業として出直すことになった」

では大企業が、こうした「才能潰し」「イノベーション潰し」圧力を自ら取り払うには、何が有効だろうか。

中途社員がイノベーションのカギ

「カギを握るのは中途採用だ。新卒で入社した社員に起業家精神を注入するのと同時に、既に〝起業的〟マインドを持つ者の中途採用を強化する。重要なのは、生え抜き社員と別のキャリアトラックを設けること。日本ではどんなに優秀でも、中途入社の社員は好待遇を得にくい。

新卒社員とは全く別のキャリアトラックにして、中途社員にとってもキャリア形成上、魅力的な会社にすれば、より良い人材が集まる。あるいは、中途社員を受け入れるため新部署や子会社を立ち上げる手もある」

「大企業の社員をイノベーティブに」と提案するクスマノ教授。起業的発想の育成が重要だと強調するが、ではそれはそもそもどのようなものか、またどうすれば育つのか。

「どうすれば新しいことをして世界に影響を与えられるか、いかなる新製品や新サービスをつくればいいか——。優れた起業家は常にこの視点で物事を考え続ける。これが起業的発想だ。

起業的発想を高めるには、製品やサービスといった形にする力と、それを市場に届けビジネスとして成立させる力の両方を磨くことが必要だと我々は教える。斬新なアイデアを形にするだけでなく、顧客にお金を払ってもらい、収益になる価値を創造するところまでが起業だからだ。言い換えれば、起業的発想とは、アイデア、カタチ、収益といった『点』をいかにつなげるか考える作業ともいえる」

起業はひとりでは成功しない

もちろんアイデアは、事業創造の出発点にすぎない。アイデアを見いだした後、その良さを周囲に伝えて巻き込み、形にするためのチームをつくる。その後、市場に投入するための収益モデルをつくっていく。起業家はこれをすべて管理しなければいけない。

「ひとりで会社を成功させられる起業家などいない。常に創造的なやり方で取り組み、周囲を巻き込むべきだ。同じやり方では、新しい価値を創るチームは生み出せず、消費者からお金を払ってもらえない。有効なチームをつくるには、リーダーシップの基本原理やチーム構築スキルが欠かせない。優れた起業家を育てるには、この部分を、まずは例題、演習などを繰り返して鍛える必要がある。

どんなに優れた起業家の卵でも、アイデアを周囲に伝えず、自分の中に囲い込んでしまえば、話は進まない。大成功したマイクロソフトのビル・ゲイツ氏やアップルのスティーブ・ジョブズ氏、インテルのアンディ・グローブ氏のような起業家を見ると、アイデアを伝え仲間を説得する力にもたけていた」

ただ人を巻き込むだけでなく、巻き込んだ人を最適な部署に配置するチーム構築力も重要とクスマノ教授は話す。

「トップがすべての能力に秀で、下の者を束ねるようなチームは成功しない。その意味で、チームづくりが苦手だったのはスティーブ・ジョブズだ。

失敗し、会社を追われ、あるいは会社を破綻寸前に追い込み、そこでようやく、様々な専門能力を持つメンバーが集う組織こそが最も強いと気づいた。再びアップルに戻ったとき、ジョブズは素晴らしいチームをつくった。チーム構築力こそ、起業家にとって最も重要なスキルの一つなのだ」

起業的発想、アイデアを伝えて人を巻き込む力、チーム構築力……。こうした起業家の必須スキルはどうすれば効率的に学べるのか。クスマノ教授はＭＩＴでの教育例などを挙げる。

「ＭＩＴではチーム構築スキルの講座で長年教えた。東京理科大学でも同様のカリキュラムを導入したが、難しいのは教え手の確保だ。ＭＩＴでも大変だったが理科大ではさらに大変だった。

起業家に必須のスキルは、体験しないと習得し得ない部分もある。理想的なのは、教え手が生徒とともに事業を創造することだ。実際、学生たちは私を自分たちのつくった会社に引き入れた。そこで、役員だったり顧問だったりという形で、30～40社のスタートアップに関わった。ＭＩＴでは、ほぼ全教授が、何らかの形で教え子の起業に関わる。企業経営に関わらないほうがまれだ」

クスマノ教授は、大学がこうした動きをするには、大企業側の意識改革も必要だと指摘する。

学生がリスクを取らない理由

「米国や中国では大勢の若者が起業家を志望する。恐らくMITの学生や卒業生の20％程度が起業家志望、あるいはベンチャー志望。そしてベンチャーは大体失敗する。MITのデータでみると、ベンチャーの3分の2は失敗した。とはいえスタートアップ全体では90％が失敗するので、悪くない。ハーバード大学も似た数字だ。トップスクールは様々なコネクションに恵まれ、成功率が高い。

米国では、例えばAI（人工知能）の起業で失敗しても、また起業したり、大企業のAI部門で働いたりできる。大企業も失敗経験がある人材を好み、新規事業に起用したりする。中国では、米国帰りの学生をアリババやファーウェイなどの大企業が歓迎する。

日本は違う。起業に失敗して、例えば日立製作所クラスの大企業に入りたいと思っても、企業側の対応が難しい場合が多い。だから日本の若者は起業を嫌がる。失敗すると、たちまち人生がつらくなる。

欧州は、日米の中間ぐらい。大企業の雇用の柔軟性は国・地域の起業力を決定づける重要な要素だ」

国の起業力を高める出発点は、大学の起業力を高めることというのがクスマノ教授の基本的な考え。そのためには、大学ならではの専門知識を生かしつつ、卒業生とのネットワークを強固にし、資金調達の手段やノウハウなどを整えていく必要がありそうだ。クスマノ教授は、大学は、イノベーションによる事業を起こす取り組みの育成を担ったり、推進役になったりすることができるという。

「大学は、起業家の卵に、創業の理念や事業計画の立て方、試作品の作り方などを直接指導できる立場にある。メンターになれるし、インキュベーターやアクセラレーターのように振る舞って、VC（ベンチャーキャピタル）とアイデアをつなぐことができる。

MITは30年以上前から、多くの授業で事業コンペをしてきた。これらのコンペはMIT起業フォーラムに引き継がれ、同窓生同士が競う。MITではないが、私自身も20年以上前に『ソフトウエアと起業』というコースを作ったことがある。数十億ドル企業を創業した教え子がいる。

基本原理や事例の講義と、プロジェクト立案やメンタリングを組み合わせた授業や、投資家を巻き込むコースもある。研究成果を商用化する助成金を教授に与える研究所もある。MITは、こうしたことを少なくとも40年ほど続けてきた。私は30年以上、MITで教育活動をしているが、こうした動きはMITで加速し続けている。そして、どんどん横のつながりを広げている」

クスマノ教授は、日本でも、東京理科大学特任副学長として勤務していたときに、そうした取り組みを展開してきた経験がある。

「当初、東京理科大学に顧問として雇われたときには起業講座がなかっただけでなく、起業や商用研究を後押しする動きもなかった。東京理科大学の当時の理事長は、MITのような組織に変えたかったようである」

MIT出身者だけで3万社を起業

日本に学生も学者も社会人も起業しやすくなるようなエコシステムの確立を、と提言するクスマノ教授。リーダーシップはどうあるべきか教え、起業家候補を育てるシステムの中核には大学があるべきだと指摘する。

「（MITには）数十億ドル企業を創業した学生が何人もいる。例えばグーグルの自動運転子会社ウェイモのジョン・クラフチックCEO（最高経営責任者）は教え子だ。私自身は彼がやり遂げたことと直接関係はないのだが、きっとMITの環境で多くのことを学んだはずだ。MITの環境には、企業を生み育てる土壌がある。MITの存命する卒業生の起業実績は約３万社、年間売上高で総額１・９兆ドル（約２０５兆円）に上るとの推計もある。

前述の通り、MITでは多くの授業で事業コンペがあるので、世界から集まる同窓生同士が競いながら、起業力を磨く場となっている。MITでは起業の基本原則や事例を知るだけでなく、コンペを通じて企業と一緒にプロジェクトを立案する機会もあり、メンタリングを組み合わせた授業もある。また、大学が人脈のネットワークを生かしてエンジェル投資家やVCとそれらをつなげたりもする。そうして若者が大学在学中に起業する」

MITは、いわば起業をプロデュースし実践するハブとして機能しているわけだ。しかも起業を支援する対象は学生だけではない。そこに働く教員にもまたサポートがあり、ビジネスに乗り出しやすい環境が整っている。

「MITの研究センターには、教授に対して研究成果を商用化するための助成金を授与するところもある。様々なアプローチで、研究の商用化を促進している。MITではそうしたサポートを、恐らく40年ほどは続けてきている。研究部門の壁を越えた活動を展開できている。さらに学部間の調整を一元化するため、最近では『MITイノベーション・イニシアチブ』を設立し、活動を加速させている。

MITでは、各学部はそれぞれ独自のやり方で日々運営されているが、学生たちは学部を横断する形で勉強をすることができる。私自身は7年間、工学部所属のまま経営大学院で教えたことがあるが、受講する学生の半分が工学部生だった。彼らは、学部を超えて経営学部まで学びにやってきたのである。

工学部にいた私は理系の人々が取り組んでいることをよく理解していたし、一方で情報系のメディアラボにも関わり、ラボの人々の活動も理解している。だから、両方の学生やメンバーの間に立ち、この20~30年間、どちらのプログラムを担当するときも必ず『MITのエコシステムの中にはこのようなリソースがある』という情報を、双方のプログラム参加者に伝える努力を続けてきた」

教員自身が組織横断的に活動して情報の媒介役を果たすことにより、縦割り組織のいわゆる「サイロ」の中に閉ざされてしまいがちな情報が、組織の壁を越えて広がる。それがやがてはイノベーションにつながるような出会いを学内で促す効果がある。

4歳から始めるプログラミング教育

クスマノ教授には、真の起業家を育てるには、大学からの起業教育では既に遅いという問題意識がある。将来活躍するため、子供たちは、どのような素養を身につけておくべきか。

「米国では、コンピュータープログラムを設計、作成するためのプログラミング技術は誰もが理解すべしとされている。文章力と数学、それに加えてプログラミング知識が必要という認識だ。プログラミングを学べば、コンピューターへの指示をプログラミング言語、すなわち『コード』で記述するスキルが身につくだけではない。新しい何かを新しい発想で考え、創造する機会を得られる。

コーディングが分かる人は、やりたいことをコードに書き留め、何が起こるかコンピューターの画面で確認したり、指示通りに動くロボットをつくったり、といったことができる。もっとも、起業家に不可欠な創造性を育むという目的に限れば、プログラミングの専門家になる必要はない。一つ新しいことを実現したらどんな課題が生まれ、どうすれば解決できるかと思考する感覚に親しむことが重要だ。子供の間に身につければ、大人になったとき、創造的に考えることができる。

センサーは安くなり、無線インターネットが普及した。IoT（モノのインターネット）もインフラ化した。ここまで発達した科学技術社会の中でさらに新しいものをつくる創造性を育むには、幼少期から始めることが大切だ。日本の文部科学省も、小学生にプログラミングを習わせることを決めた。

米国人には、自ら新しいことを学び取り、変革を起こす人間が自然に出てくる傾向がある。米国人が、一般的にしつけにそれほど厳格ではないということもあるだろう。

ビル・ゲイツやジェフ・ベゾスは13〜14歳でコンピューターのプログラミングの仕方を学び取っていた。その結果、ゲイツは学生時代に二つの会社を設立したが、それは米国では珍しいことではない。

多くのベンチャーでは、コンピューターやソフトウエアへの理解が必要だ。しかし、例えば新素材で花瓶をつくるのに、プログラミングスキルは必要ない。プログラミングで訓練した思考回路があれば、試行錯誤を効率化できる。基礎知識があればいい。ソフトウエアをつくるためのコーディングは専門職に任せればよい。大事なのは、どんな花瓶をつくれば社会を変えられるか、そのためには何が必要なのか考えられることだ」

創造性を高めるうえで必須に思えるプログラミング。何歳から親しめばよいのか。

「4～6歳の幼児にも創造的な考え方を教えることは可能だ。世界を違った目で見られるようになる。彼らは世界を、デバイスとサービスが相互につながる場所のように眺める。つまり世界をIoTの視点で見る。それこそが次世代のイノベーションの基盤、プラットフォームとなる。(これからは)『デバイス&サービス』。IoTの次に何が起こるか見据えて私が示すキーワードだ」

MITには今、プログラミングを幼少期より自学したような若者たちが多数集まる。彼らは次世代に向けて何を起こそうとしているのか。

「MITの近年の大きな出来事は、世界的な投資ファンド、ブラックストーン・グループのスティーブン・シュワルツマンCEOから3億5000万ドル（約324億円）の寄付を得たことだ。

巨額の資金提供の目的は、私がこれまで述べてきたことと似ている。AI関連のスキルを早急に開発し、MITの全学部に広げることである。AI関連の講座は現在、コンピューターサイエンスの学部にある。しかし他の多くの学部もAIを使う。コンピューターサイエンスに機械工学、都市工学の部門のほか、経営大学院でも使うし、金融部門の人々は投資ツールとして使っている。

世界的に見ると、中国・清華大学が、MITに追いつけ追い越せと、学内環境を急速に整えている。実はシュワルツマンは、清華大学にも同様に寄付した。私は今年（2019年）後半、清華大学で1カ月過ごす予定だが、同大学はMITと似た取り組みをし、力を入れている」

未来に積極投資が必要

「科学の領域は、ＶＣやエンジェル投資家の資金を投じるにはまだ早いイノベーションもある。科学的発明、生命工学、ＡＩ、新素材、ナノテクなどは、大学が育てるべきだ。インパクトは絶大だ。対象を厳選し、インキュベーターやアクセラレーターの役割を果たすべきだ」

世界の最先端は一歩も二歩も先を行く。日本も後れをとり続けるわけにはいかない。まずはプログラミング教育の充実、そして大学改革である。教育を変え人材を育て、彼らが活躍できる環境をつくれば、国の革新力は確実に高まるだろう。

生成AI時代に政府と経営者が考えるべきこと

さて2023年、米オープンAIが開発した生成AIが世界中に衝撃を与え、技術の方向性や規制に対する議論が当局や識者らの間で盛んになっていた。文庫版では、クスマノ教授に経営者の考えるべきことや役割を聞いたインタビューを新たに収録した。

理論編のデビッド・ティース教授も触れていたが、クスマノ教授は2021年、自主規制に関する共著論文「Can Self-Regulation Save Digital Platforms?」を査読付き学術誌に発表した。そこでは、企業の自主規制が果たしてプラットフォーマーを救うのか?という議論を展開し、フレームワークを提示している。2023年は、欧米を中心に、生成AIに対する規制のあり方が話題である。政府の規制が叫ばれる中、企業経営者はどうあるべきか。

「論文では経営者による自主規制の重要性について取り上げ、フレームワークを提示した。しかし政府に規制する必要がないと言っているわけでは決してない。

政府は『規制するぞ』と脅す必要がある。政府が規制をほのめかすと、企業は厳しく規制されるのが嫌なのでこれに反応し、自主規制を導入するというわけだ。何らかの制約が必要なとき、政府の脅しと自主規制の組み合わせが必要であることがほとんどだ。ある分野では政府による規制と監視がより重要だし、ある分野では自主規制のほうがいい。

例えば、米国の映画産業について考えてみよう。映画産業は政府による規制を受けない。各社が自主規制している。しかし、暴力的なコンテンツや性的なコンテンツについて社会の抗議が相次いだとき、（政府によって）規制される恐れがあった。より良いビジネスを展開するため各社は様々な倫理基準を開発した。テレビ、ラジオ、印刷物などの広告でも企業が自主規制するようになった事例がある。たばこやアルコールに関するものだ。これも政府の規制の脅威にさらされたのがきっかけだ。

昨今、ソーシャルメディアは少し制御不能に陥った。米メタや米ツイッター（現X）などすべての企業が最初から独自の指針を導入していた。しかし完璧ではなかった。そこに政府が登場し、もっとできることはないかと議論しているわけだ。

歴史を振り返ると、技術変化が速すぎて政府が規制できない事例が、航空会社のシステム規制などでも見られた。こうした場合、一般的な指針は立てられるかもしれないが、特定の実務を規制することがとても困難だ」

「コモンズの悲劇」を理解せよ

政府が方向性を示す程度の揺さぶりをかけ、後は企業がどう自主規制するか次第というわけだ。

「そうだ。私たちが作った理論フレームワークで考えると、政府による規制のコストが極めて高く、かつ政府の規制による脅威の力が弱い場合、企業は決して自主規制しようとはしない。だから規制するコストが高い産業では、信頼するのに足るぐらいの政府からの規制の脅威がなければならない。

私としては、政府の規制は常に必要だと思う。それを踏まえつつ企業が自主規制しないと、かえってビジネス上、不利になることを理解する必要がある。私はこれを『コモンズの悲劇』と呼んでいる」

コモンズの悲劇は、多くの人が利用できる共有地で、おのおのが自己利益のために資源を乱用し続けるとやがて枯渇して全員が困ってしまうという話である。

「ある技術やインフラ、市場機会が、誰にでも開放されていると考える。しかし、ある企業が自分たちの利益だけを追求するために、その資源を利用するとする。それにより、みんなのための資源を損なうことになれば、最終的には自分たち自身も損をすることになり、ビジネスは崩壊してしまうだろう」

つまり、共有の資源があってこそビジネスが持続できるということで、独善的な行動を戒めるようにも聞こえる。

「イースター島の最後の先住民が、夕食やたき火のまきをつくるために最後の1本の木を切り倒したらどうなるか？　木がなくなることで、システム全体が崩壊する。企業は技術イノベーションにおける共有地の悲劇を理解する必要がある。

映画産業やたばこ、アルコールの広告でかつて起こったことが、ソーシャルメディアでも起こり始めている。企業は、誤報や偽情報、有害なコンテンツをコントロールしなければ、ビジネスやプラットフォーム全体がダメージを受けることに気付き始めた。

AIの分野でも、例えばチャットGPTを巡って同じような気付きが起きている。生成AIは大いに胸躍らされる技術だが、同時に危険な技術でもある。生成AIがアウトプットするものを規制しなければ、全世界にダメージを与える可能性がある。何より、すべての情報が疑わしくなる可能性がある。見たり読んだり聞いたりするものすべてを疑ってかからなければならなくなるかもしれない。これは非常に危険だ。また、技術の多くは現在オープンソースだ。メタは自社の技術をオープンソース化した。犯罪者、ハッカー、北朝鮮、誰でも手に入れられてしまう。これは政府に規制できるだろうか。

こんな時、ゲーム理論を専門とする経済学者が、『協調ゲーム』などのロジックを使って規制モデルを開発すればよいと思う。全員にとって、全員が規制されることがベストなのだから」

企業ごとの対応には限界

生成AIは誰もが手に入れられるからこそ、まだ自主規制もできない状態だ。

「私たちはまだ事態の始まりを見ているにすぎない。マイクロソフトやグーグルは、自分たちの利益になるから、いずれ何らかの方法を見つけるだろう。でも何ができるか。さらなる問題は、オープンAIとその経営トップが、政府に規制されることをむしろ望んでいそうなことだ。

オープンAIのサム・アルトマン最高経営責任者（CEO）は先日、米議会で証言した。報道を見ると彼は『政府が介入して規制することを望んでいる』と述べていた。（メタ創業者の）マーク・ザッカーバーグ氏もソーシャルメディアについて同じようなことを言っていた。つまり、既に一企業が扱うには、あまりに大きすぎる問題になっている。一方で政府は介入して規制することに消極的だ。だからこそ、自主規制との組み合わせが必要ということだ」

規制と自主規制が同時に必要ということだが、どのような形になるだろうか。

「政府の規制が厳しくなる可能性が高くて規制のコストが低ければ、企業は自主規制するだろう。例えば航空業界や映画業界、ビデオゲーム業界などを見ていて分かったことの一つを紹介しよう。

自主規制か政府の規制かが必要なのに政府がうまく規制できないとき、企業はそれが自分たちの利益になるかどうかを考える。そこの戦略をうまく立案するのを助けるゲーム理論モデルのようなものを経営学者が開発できるといいのかもしれない。

結局は、そうした事態に対しては、規制が企業の最善の利益だからだ。一部の企業だけが規制に同意すれば、競争が公平でなくなる。例えば、映画業界では、企業も映画館も同意して上映する作品について同じ規範に従うようになった。そのほうがみんなのビジネスが良くなるからだ。

一方で、もし一部の企業が協力しないと決めたら、システムが崩壊しかねない。しかし彼らは業界団体をつくり、うまく連携した。そうした組織が必要なのだろう。テロリストに関するコンテンツ禁止、たばこの広告、映画のレーティング、米イーベイのキュレーション、違法ポルノなどもそうだ。

規制すれば、その技術の利用が誰にとってもより安全になり、人々はその技術をより信頼し、より多くのシステムを購入するようになる。つまり、企業にとってのコストはそれほど高くなく、むしろ比較的低い。ですから自主規制はどこかで始まるだろう」

偽情報を複製し続ける生成ＡＩの危険性

生成ＡＩの危うさはどこにあるのか。

「大規模言語モデル（ＬＬＭ）のシステムには様々なことを依頼できる。他の文章を読んだときに何が出てきたか、何が続いたかを予測したうえで文章をつくったり、議論をしたり、絵を描いたりできる。

生成ＡＩがすべてテキストに基づくとしたら、そのテキストはどこから来ているのか。インターネット上、ソーシャルメディア上、データベースや何百万ものウェブサイト上からだろう。チャットＧＰＴのようなシステムはそこにある偽情報を読み、それを延々と複製し続けられてしまう。

しかしながら政府がそのすべての情報を管理したり、編集したり、検閲したりすることはまずできない。ということは、情報の所有者が、ある段階で編集したり検閲したりする必要がある。政府にもできることはあるが、政府がやろうと思ったら、中国と同じようにしなければならない。

中国に専門の人員がいるかどうか分からないが、恐らく４０００万人規模の人が、閉じたインターネット空間上でテキストを読み、毎日編集しているだろう。そして、AIや機械学習を使って、検閲したい言葉やフレーズを探し出す。この規制のやり方は、また別のモデルだ。

デジタルコンテンツに対する政府の規制は、中国や北朝鮮のようにネットワークがオープンではなく、クローズドだからできる。ロシアも既にある程度閉じている。

企業の力を借りれば、システムで誤情報をフィルタリングする方法もある。MITの同僚とチャットGPTシステムに検証アルゴリズムを導入することについて議論した。ただ、何を検証するのかという問題がある。ユーザーが生成AIを使おうとするときに、情報が正確と分かるまで文章を書けないような仕組みを考えることも検討に値する。

しかし例えば、米大統領選挙でトランプ前大統領から票が盗まれたのかをどう検証するだろうか。システムは票が盗まれたことを否定するデータをたくさん見ることになるが、一方で盗まれたとするデータもたくさん目にするだろう。テキストには主観的なものもある。票はトランプ前大統領陣営から盗まれたのだろうか。多くの州で郵便投票ができるようにルールが変更され、選挙後に票が集計されたため、それが違法であると考える人もいる。しかしそれは違法ではない。合法だ、違法だと考えるのは価値観だ。しかし、そうした価値観も取り込まれるわけだ。
何が本物で何が本物でないかを判断するには、システムに別のルールを組み込まなければならない。ソフトウエアエンジニア、コンピューター科学者、心理学者が一緒に働いて対処する必要がある。デジタルコンテンツやインターネットの運用を規制する法律がたくさんある。弁護士とも協力しなくてはならない」

まずは「ジャンク」の排除から

とても難しそうである。フェイク情報でも何度も何度も繰り返しインプットされると真実のように認識されるようになるという研究もある。

「それでも、事実と真実をフェイク情報と切り分ける方法はある。生成ＡＩにまつわるもう一つの問題は、今のシステムが確率に基づきテキストを生成していることだ。まるで量子力学のような挙動だ。次に何が起こるか分からない。システムを動かすたびに、異なる情報を見て、異なる予測をする。例えば、ＭＩＴの同僚がこんな例を教えてくれた。

彼はチャットGPTに自分の伝記を書くように頼んだ。するとシステムは、彼に関する情報をあらゆるウェブサイトから検索して伝記を作成した。同僚は出来がいいと言っていた。90％は本当で、10％は嘘だったそうだ。

例えば、彼は様々な賞を受けたと書かれていたが、受賞していない。さて、どうやってその情報をつくり上げたのだろうか。彼の名前がその賞の一つにノミネートされていたとか、その賞を受賞した他の作家と関係があったなどだろう。システムは、彼が賞を受けた可能性が高いと、確率計算で『予測』して書いた。でも、違った。

チャットGPTはこのようなことをよくやる。検証アルゴリズムを組み込んで、日付と賞と場所を正確に示すソースを見つけるまでは、誰かが賞を受けたとはいえないようにすることもできる。しかし、もし他の種類の情報を見つけるとすると、また難しくなる。

とはいえ、私はどちらかというと楽観的だ。技術は十分に洗練されているので、たいていの問題は整理できるだろう。

だからこそ、情報を所有する企業が自分たちで取り締まりを始め、まず偽情報のような『ジャンク（ゴミ）』をもっと排除する必要がある」

第17講　デジタルマーケティング

アジャイルな経営は「謙虚なリーダー」を求める

ドミニク・テュルパン　*Dominique Turpin*　スイスＩＭＤ教授・前学長
１９５７年フランス生まれ。スイスのビジネススクール、ＩＭＤ教授。２０１０年から16年まで学長を務める。ＩＭＤ教授として四半世紀にわたり、世界各国の企業に対する教育や調査研究に従事してきた。専門はマーケティング。２０２２年から中国と欧州連合が設立したビジネススクール、中欧国際工商学院（ＣＥＩＢＳ）の学長（欧州）を務める。

▼講義の前に――日本通でもあるマーケティングの権威の横顔

スイスのビジネススクール、ＩＭＤの前学長であるドミニク・テュルパン教授は、日本の上智大学で博士課程を修了し、妻も日本人という日本通だ。日本語も流暢だと聞く（筆者はテュルパン教授が日本語で話すのを聞いたことがほとんどない）。テュルパン教授の家系は代々起業家で、父も、祖父も、親戚も起業家だ。テュルパン教授の夢も会社を興すことだった。１９８１年に日本に留学して以来40年にわたる、日本との長い付き合いが始まった。上智大学を選び、経済学部でマーケティングを学んだ。そこで師事したのがジェームズ・C・アベグレン教授だ。戦時中に軍人として日本に滞在し、日本の米マッキンゼー・アンド・カンパニーで働いた後、日本の米ボストン・コンサルティング・グループのCEO（最高経営責任者）兼マネージングディレクターに就任した人物だ。日本型経営という概念を生み出した著書の翻訳版『日本の経営』（日本経済新聞出版）は大ベストセラーになった。テュルパン教授は、将来はアベグレン教授のようになろうと夢見て、日本で博士号を志した。

研究内容は合弁事業で、日本にいたほぼすべての起業家にインタビューし、若かりし頃の孫正義氏にも会った。名古屋で米日の起業家の会議があり、会議場の隅っこで手持ち無沙汰にしていた巻き毛の若い男性に挨拶したら、それが後の米マイクロソフト創業者、ビル・ゲイツ氏だったというエピソードもある。そのころからIT企業にも縁があった。テュルパン教授の専門はマーケティングだが、マーケティングはデジタルと親和性の高い分野でもある。今のこのデジタルトランスフォーメーション（DX）が進む世界において、デジタルを駆使するマーケティングと従来のマーケティングとの違いをどう見ているか、それをどう日本で展開すればいいのか。これらの質問をテュルパン教授にぶつけたのが、本講だ。

ＤＸは、世界の経営学者たちが「日本の弱点」とこぞって指摘する分野。第一人者であるテュルパン教授の意見に耳を傾ける価値は高いはずだ。

筆者はテュルパン教授がＩＭＤ学長に就任する前に知己を得て以来、そのときどきの企業経営のトピックについて取材してきた。

２００９年には、ＩＭＤのOrchestrating Winning Performance（ＯＷＰ／最高の結果を出す組織づくり）という週間の研修プログラムにも参加させていただき、取材した。定員２００人ほどで一般参加が可能なプログラムだが、参加費は、日本円にして1人当たり１００万円ほど。ＩＭＤの人気教授による講義が多数ラインアップされ、なかでもテュルパン教授による実践的なマーケティングの講義は大変人気で、受講者がひしめいていた。

日本人参加者は筆者を含めて3人しかいなかったが、周囲を見渡すと、欧州からはブルワリーやスーパーなど中小企業の経営者、アジアからは奨学金を得て参加するビジネススクールの講師、中東や東南アジアからは政府の関係者や閣僚など、世界各国から錚々《そうそう》たる顔ぶれが参加していた。ランチのとき、たまたま同じ円卓テーブルに座っていたドイツ人の経営者に、「なぜこれほど高額な研修プログラムにわざわざ参加するのか」とぶしつけにも尋ねたところ、「ＩＭＤブランドを信頼しているし、参加者と交流できるのが有益だから」との回答を得た。レマン湖のほとりにあるＩＭＤのキャンパスから眺める風景は、絵画のように美しかった。

変化の時代だからこそ、基本から考え直す

デジタル時代の今、マーケティングの手法も日々刻々と進化している。「マーケティング４・０」時代に必要な発想を、スイスのビジネススクール、ＩＭＤの前学長であるドミニク・テュルパン教授が解説する。

デジタル時代のマーケティングは、これまでとは発想も手法も違ってくる。だが、既存の方法がすべて陳腐化するわけではなく、変わるべきものもあれば、変わるべきでないものもある。テュルパン教授が本題の前に提案するのは「まず基本からおさらいすること、そもそもマーケティングとは何かを再考すること」だ。

「マーケティングには現在、様々な定義がある。中でも私が日ごろ好んで使い、経営学界や世界の企業経営者と共有している定義は、『価値を理解し、創造し、届け、顧客に伝えること』というもの。これが（自分のマーケティング論の）基本だ」

ではここでテュルパン教授の言う「価値」とは何だろうか。教授はまず、何がその製品、サービスの価値であるかは顧客が決めるものであり、企業のエンジニアやマーケターが決めるものではない、と強調する。

人により「価値」は異なる

「マーケティングでいう価値とは何かを考えるときの問題は、価値とは何かについて、人は常々、誤解しがちなことだ。例えばリモコンメーカーのエンジニアなら、リモコンにボタンを増やすことこそが価値だと言うかもしれない。では、消費者にとっては、何がリモコンの価値だろうか？ マーケティング上の正しい答えは『時と場合による』というものだ。

確かに、若者がターゲットなら、最新機能の装備によってボタンの数を増やすことを歓迎するユーザーも多いだろう。一方で50代以上なら、老眼がつらいため、ボタンの数を減らし、その分、ボタンを大きくしてほしいという要望が増えるはずだ。つまり価値とは『セグメント』、すなわちターゲット顧客の購買行動次第で決まるということになる。よってマーケティングを考える際は、何より、顧客にとっての価値が何であり、顧客がどのように（商品やサービスを）選択するのか、丁寧に理解する必要がある」

マーケティングの世界では２０２１年からＡＩを生かすマーケティング、「マーケティング５・０」という言葉をよく聞く。第２講に登場した「近代マーケティングの父」、米ノースウェスタン大学ケロッグ経営大学院のフィリップ・コトラー教授が、提唱し、広まった概念である（詳しくは第２講参照）。現在はマーケティング５・０に進化している。デジタル化を最初に説いたのが４・０である。

最初に重要な「４Ｐ分析」

「コトラー教授が提唱した『マーケティング４・０』とはつまり、デジタルマーケティングを進めていくことであった。ＳＮＳ（交流サイト）など、ソーシャルメディアを通じて効率的なコミュニケーションをし、ＡＩ（人工知能）やビッグデータをより活用して展開していくマーケティングのことだ。デジタルはもちろん、先に挙げたマーケティングの使命を実現するためのツールの一つでもある。

マーケティングの基本ツールとして、まず三つの概念を挙げたい。

それは、『提供価値（Value Proposition）』と『差異化（Differentiation）』、そして

消費者に対して価値を訴える

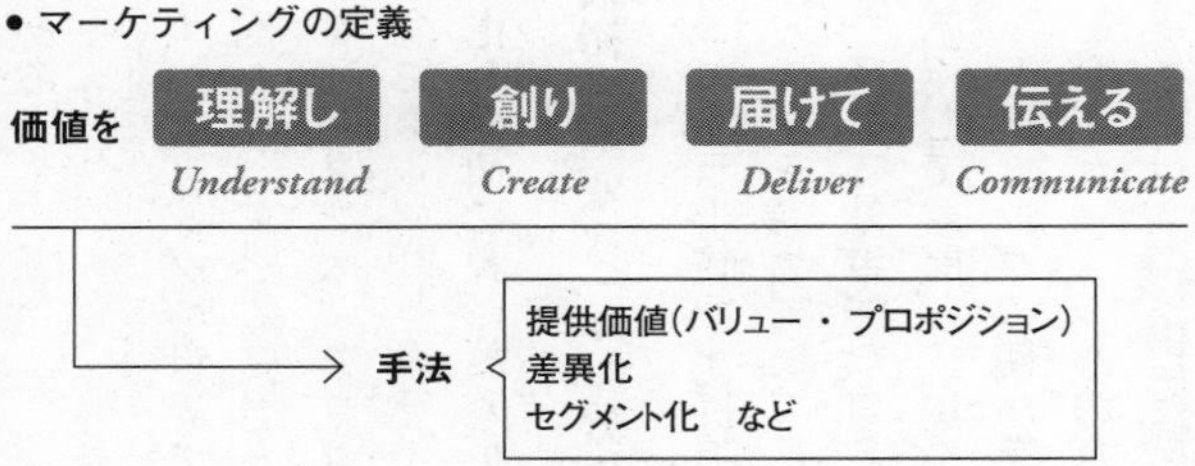

『セグメント化（Segmentation）』だ。

さらに、基本的なフレームワークとして『4P分析』がある。

4Pは『製品（Product）』『価格（Price）』『流通（Place）』そして『プロモーション（Promotion）』の頭文字を表したものである。別の『P』を加えるマーケティングの専門家もいるが、基本は4Pである。

マーケティングが専門の研究者は、得てしてこうしたフレーズやフレームワークを考えるのが得意である」

マーケティングミックスとも呼ばれるこの4Pのうち、「製品（Product）」とは、顧客が求める機能やブランドイメージをモノやサービスの開発にあたって追求していくこと。「価格（Price）」は最も利益が出る値段を検討することで、「流通（Place）」はより多くの顧客がより多く購入

できる方法などを考えること。「プロモーション」はいかに製品の認知度を上げ、訴求していくか模索することだ。

この４Pは、コトラー教授も師事したというジェローム・マッカーシーが１９６０年に提唱したマーケティングの基本コンセプトだ。

テュルパン教授は、こうしたマーケティングのフレームワークに照らし合わせて、日本で展開されてきたマーケティングを次のように評価する。

日本式マーケティングが稼げぬ理由

「興味深い話がある。恐らく世界で最も著名な経営学者の一人であるピーター・ドラッカーは、マーケティングは日本で生まれたと主張していた。ドラッカーの考察は、17世紀に、呉服店の越後屋（現・三越伊勢丹）が、丈の長さや予算など、顧客のニーズに合わせた衣料品を売っていたことを指していたようだ。

ただ一方で、現代の日本企業はマーケティングの巧みさというよりは、技術面、とりわけ自動車、電気製品の技術力で世界に勝ってきた側面が強い。

このため、とりわけサービス業のマーケティングではあまりうまくいっていない印象がある。例えば、日本発のホテル・宿泊施設には、米国のマリオット・インターナショナルや傘下のウェスティンホテル＆リゾートに匹敵するような、世界トップクラスのシェアやブランド力があるホテルはないし、銀行業界にも、パリやロンドンで大きく稼ぐグローバルな邦銀は見られない。

先に指摘した通り、製造業でも、日本企業による製品のマーケティングは最先端の技術を売り物にしていることが多い。だが日本がサービス業にシフトしてサービスを売ることを目指す場合は、携わる人材の質を会社が管理しなければいけない。そのため、日本でどれだけハイレベルな顧客サービスを展開できていても、（異文化の）海外で展開するのは難しく、通用しづらい」

5Cは状況分析、4Pは意思決定

デジタル時代のマーケティングであっても、基本である「4P（製品、価格、流通、プロモーション）」を分析することが重要だと、テュルパン教授は指摘する。

さらに4P分析の以前に必要なのが、『5C』分析だ。マーケティングの意思決定をするためには、分析が優れていなければいけない。4Pについては既に解説したが、

状況を知り、適切な意思決定につなげる

● マーケティングに必要な「5C」分析

それに加えて知っておくべき『５Ｃ』を考察する。５Ｃとは『文脈（Context）』『顧客（Customer）』『競争（Competition）』『チャネル（Channel）』そして『コスト（Cost）』である」

「文脈（Context）」とは、消費者が置かれた状況や心情、背景事情などを指す。そして、どのような経緯をたどって今の状況があるかを意味する。

「まずは『文脈（Context）』だ。例えば、インドに進出したい日本の自動車メーカーを考えよう。インドで日本と全く同じ自動車を売ろうとしても、うまくいかないことは自明だろう。よく知られるように、日本の市場は傾向として高い品質を求めがちだが、他国の市場は、そこそこの品質でも十分だ。これが、文脈だ。また文脈には業界事情も含まれる。日本の家電メーカーのような成熟した業界と、自動運転向けのソフトウエア業界のような新しい業界とでは

マーケティングの前提が異なるからだ」

5Cの2番目は、「顧客（Customer）」。テュルパン教授は、マーケティングの定義を、「価値を理解し、創造し、届け、顧客に伝えること」とするが、その中の「誰に届け、伝える価値なのか」に関わる。三つの基本概念のうちの「提供価値（Value Proposition）」とは、表裏一体だ。

3番目の「競争（Competition）」は、三つの基本概念のうち、「差異化（Differentiation）」に関わる。

「『顧客』とは、『提供価値』を示すセグメントにおいて、誰が顧客なのか、ということだ。

『競争』は、どのようにして自身の製品やサービスを競争の中で『差異化』するかだ。ここでは、いかに競合がまねしづらいようにするかを考えるのが肝だ。提供価値の差異化を考えるとともに、その提供価値が競争に巻き込まれず、まねしづらくする必要もある」

４番目の「チャネル（Channel）」は、４Ｐの「流通（Place）」と重なる。

『チャネル』が意味するのは、直接販売か間接販売か、リアル店舗がふさわしいのかネット販売なのか、といった分析だ。

そして最後が「コスト（Cost）」だ」

コストプラスか、バリュープラスか？

「５番目の『コスト』については注意が必要だ。

多くの起業家は『いくらかけて商品開発をし、そして流通させる』か、という『コストプラスアプローチ』で考える。

だが、ここでは違う考え方を検討する必要がある。それが『バリュープラスアプローチ』である。バリュープラスアプローチは、『消費者は、この商品がいくらならお金を払ってくれるだろうか』を起点にコストを考えることだ。（提供価値から）逆算していくのである。歴史的に最も有名な例が、ソニーの故・盛田昭夫氏がウォークマンを世に出したときのアプローチだ。盛田氏らは、消費者がいくらなら払ってくれるかから考えてウォークマンを生み出した。

これら5Cは重要な視点であり、5Cを分析した後で4Pを決める。いわば5Cは状況分析のツールで、4Pは意思決定のツールだ。

そして、本格的な実行に際しては『7S』が重要になる」


4P、5Cに加え、7Sもマーケティングに必要な概念だ。7Sとは、経営資源を分析するフレームワークであり、経営実務においては重要だ。コンサルティング会社のマッキンゼー・アンド・カンパニーが提唱した。

マーケターが7Sを考えることで目線が上がり、経営の視点から、マーケティングのあり方を考えることになる。


「Sとは、『戦略（strategy）』『組織構造（structure）』『システム（system）』『人材（staff）』『スタイル（style）』『能力（skill）』『共有価値（shared value）』だ。一気に説明しよう」

7Sで経営資源を分析

『戦略（strategy）』とは、選択である。セグメントやターゲット・非ターゲットを取捨選択することだ。

『組織構造（structure）』とは、会社にどのような組織構造が必要かを分析することである。

『システム（system）』とは、主にどのような社内プロセスが必要かを考えることだ。

『人材（staff）』とは、どのような人材が必要かを考えることだ。強力なライバルを打ち負かしたいなら、それにふさわしい資質とやる気のある人材が必要だ。

『スタイル（style）』は、経営のスタイルだ。例えば、自立した少数精鋭の人材に任せたいのか、大勢を巻き込む必要があるのか。10人で社内ベンチャーを始めるのと、1万人を巻き込む大事業とでは、リーダーシップのあり方も異なる。

『能力（skill）』とは、人材に求める能力。どのようなスキルがこのビジネスに必要か考えることだ。

『共有価値（shared value）』は、決して忘れてはならないものだ。ビジネスを推進するうえでの理念は何か、である」

この中でもテュルパン教授が最も重要だと考えるのが「戦略」だ。

「戦略がすべてを推進する。戦略次第で組織構造、システム、人材、（経営）スタイル、スキル、そして共有価値が決まる。日本企業には、技術からモノを考える傾向があり、どこの誰に売るかという視点に乏しい。日本には素晴らしい製品があるのに、世界中に流通させることができていない。

とりわけ日用消費財業界に顕著だ。グローバルといえる日本の大手食品メーカー味の素は日本、アジア、アフリカで活躍しているが、多くの日本企業は機会をみすみす逃している。例えば英蘭ユニリーバやスイスのネスレは、日本のイノベーションを観察し、あわよくば先取りし、世界展開したいと狙っているかもしれない」

ここまでは、マーケティングに必要な基本的な分析手法を概説した。次に、業界の栄枯盛衰を分析する「Sカーブ」について、考えていく。

デジタル化は様々な業界に質的な変化をもたらす。その転換点はどこか。デジタルマーケティングの手法を駆使すれば、市場で起きる「トレンド転換」を読み解くことも可能だとテュルパン教授は説く。そのカギを握るのが「Sカーブ」だ。

とりわけ画期的な技術の登場は業界に想定外の「下克上」をもたらす。

業界定義を変える技術革新

「世界は劇的に変化し、業界の定義自体が変わってきている。例えば、自動車業界の有力プレーヤー、独ダイムラーは、マーケティングの視点からいえば自動車製造業ではなく、自動輸送とサービス業の領域に入ったとの認識を打ち出している。同社が2016年に公表した経営ビジョン『CASE』は読者もご存じだろう。『Connected（接続性）、Autonomous（自動運転）、Shared&Services（共有&サービス）、and Electric（電動化）』だ。ネットの接続性を高め、自動運転化をし、カーシェアをはじめ自動車をとりまくサービスに柔軟に対応し、次世代動力源であるEV（電気自動車）に力を入れる――。ダイムラーが目指す姿は、明らかに従来の自動車業界のそれとは違うといえる」

自動車業界ではMaaS（モビリティ・アズ・ア・サービス）の概念も打ち出され、サービスとしての移動手段の提供が強調されている。つまり自動車業界は目下、業界の定義を一変させる技術トレンドの転換点にある。テュルパン教授は、こうした市場の大転換期

業界の「Sカーブ」に要注意

● 技術革新とプレーヤーの変遷

「乗り物」のSカーブ

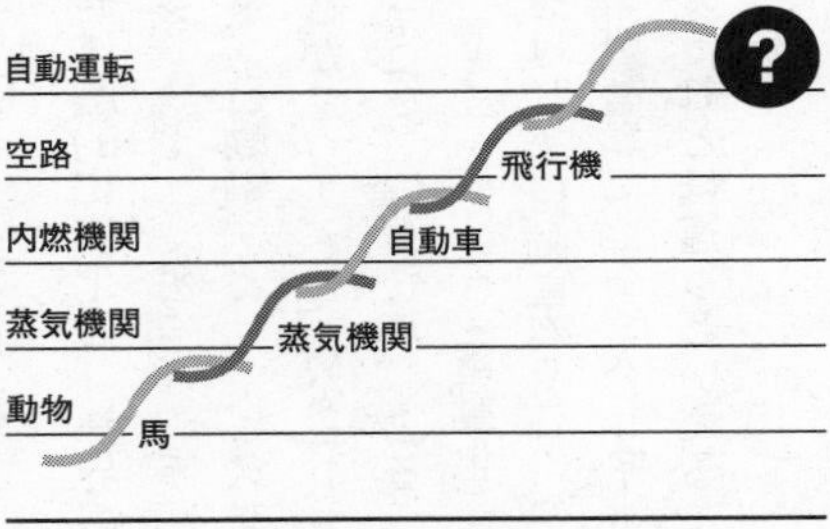

欧米携帯電話業界のSカーブ

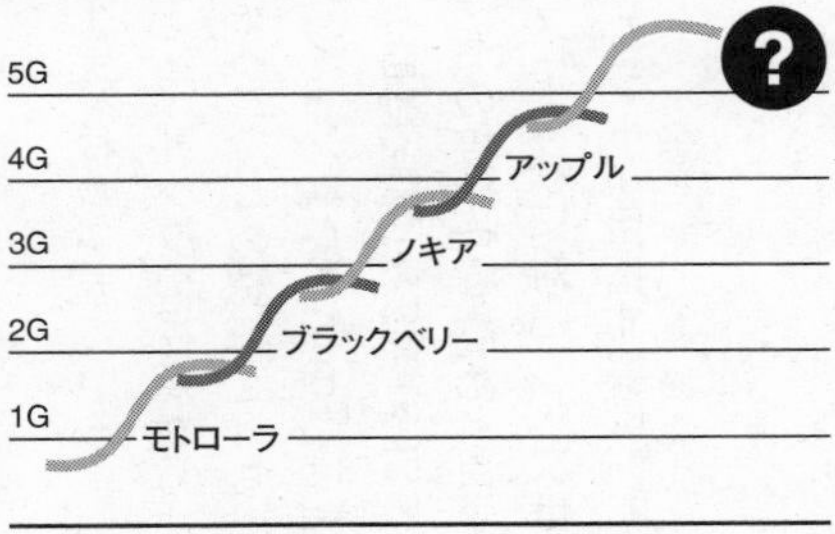

が、業界に想定外の「下克上」をもたらすと説く。

「既存企業の経営者は、変化を感じていても、現在展開している事業の維持のために守りに入ってしまう。その結果、新ビジネスの立ち上げが難しくなってしまうのだ。裏を返せば、トレンド転換期は、新興企業にとっては願ってもないチャンスとなる。既存企業の経営者も新興企業の経営者も、自分の業界がどのようにトレンド転換期を迎えるかについて再考する必要に迫られている」

トレンド転換を予測する「Sカーブ」

その転換期を見抜くうえで役に立つのが「Sカーブ」だ（前ページの図）。画期的な技術革新があった場合、当初は、経営資源を投入しても思ったほどの利益は上がらない。だがその後、技術の成果は一気に現れ、業界に大きな利益がもたらされる。だが、そんな活況も一定期間がたつと落ち着き、最終的には利益の伸びが見込めなくなる。

このS字こそがトレンドの指標で、当然のことながら、S字が終わりかけてから動いても、企業は大きな収益機会にはありつけない。だからこそ、企業は自分の業界がS字カーブのどこにいるのか敏感になる必要があるわけだが、過去の歴史を振り返ると、トレンド転換期を捉え急成長を遂げた新興企業は数あれど、業界の地殻変動を事前に察知し下克上を防いだ既存企業は少ない。

「例として挙げた自動車の大変革を考察するために、ここでは『乗り物』という枠組みで考えてみよう。乗り物は、最初は馬から始まった。馬は馬車に使われ輸送人数が増えたが、蒸気機関が発明されると蒸気機関車が登場した。

汽車は、移動にかかる時間と運ぶ人数において効率を劇的に高めた。その後、内燃機関が発明されて自動車が登場したことで、個人の移動における時間と場所の自由度が向上。次に旅客飛行機が登場して陸だけでなく空の旅が可能になった。

今述べた一つひとつが紛れもなく『乗り物』の技術トレンドの転換点だ。だが、トレンド転換の前後両方で勝ち続けたプレーヤーはいない。鉄道会社から自動車メーカーになった企業はなく、自動車から航空機メーカーになった企業もほとんどない。

蒸気機関、自動車、飛行機でのトップ企業はすべて違う。そして今、自動運転の時代がやってくる。例えば、果たして、自動運転時代のトップ企業は、トヨタ自動車や日産自動車などのような、既存の自動車メーカーのままなのだろうか」

アマゾンの「次」は誰なのか？

テュルパン教授はさらに、携帯通信業界についてもSカーブで分析する。

「携帯通信業界の移動通信システムは1Gから始まり、2G、3G、4Gと進化してきて、5Gになった。274ページの下の図で、1Gから5Gまでの変遷と、欧米におけるそれぞれのトップ企業を示した。

1G時代の勝者はモトローラだった。しかしモトローラは、2Gへの移行に失敗した。2Gではブラックベリーが台頭した。だが今ではブラックベリーも姿を消した。3Gではノキアが飛躍したが、4Gの勝者はアップルだった。

さてこれから5Gの時代になったとき、果たしてトップ企業はどこになるのだろうか。おそらく、トップは前記以外の会社だろう」

このSカーブは、技術系の企業にだけしか当てはまらないわけではない。小売企業についても、同じような考察が可能だ。テュルパン教授の解説を聞こう。

「次に小売業界を考えよう。最初は個人商店からスタートし、スーパーマーケットへと進化した。次に、ディスカウントストアが登場した。一方で百貨店も登場したが、それぞれの業態のトップ企業は異なる。

百貨店はディスカウントストアを手掛けない一方、米ウォルマートのような実店舗を持ち低価格で台頭した業態は、デジタルの世界で多大な影響力があるネット通販を主力ビジネスにはしていなかった。

そのネット通販で、米アマゾン・ドット・コムはウォルマートより強大な存在だ。ここでマーケターは、あえて自問する必要がある。小売業界に登場する次のSカーブは何か、それをどうしたら示せるか?」

テュルパン教授の分析が示すのは、Sカーブの入り口でトップだった企業がSカーブの出口でも首位にい続けるのは極めて困難、という現実だ。それができた既存企業こそ、産業界に新たな歴史を創ることになるわけだ。

15分以上の動画は価値が低い

デジタル時代のマーケティングで最も注意すべきは、情報の受け手、すなわち視聴者の変化だ。日々、GAFA（グーグル・アップル・フェイスブック〈メタ〉・アマゾン）が提供するデジタルプラットフォームの情報検索に慣れきった人々は、より短く、素早い情報伝達を望むようになっている。

「マーケティング戦略のマネジメントでは、スピードがますます重要になっている。売ろうとする商品やサービスについての優れた分析だけでは不十分だ。戦略を実行する場面では、スピードこそが重要だといえる。情報の受け手の意識も激変している。グーグルで何でも検索することに慣れてしまった人々の多くは、もはや250ページの本を、時間をかけて読むことに耐えられない」

情報の受け手がスピードアップしている事例として、テュルパン教授が挙げるのが教育分野だ。

同じことが教育でも起こっている。10年ほど前、教育関係者の間ではMOOC（大規模公開オンライン講座）について盛んに議論していた。その結果、革命的なサービスになると期待が高まった。世界的に著名な大学教授の2時間の講義を、誰もがどこ

動画ユーザーの時間をどう確保するか？

● オンライン動画コンテンツの変遷

にいてもフォローできるからだ。

だが問題は、誰も2時間の講義動画など、最後まで通して見ないことだった。また、対面の講義では学生を引き付けることに長けている教授が、録画の講義でも引き付けられるとは限らない。実際、MOOCのフォロワーの95%が講座を修了できず、当初期待したほどの人気が出なかった。視聴者がしっかり集中できるのは、せいぜい12〜15分だった。

そこで次に、TEDトークというプラットフォームが誕生し、人気を博した。TEDは12〜15分で、最大20分程度の動画を配信できるフォーマットだ。私自身は、TEDの次はモバイルラーニングだと感じている。講義などの動画をスマートフォンなどモバイル端末で学ぶ形だ。新世代の人々の集中力は、せいぜい2〜3分だろう。15分で伝えたいメッセージがあっても、２～３分単位に切り分けなければいけない」

次世代の動画の主力は２～３分の長さになると予測していたテュルパン教授。実際、そのビジネスでグローバル展開をしているスタートアップがシンガポールにあったという。

「私はシンガポールのノビ（Gnowbe）という会社で顧問をしている。この会社は韓国系米国人の女性が起業したオンラインラーニングの会社だ。マッキンゼー・アンド・カンパニーを経て米ハーバード経営大学院を修了した。

彼女は破壊者である。ＭＯＯＣは機能しないと認識しただけでなく、ＴＥＤすら長すぎると考えた。そこで、スマートフォンを通じて地下鉄や電車、自宅のどこでも見られる、２～３分で完結する短編の教育研修用動画をつくった。この仕組みについて同社はモバイル・マイクロラーニングという呼び方をしている。これは革命的な試みだった。英語で言えば『エデュケーション・オン・ザ・ゴー』、つまり『移動教育』である。同社は今、ビジネスの世界展開を進めている。東アジア、北米、欧州の企業と協働しているところだ」

最先端のマーケティングを活用するには、情報の受け手の変化のみならず、情報の発信場所が変わってきていることも念頭に置く必要がある。

デジタルも、基本はコトラーの教科書

「デジタルマーケティングに特化した書籍が、今日数多く出版されている。無数に参考書がある中で新動向を学ぶことも重要だが、最初に基本を知るうえではフィリップ・コトラー教授らの『コトラー&ケラーのマーケティング・マネジメント』（丸善出版）を薦める。ブログやウェブ上にも専門家による良好な記事が見つかることがあるが、基本は押さえたい。

ただ、新動向の情報源としてはSNSもしっかり押さえたい。その一つに私も記事を書いている。SNSに記事を書くと、たった2日程度で1万人の目に触れる。しかし、本を1万冊売ろうとすれば、3カ月はかかってしまう。書籍を売るときも、ほかのデジタルマーケティングと同様に、（メッセージを）創造的に考えて、素早く『伝える』必要があるだろう」

デジタル化に直面する中、テュルパン教授は、こうした情報の受け手や発信場所の変化

に本当に敏感な日本人経営者は少なく、社会的評価も十分ではないと指摘する。

日本の新世代の起業家に期待

「私は日本の企業社会を25年ほど見つめてきた。日本に必要なのは、日本という国を一つ上のレベルに引き上げることができる新世代の起業家だ。20年前に、シャープが破綻したり、東芝が問題を抱えたりなどということは誰も想像もしなかったが、現実には起こった。いずれもハードウエア系企業で、広義でのデジタル革命に後れをとったことが凋落の要因だ。異能のイノベーターとされたソフトバンクグループの孫正義氏や、楽天グループの三木谷浩史氏など日本にもデジタル感度の高い経営者はいるが、米国に比べ評価されていないようにみえる。

日本は今、ハード、すなわち技術中心の国から、技術とソフトウエアの国へとゆっくり移行している。この移行をスムーズに実現するには、情報の受け手や発信場所の変化を含めたデジタルマーケティングに精通した起業家の登場が欠かせない。ＡＩ（人工知能）を活用したソフトウエアを開発し、ロボットメーカーのファナックとも親密なプリファード・ネットワークスの西川徹ＣＥＯ（最高経営責任者）は素晴らしい起業家の一人だ」

トップの資質で組織は変わる

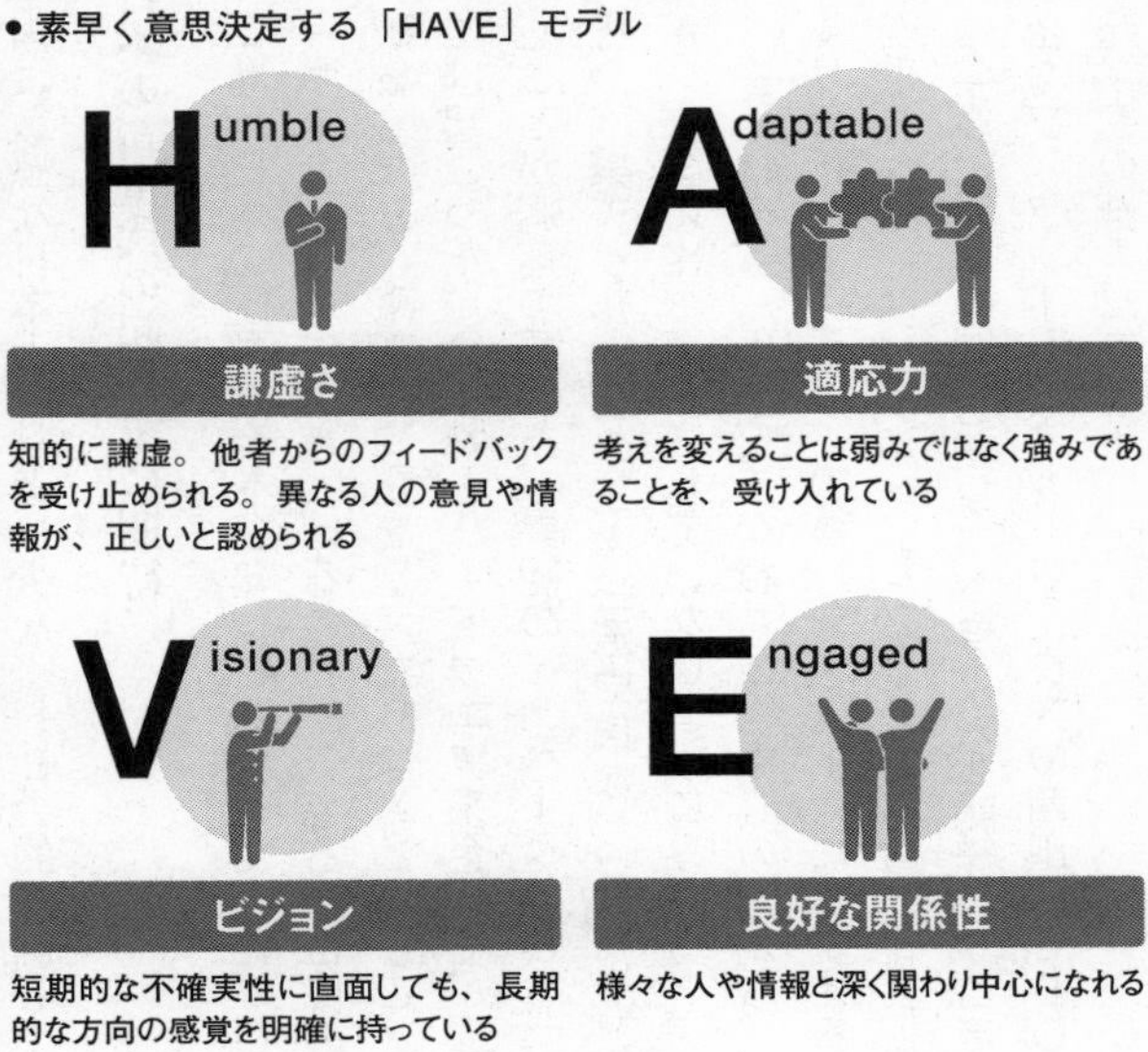

● 素早く意思決定する「HAVE」モデル
Humble
謙虚さ
知的に謙虚。他者からのフィードバックを受け止められる。異なる人の意見や情報が、正しいと認められる
Adaptable
適応力
考えを変えることは弱みではなく強みであることを、受け入れている
Visionary
ビジョン
短期的な不確実性に直面しても、長期的な方向の感覚を明確に持っている
Engaged
良好な関係性
様々な人や情報と深く関わり中心になれる

起業においてアジャイル（俊敏）を追求しすぎることの危険性を米ハーバード経営大学院のスコット・コミナーズ氏が指摘した（第11講）。だが、既存企業の経営ではやはり、スピードは重要なポイントだ。

変化が激しい市場における「情報戦」で鈍重に構えていては、組織としての停滞や後退は免れない。では、「俊敏な意思決定」が可能な組織をつくるには、どうすればよいのか。

「イノベーションを起こすために意思決定速度を上げたい組織は、官僚的なサイロ状の縦割りでなく、上下関係がフラットな組織になる必要がある。企業がアジャイル経営を模索するうえで役に立つのが、ＩＭＤが考えた『ＨＡＶＥモデル』だ。組織をアジャイルにするために必要なトップの姿勢を挙げたものだが、組織をフラット化することは、最初に手をつけるべき最重要事項となる」

デジタル推進には「謙虚さ」が必要

ＩＭＤ流のＨＡＶＥモデルは「謙虚さ（Humble）」「適応性（Adaptable）」「ビジョナリー（Visionary）」そして「良好な関係性（Engaged）」を指す。アジャイル経営ができている企業のトップが身につけている4要素で、逆にいえば鈍重な企業経営者の多くはこれらを持ち合わせていない。

「最初に掲げた謙虚さは、アジャイルを追求するすべてのトップに求められる。新任の経営トップ、マネジャーなど管理職は、『私がすべてのことを分かっているわけではありません』といえる謙虚さがなければいけない。そして、『私は自分より物知りな人たちに囲まれて仕事をしている』と、公言できるぐらいでなければいけない。そのためには、何よりフラットな組織が不可欠だ。

ＩＭＤでも、多くの企業幹部が『すべてのことを分かる』ために切磋琢磨している。特にデジタル関連は人気で、ＤＸやデジタルマーケティング、デジタルリーダーシップなどといった講座に需要がある。確かに、こうした知識の有無は、経営幹部のその後の人生も変え得る。

だがたとえ知識があっても、トップは謙虚でなければならない。講義に出てくる経営幹部はよくこういう質問をする。『データとＡＩ（人工知能）をどう使えばよいのか』と。

だが、そこを考えるのは現場の仕事であり、トップがこんな問いの立て方で現場に介入すれば組織としての意思決定は確実に遅れる。経営幹部が考えるべきは、消費者にどのような価値を提供すべきかというゴールを見据え、どうしたら競合に勝てるか、より良い新技術をどうより安く速く使うかだ。

一方、中高年のマネジャーの中には、自分はデジタルが分からない、子供のほうが詳しい、と不安がる人もいる。だがこうした人も、マーケティングの基本に立ち返り、消費者が抱えるどの問題を解決するのかを突き詰めれば管理者は務まる。ＡＩやビッグデータは現場を効率化するツールにすぎない」

アジャイル経営を実現する「HAVEモデル」

では、HAVEモデルの「H」の後、「AVE」は何を意味するのか。

『HAVE』の『A』、『適応性（Adaptable）』は、変化への対応力だ。私たちはVUCAの世界──不安定（volatility）、不確実（uncertainty）で複雑（complexity）、かつ曖昧（ambiguity）な世界──を生きている。将来の予測は極めて困難だが、環境が極めて速く変化しているため、以前より戦略を柔軟に変える必要がある。

適応力を高めるには、好奇心がカギだ。自分の業界には詳しい一方、業界横断で起きていることに無関心なマネジャーが少なくない。だが完全に視点の違う、別業界から来るトレンドに普段から興味を持っていれば、いざ自分の業界に想定外の環境変化が起きても慌てずに適応できる」

変化の激しいデジタル時代を生き残るには、縦割りの同質な価値観にとらわれず、裾野を広げ、好奇心を持ち、幅広く学ぶ必要があるということだ。

世代の違いも「多様性」

「『ビジョナリー（Visionary）』は、長期的な問題意識のことである。VUCAで、変化の激しい時代にあって、不安な従業員は現状維持を好む。たとえ有効でも、短期的に多少の問題が起こり得る施策に対しては俊敏に動きたがらない。これを解消するには、経営者が何かを即決したとき、従業員が安心できるよう『当社はこれをするためこうした』とはっきり示せなければならない」

そしてアジャイル経営を実現するため、トップが備えるべき最後の要素は、良好な関係性だ。

「HAVEモデルが、最後に挙げる『良好な関係性（Engaged）』とは、社内外の人々と良好な関係を築く力だ。それが迅速で適切な意思決定をもたらす。日本が一番改善しなければならない点だ。

多くの日本企業は、ダイバーシティーといえば男女の性差、または日本人か外国人かと受け止める。だがダイバーシティーにはそれ以上の意味がある。

一つは異なる出自、異なる機能を果たせる人材といった、成育歴・職歴やスキルの多様性だ。生え抜きかどうかなどにこだわっている場合ではない。

もう一つは世代の多様性だ。デジタルを一番理解しているのは20代だ。一方、多くの企業で意思決定者は50～60代だ。20代、30代、40代、50～60代という多様な世代が協働する必要がある。現代のダイバーシティーだ」

迅速な経営を実現するには、本当の意味で多様性あふれる組織を構築することが避けられない。社内外で関わる多彩なバックボーンを持つ人と良好な関係を築けなければ、アジャイル経営は成立しない。

VUCAな環境における意思決定

では、これまでの議論を振り返りつつ、〝デュルパン流〟ビジネスで成功する条件を最後にまとめていこう。

「デジタル化の波の中で業界の定義が変わっているという話をした。自動車メーカーはもはや乗用車だけではなく、自動輸送の領域にいる例を挙げたが、話は自動車業界に限らない。例えば食品業界でも、健康業界に進出しているメーカーがたくさんある。消費者は体に良い食事をしたいものだから、そもそも親和性が高い。

健康業界には製薬メーカーなどが既に多く参入していたが、ここにもデジタルの波が押し寄せている。米アップルは、アプリなどで『デジタル社会のウェルネス業界』に参入した。米ナイキも、歩数と健康を手掛かりに参入している。このようにビジネスの世界が劇的に変化していることを肝に銘じなければいけない。そして、破壊者や起業家は、完全に目の付け所が違ううえに、大抵は別業界からやってくる。世の中の動きに興味を持ち、自分の業界以外にも目を向ける必要がある。その視点の有無は、経営幹部の人生をも変える」

デジタルの時代、業界定義の変化はあらゆる業界に及ぶ。テュルパン教授が身を置く経営大学院も例外ではない。

■「経営大学院の古き良き時代にはＭＢＡ（経営学修士）課程で1～2年勉強すれば、

受講生は一生分学んだと思ってくれた。しかし今、私たちは、継続的に学ばねばならない世界にいる。今の受講生はより短い時間で取り組める、対面やオンラインのコースを好む。世界が瞬時に変化するから、手早く学びたいのだ。

そもそも経営大学院は、教育産業にいるのか、教育娯楽産業にいるのか？　私が若手教授のころ、企業は厳しい研修を望んだ。だが今の時代、娯楽性の乏しい厳しい研修を受講生が評価するのかどうか分からない。今の受講生は、学ぶ楽しみがあるコンテンツを求める。そのため次世代の新任教授にはユーモアのセンスが必要だ。旧世代は厳しくてドライだったが、それではもう支持されにくい。その意味で、ビジネススクールは教育娯楽産業だ」

デジタル時代の経営で成果を上げるため様々なポイントを指摘してきたテュルパン教授だが、業界定義の変化とともに重要と考えるのは「柔軟性」だ。第10講のナラヤン・パント教授もリーダーシップにある種の柔軟性を求めるが、雇用形態やキャリアなどの点において多様な人材で構成される組織になればなるほど、それは重要性を増してくる。

「不確実な環境で素早く意思決定するには、従業員が安心できる長期的な方向感覚を持ち、説明できなければならない。そして組織をある程度柔軟にする必要がある。『組織が柔軟』というと、企業は長期雇用の正社員より短期雇用のパートタイマーを採用したがるが、ここで言う柔軟性は雇用調整のしやすさではない。様々な人や組織に受け入れられる風土という意味だ。長期雇用であろうとなかろうと、社内外のプロジェクトで業務に関係する多様な人々を巻き込まなければならない。

日本はこの点でもっと変わる必要がある。多くの企業が官僚的になりすぎた。まず若者に実験を許し、失敗するチャンスを与えるべきだ。１９６０年代、１９７０年代の日本企業は、もっと若手に権限があった。

また多くの国でいまだに男女の賃金に差があるが、日本はこれも顕著だ。ＩＭＤ学長の時、経営者として男女の同一労働同一賃金に注力した。同じ仕事、同じ責任を果たしているのにもかかわらずなぜ男女で賃金に差をつけるのか、全く理解できない。

多様性ある組織をフラットに処遇し、ビジョンに納得してもらいながら謙虚な姿勢でまとめ上げ、従業員に挑戦するチャンスを与えれば、いずれは新ソニー、新ホンダが生まれるだろう。彼らはもともと一匹狼で、必ずしも業界ルールに従わなかった。日本は昔の情熱を取り戻し、より多くの人々にチャンスと責任を与えるべきだ」

上司とエレベーターに乗れ

最後に、ビジネスパーソンが気になる「個人の成功の条件」について、テュルパン教授の意外な助言を聞こう。

「マーケティング、そしてビジネス全般で成功する、言い換えれば、意思決定できる立場に上り詰めるにはどうすればいいのだろうか。まずは結果を出すことに集中すべきだが、もう一つの真実がある。目立つことだ。

昇進できる人はそもそも存在感がある。私の助言は、エレベーターに上司と一緒に乗り、上司と同じバーに行くこと。読者は一笑に付すかもしれないが、これが昇進に効くというのは重要な事実だと思う。上司と同時にトイレに行き続けて昇進した人を何人も知っている。3回もやると、声をかけられるそうだ。

これを『軌道理論（theory of orbit）』と呼ぶ人もいる。本当に社業に影響力がある人を知り、つかず離れず目に留まる場所にい続けるからだ。同時にこの『軌道』がどう変わるのかも察知しておく。キーパーソンたちの昇進の有無などで軌道は微妙に変わる。

つかず離れずの距離感を保つのがカギ

● 組織で成功するための「軌道理論」

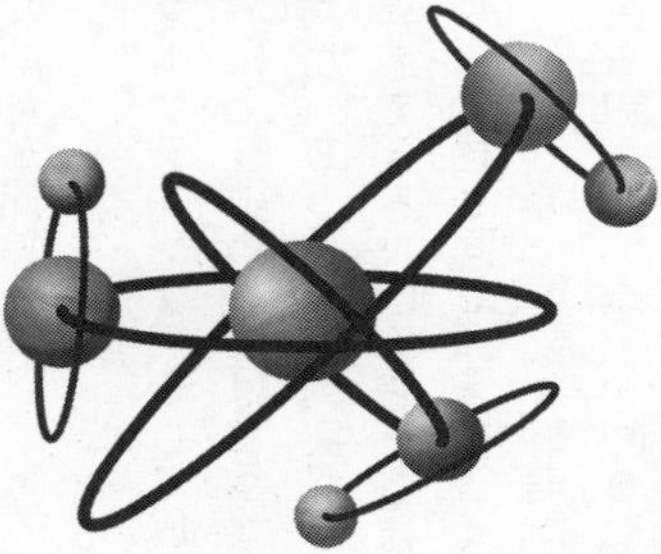

常に上司の目に留まるところにいるのがポイント。人事異動や昇降格などがあったとき時、「軌道」がどう変化したのか、冷静に読み取ろう

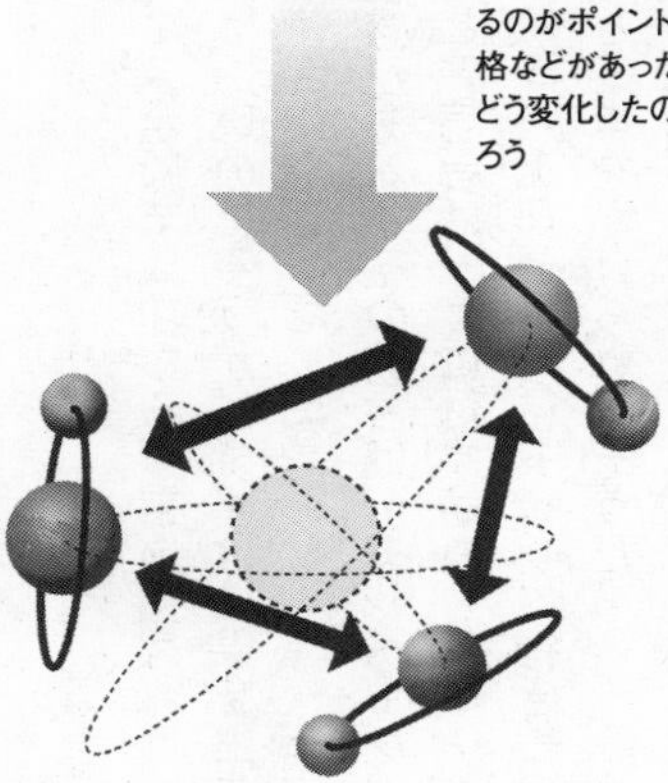

キーパーソンは必ずしも肩書のある役職者ではなく、キーパーソンに忠実である必要はない。目に見えない軌道を見抜くには、人付き合いを良くし、つかず離れず、社内で何が起こっているか、政治抜きで冷静に理解すること。

最後に、必ずしも出世したい人が出世するわけではないことも強調したい。昇進できる力があることを、仕事で示し続けさえすればいいのだ」

第18講　新時代の日本型経営

日本人が知らない「ありのままの日本型経営」

ウリケ・シェーデ　*Ulrike Schaede*　米カリフォルニア大学サンディエゴ校教授

日本を対象とした企業戦略、組織論、金融市場、企業再編、起業論などを研究領域に、米ハーバード経営大学院、米スタンフォード大学、米カリフォルニア大学バークレー校経営大学院、一橋大学経済研究所、日本銀行、経済産業省、財務省、政策投資銀行などで研究員・客員教授を歴任。９年以上の日本在住経験を持つ。サンディエゴと日本をつなぐ研究所「Japan Forum for Innovation and Technology（ＪＦＩＴ）」のディレクター。本講義の原案になった２０２０年刊行の著書『*The Business Reinvention of Japan*』（『再興ＴＨＥ　ＫＡＩＳＨＡ』日本経済新聞出版、２０２２年）で第37回大平正芳記念賞受賞。ドイツ出身。

▼講義の前に――ドイツが生んだ「日本応援団長」の横顔

さて理論編の野中郁次郎教授に続き、文庫版発刊にあたり新たにご紹介するもう一人の経営学者が、米カリフォルニア大学サンディエゴ校のウリケ・シェーデ教授だ。シェーデ教授はドイツ出身で、日本経済と日本社会の良さを見つけ出そうと長年研究し続けている、極めて希有なニッポンの応援団長である。

当初は日本語に惹かれ、１９８２年に初めて来日した。当時、「日本の会社が、文書を手書きしてグローバルに競争していたことに一番驚いた」という。富山、九州・天草や日向、東北など日本を旅してすっかり日本に魅了されたシェーデ教授は、「日本について研究することを一生のテーマとする」と決意した。一橋大学の博士課程で学び、ドイツ・マールブルグ大学で日本学と経済学の博士課程（Ph.D.）を修了した。現在、日本の企業戦略を専門としている。

シェーデ教授と筆者が知り合ったのは２０１３〜14年頃だ。シェーデ教授側から「ぜひ、日本企業や日本経済について連載したい」と熱心なコンタクトがあった。そして議論の末、２０１４年に当時の『日経ビジネスオンライン』（現『日経ビジネス電子版』）で「ドイツ人経営学者は見た！　日本のかっこいい経営」というカジュアルなタイトルの連載をスタートすることになった。「かっこいい経営」は、シェーデ教授自身が日本語で発案した。

２０１４年当時の日本は「失われた20年」という後ろ向きなムードが蔓延しており、メディア上でも少子高齢化や消費増税、社会保障問題、変われない日本型経営など、今とさして変わらぬテーマの議論が繰り出されていた。そんな中でシェーデ教授は、「日本企業はかっこいい」と本気で考えていたのだ。日本人は国についてのセルフイメージについて以前から、時に過剰に自虐的な傾向があることはよく指摘されるところだ。確かに、日本人が日本の良いところを日本人同士でアピールしても偏りがあるし、単なる自己満足に陥ってしまう。比較事例や体験に乏しく、なかなか気づけない部分もある。だが、日本人以外の目で、エビデンスで日本を長く観察している研究者の議論であれば、きっと説得力があると確信した。

連載では、日本人が当たり前に使っていたJR東日本の電子マネーSuicaの技術を『スシ』よりも『スイカ』！　日本は電子マネーの世界ナンバー・ワン」と大絶賛。さらには日本の雇用制度の特徴を「終身雇用・査定・就活」の3S（エス）だと整理して分析したりした。その斬新な視点は、読者から大変な好評を博した。ドイツ人が午後5時までしか働かないことを紹介し、日本人読者に文化の違いを理解できるようマインドセットの転換を訴えた回は大ヒットし、長い間、多くの読者に読まれる記事になった。

シェーデ教授は当然ながら連載終了後も日本を観察し続け、2021年に日本企業がモデルチェンジしていくべき方向性や課題、成功事例を描いた著書『*The Business Reinvention of Japan*』(Stanford University Press) を出版した。今回収録したのは、同書に基づき、2021年に一般向けにと新たに書き下ろした連載である。本講はシェーデ教授が英文で書き、AIの翻訳ソフトで粗く翻訳して編集したものを、さらに筆者が編集し、完成させたものである。インタビュー形式ではないが、シェーデ教授のご厚意により収録させていただけることになった。

ちなみにシェーデ教授は、「両利きの経営」の提唱者の一人として知られる著名経営学者、米スタンフォード大学経営大学院のチャールズ・オライリー教授の妻である。夫婦での共同著作も出版している。2021年に開催した3日間の大規模ウェビナー「資本主義の再構築とイノベーション再興」では、夫婦で登壇し、視聴者に前向きなメッセージを発信してくれた。

日本経済は強い！「20－80現象」から脱却せよ

「失われた20年」は真実の一面にすぎない

外国人が、日本経済について書いた書籍やニュースなどを読むと、「失われた」「遅れている」あるいは「低い」といったネガティブな言葉にあふれている。無理もない。外国人の情報源は日本発のニュースだ。日本人が日本経済について悪いことばかり読み、発信しているからそうなっているにすぎない。

「失われた20年」、すなわちデフレ、低生産性、成長の停滞、人口減少、地域の衰退など、確かにネガティブな要素はたくさん挙げられる。すべて事実で、懸案で、解決には新たな政策が必要だ。不思議なのは、経済状況がそれほど悪いにもかかわらず、なぜ日本が世界第3位の経済大国であり続けていられるのかだ。

日本は、世界で人口11位、労働力人口では8位（いずれも2021年時点）。そんな、中国の三大都市を合わせた程度の労働力しかない日本が、経済規模で世界第3位なのだ。こ

停滞していても、経済規模はいまだ世界で3位

● 世界の国内総生産（GDP）の内訳（2017年）

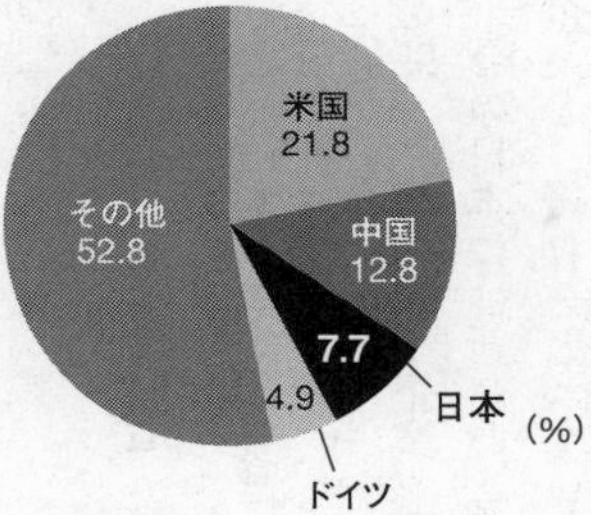

注：元データは国際連合「GDP and its breakdown at constant 2010 prices in US dollars」
出所：経済産業省「我が国ものづくり産業が直面する課題と展望」

● 2019年の各国GDP

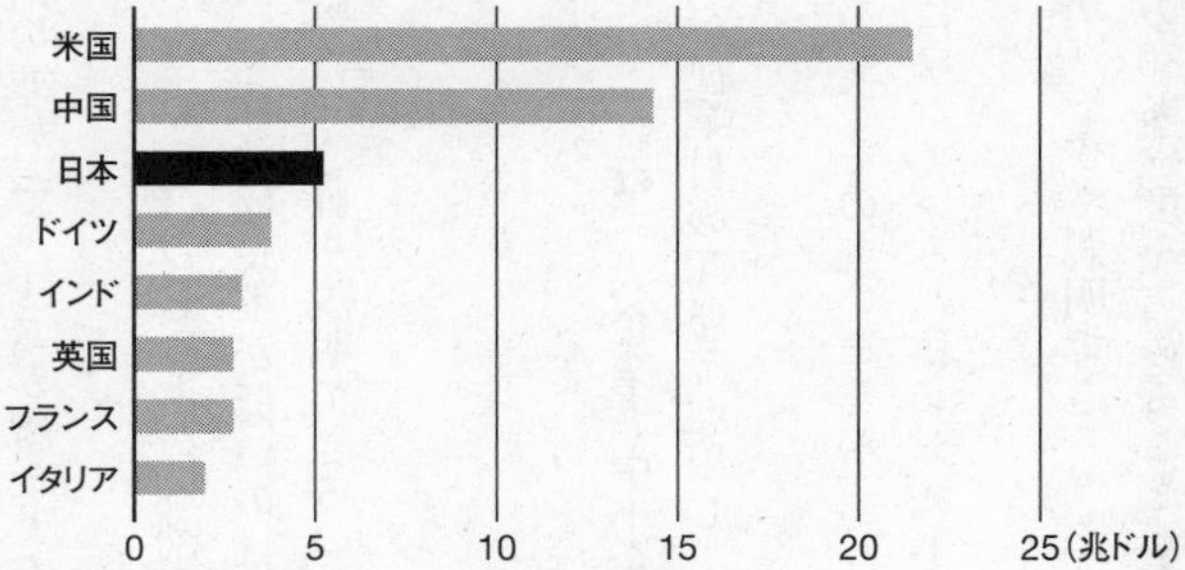

出所：国際通貨基金（IMF）のデータから筆者作成

れは素晴らしい実績だ。そして20年間、経済の悪いニュースが続いた今でもそれは真実だ。

2017年、日本の国内総生産（GDP）が世界のGDPに占める割合は7・7％、そして世界の製造業の約10％を占める。とはいえ経済成長率が低いのは事実で、課題は、GDPが大きい一方で成長率が低いという現実だ。これを説明できるのが、日本の新たな「二重構造」だ。

「20-80現象」の二重構造

日本ではかつて、「二重構造」が長く続いた。これは、大企業と中小企業の違いを指す。全企業のわずか0・3％にすぎない大企業が全従業員の30％を雇用しているのに対して、全企業の99・7％は中小企業、という構造だ。

だが、今の日本には新しい「二重構造」があり、その違いこそが、グローバルに競争力のある企業と、後れをとっている企業の違いになっている。私（シェーデ）はこの新しい二重構造を「20-80現象」と呼んでいる。

現在の日本経済は、20-80の法則で最も分かりやすく説明できる。この法則は読者もご存じかもしれないが、上位20％の要素で全体の80％程度を占めることが多いという経験則だ。ビジネスでの典型例としては、「上位20％のお客様で売り上げの80％を占める」、または「上位20％の商品で売り上げの80％を占める」といった例や、「故障原因の上位20％で80％の故障を説明できる」というものがある。この法則は、私たちが持つ言葉の20％しか使っていない現象にも当てはまる。

「20‐80」は、厳密な数字ではない。10％の努力が90％の結果を説明したり、30％の活動が70％のパフォーマンスを占めたりする状況も説明し得る大まかな概念である。

日本の経済・イノベーション活動、新事業・新製品開発の8割を占めるのが「20群」だ。「20群」は経営を「再興」した大企業で、製品市場のグローバルリーダーだ。グローバルな生産ネットワークを持ち、重要なニッチ技術を独占している。日本経済全体では、「20群」にいる一部の優れた大企業が、生産量と成功例の大部分を占める。この「20群」は、日本の大企業のトップ400社ぐらいの素晴らしい会社と考えていただきたい。大企業があるからこそ、20年続くデフレ、そして数々の経済ショック（リーマン・ショック、東日本大震災など）を経ても、日本経済が崩壊しないのだ。

一方、「80群」の企業は、革新性も変革力も失っており、古いやり方から抜け出せず、将来の成長が見込めない古い事業をベースに生き残っている。ビジネスリポートがネガティブになりがちで、日本のイノベーションと経営力を的確に捉えられていないのは、この

「80群」に注目するせいではないか。

アベノミクスの評価も、どちらに着目するかで全く変わる。否定的な人は、「80群」ばかり見て「アベノミクスは何の効果もなかった」と切り捨てる。一方、「20群」を見る人は、アベノミクスの改革で先進企業の競争力が向上したと考えポジティブに評価する。

アベノミクスの真の目的は、「20群」の次、つまり「40群」とでもいうべき企業群を世界的な競争力を持つ群に引き上げることだった。大企業から中小企業まで、ある程度までは成功したが、さらなる変革と再興が必要な企業群だ。

では、なぜ「80群」だけを見て、悪いニュースばかりに注目する人が多いのか。まず、悪いニュースのほうが新聞や雑誌などが売れ、記事に取り上げやすい。学者にとっても、失敗事例のほうが深い分析の機会を得られる。

数でも、目に入る情報の8割が「80群」。「20群」を見つけることのほうがはるかに大変だ。

世界市場を席巻する「20群」

もう一つの理由は「確証バイアス」だ。これは、人が自分の思い込みを裏付けるような情報を探したり、好意的に見たり、記憶したりする傾向がある心理現象のことを指す。自分の見解を裏付ける情報を重視し、気に入らない情報は無視する。曖昧な証拠を見たときも、自分の従来の立場を支持していると解釈する。ある行動を決めたときには、選択を後押しする意見のほうに重きを置く。

日本経済は「停滞している」と20年前からいわれてきた。日本企業のイノベーションは遅れている、グローバル競争に負けている、と多くの人が信じている。「80群」は確かに存在し、悪いニュースはしばしば正しい。だから、良いニュースがあると「そんなはずはない」と思ってしまう。この確証バイアスのため、中立的な立場から新聞を読んだり、評価したりできないことが多い。

日本の会社が「20群」と「80群」に分断された結果、経営者にも二つのタイプが生まれ、実業界が二つの異なる課題に直面していることも意味している。

「20群」の会社再興は既に始まっている。ここから、そのうちの日立製作所を取り上げる。

「日立ショック」は重大な大転換

大企業の「大転換」は、ニッポンの「KAISHA再興」実現に向けた明るい材料だ。日立製作所の企業変革が、日本にとって「日立ショック」といえるほど重要な「大転換」であることを伝えたい。それは、次の三つの理由からだ。

①「選択と集中」バージョン2・0の神髄
日立は、電機メーカーからインフラ・データソリューション会社への大転換を含む「KAISHA再興」の好例。

②「言い訳」の終焉
日立の事例は、日本国内の規制や無言の圧力、あるいは限られた条件下でも、抜本的な「大転換」が可能であることを示す。他の大企業が挙げる様々な「変われない理由」が、言い訳でしかないことがはっきり分かる。実際他の大企業も、デジタルトランスフォーメーション（DX）で競争するため、自社の再ポジショニングを始めている。

③企業資産を取引する国内市場の創設

日立の事業売却やカーブアウト（事業分割）で、国内のプライベート・エクイティ（ＰＥ）市場が急成長した。ＰＥは、非上場企業や事業などの資本である。その市場で企業資産や事業の売買が容易になり、日本企業が「ＫＡＩＳＨＡ再興」を検討できる環境が整った。

日立変革の歩みを振り返る

日立は１９９０年代に経営の「選択と集中」を始めたが、２００９年時点で上場子会社が22社あった。２００９年３月期の７８７３億円の赤字をきっかけに、グローバル競争力を強化するため、それらの構造改革に着手した。２０２０年４月、中核上場子会社の一つとして知られた日立化成を昭和電工に売却し、日立ハイテクノロジーズ（現日立ハイテク）を完全子会社化。最近は日立金属の売却を発表、日立建機も売却か完全子会社化か今（２０２１）年度中に決める（日立が２０２２年、51・5％の株式のうち26％分を売却。日立製作所から独立）。以上は最後の上場子会社だ。一方で、新しいセグメントの事業を積極的に買収している。

変革の目的は、日立の企業アイデンティティー（日立とは何かを体現する要素）を変革することだった。日立のビジョンは、「DXプレーヤー」になること、つまりビッグデータ対応や交通・インフラシステムの問題解決、IT（情報技術）データシステム、メカトロニクスのアプリケーション、IT制御および管理の専門家集団になることだ。

そのため建設機械や医療機器、さらには化学・素材までもが日立にとってコア事業ではなくなった。たとえそれらの事業規模が大きく、収益性が高くても、将来の日立像に合致しなくなった。その代わり買収で、将来につながる新しいコア事業を補っている。企業戦略学者の目から見ても、日立の「KAISHA再興」は印象深い。

再興の道を歩んでいるのは、日立だけではない。DIC（旧社名：大日本インキ化学工業）やJSR（旧社名：日本合成ゴム）、パナソニックやソニーグループのような有名企業も、企業アイデンティティーや自社の強みをつくり変えようと、かつて中核事業だった部門の売却に着手した。それほど各社が動いているにもかかわらず、なぜ日本企業の変革の動きが遅く見えるのか。それには二つ理由がある。

1991年のバブル崩壊後、当初、日本企業はすぐに景気が回復すると考えたが、そうならなかった。その後1997年から1998年にかけて金融危機が発生、選択と集中の第1段階が必要とされた。しかし当時の法律では、事業部門の売却や分割は難しかった。小泉純一郎政権の規制改革と2006年の新会社法と関連法の改正を経てようやくより自由に事業を取引できるようになった。

だが事業部門や子会社の売買などが可能になった後さえ、二つの複雑な問題が残った。それは新しい方向性を見極めるビジョンを持った経営者が少ないこと、事業部門を売買できる市場が不足していたことだ。変化が遅いのは、経営者が新しい方向をつかめないか、努力を怠っているかだ。

21世紀初頭、企業が変われない説明には、傾聴に値するものもある。例えば、伝統と「創業の精神」が大きな障害となっていたというものだ。

読者は三洋電機を覚えているだろうか？　洗濯機や掃除機などの白物家電を中心とする準大手電機メーカーだ。韓国や中国で競合が台頭しても、会社の祖業の白物家電にこだわり、事業撤退を拒否した。パナソニックへの吸収合併で会社は事実上消滅した。

「大き過ぎて社内事情が複雑」という言い訳もよく聞く。子会社の社長が本社の社長と同年卒だから潰せない、あるいは社員の終身雇用のせいとも、社内対立のせいとも。「稼げないビジネスを手じまいするとコストがかかり過ぎる」との話さえある。だが日立の変革の成果はこうした言い訳をすべて無効にする。日立は、「古過ぎる」「大き過ぎる」「複雑過ぎる」に当たらないだろうか？

「企業資産」取引市場の登場

「日立ショック」は、PE市場の成長にも大きく貢献した。かつて大手企業が大きな事業から撤退する際は、メインバンクが譲渡交渉をした。だが1998年の銀行危機以降、メインバンクの役割が変わったうえ、昨今のカーブアウトやスピンオフは規模が大きく、銀行には荷が重い。ほかの選択肢はIPO（取引所に上場）か、他の会社に売却するか、PE（プライベート・エクイティ）ファンドと呼ばれる、世界の投資ファンドに売却するかだ。PEファンドは数十億ドルの「運用資産」を世界中に投資している。

日本の大企業は、価値の高い事業を売却するタイミングで、海外のPEファンドを日本に誘い込んだ。東芝のメモリ事業や日立の様々なカーブアウトがそうだ。次ページのグラフは日本のM&Aの推移で、PEファンドの取引も含む。取引は1687件から4000件へと大きく増え、多くは国内取引（in-in）だ。一番上（out-in）は海外からの対日投資だ。日立をはじめ大企業のカーブアウトが活発になったのに伴う変化だった。市場の成長に伴い小規模なPEプレーヤーも台頭し、大企業の事業転換が実に容易になった。より流動的な市場は、より多くのチャンスをもたらす。「日立ショック」は、日本の「KAISHA再興」の成功を予感させる出来事といえる。

日立の事業再編以来、事業や子会社の取引が活発に

- 2011年以降のM&Aの金額推移

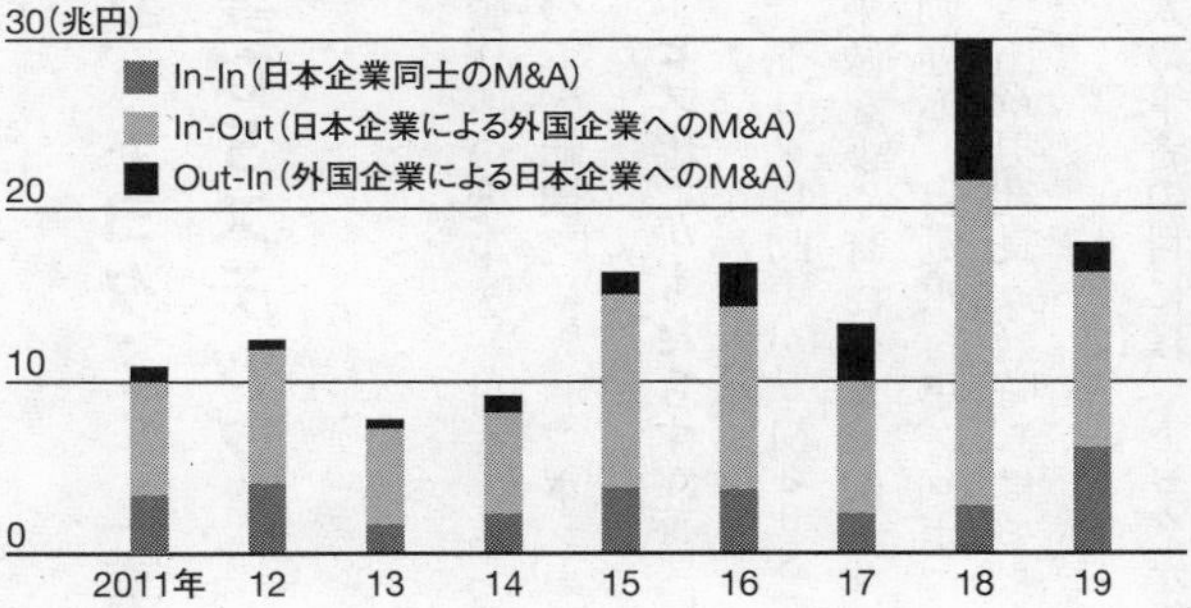

- 2011年以降のM&A件数の推移

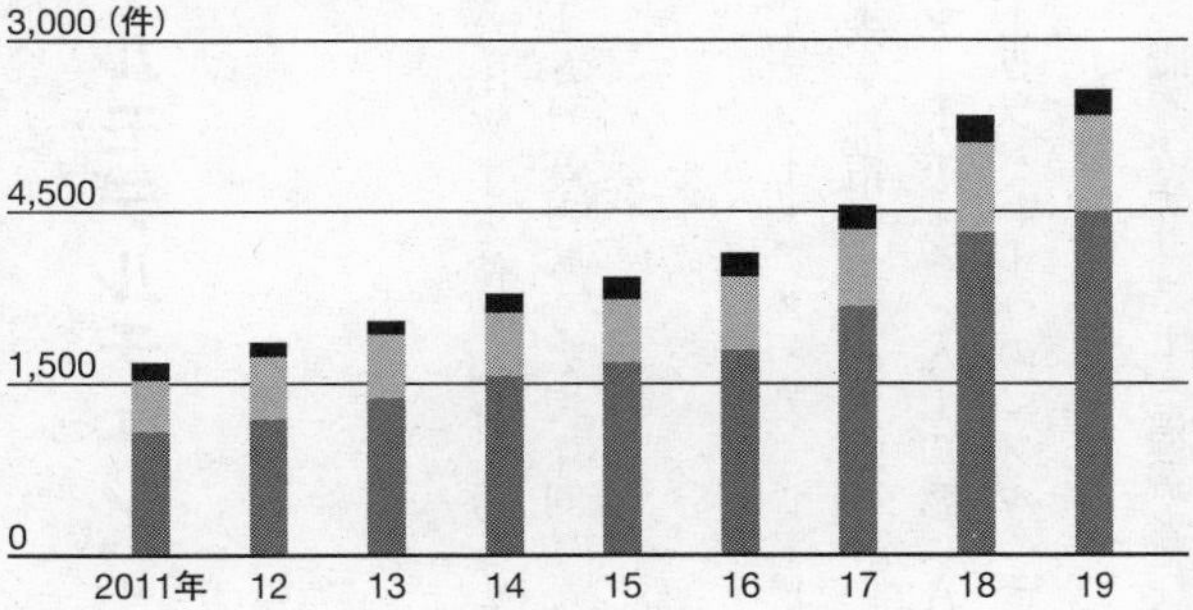

出所：「レコフM&Aデータベース」のデータから筆者（シェーデ氏）作成

日立、トヨタ……「事業フルモデルチェンジ」に必要な5ステップ

日立製作所の変革を、日本にとって大きな出来事と位置づけたウリケ・シェーデ教授。大企業の「大転換」は、ニッポンの「KAISHA再興」実現に向けた明るい材料だ。

「サービス化」がもたらす経営の変革

最近、トヨタ自動車が「MaaS」(モビリティー・アズ・ア・サービス)企業になるという将来像をよく耳にする。例えばトヨタ未来都市「Woven City(ウーブン・シティ)」は、自動運転、自動飛行車、ロボット、スマートホーム、人工知能(AI)などの実証都市だ。豊田章男社長(当時)はモビリティーカンパニーへの「フルモデルチェンジ」を発表した。

外国人の筆者の目には、トヨタが投資家、証券アナリスト、消費者に対して「地ならし」

をしているように見える。DXにおける長期的な競争戦略を理解してもらったうえで、売上高、コスト、利益の構造が本格的に変わる未来に備えてほしいのではないか。

トヨタだけでなく、DXとサービス化のトレンドが相まって、多くの製造業がビジネスモデルの再設計を迫られている。「サービス化」が進むと「製品」が変わり、さらにはその販売方法も変化する。利益の獲得には、これまでと全く違う事業の仕組みが必要になる。多くの企業にとって、新たな価格モデルを考えるのは初めての経験だ。まずは、「企業戦略」と「ビジネスモデル」の再構築が重要になる。

企業戦略とビジネスモデルの違い

ここで、企業戦略とビジネスモデルは全く異なる経営ツールである点に注意したい。企業戦略は、大まかに言って「勝つための計画」である。何を目標にして、どうたどり着くか。会社はさまざまな事業分野における競争とその激しさを分析し、それに基づいた戦略スキームを提示する必要がある。これは二つの基本的な質問に集約される。

①どのビジネスで競争するのか？
②どのように競争するのか？

一見簡単そうだが、答えを出すのは案外難しい。トップ以下経営幹部の直轄で、会社のポートフォリオ全体を見直し、「適切な問い」を設定する必要がある。中期経営計画のような部長レベルの発想ではなく、社長の責任である。

①は、例えば、日立製作所は発電機をつくり続けるべきなのか？　トヨタはタクシー業界に参入すべきか？といった問いだ。そして必要なのが、競争環境の分析だ。主な競争相手は誰で、市場を制するのは誰か？　技術的な状況はどうか？　破壊的な技術革新が起こる恐れはあるか？　買い手は誰で、何を求めているのか？　戦略論の大家マイケル・ポーター教授の提唱した「五つの競争要因」（ファイブ・フォース）のような考え方が役に立つ。

②は、要は業界内でのポジショニングだ。コストリーダーとして参入すべきか、または高度に差異化した高級品メーカーとして参入するか？　ゼロイチのイノベーターか、追いかけるファストフォロワーか。差異化の要素は何か？　適切な「価格対機能」のトレードオフはどこか？　答えは多くの場合、会社のコアコンピタンス（中核的な能力）や製造能力などが関係する。

例えばトヨタは「MaaS」のビジョンの一環として自動飛行するクルマに投資しているが、これは正しい投資判断だろうか。どのような競争をすべきか。カローラのような「シン

ビジネスモデル構築の5つのステップ

● サービス化は「稼ぎ方の仕組み」を変える

1. **取引先・顧客のセグメンテーション**
   顧客は誰なのか？
2. **提供価値**
   顧客は何を必要とし、自社は何を提供するのか？
3. **販売モデル**
   製品・サービスをどのようにして顧客に届けるのか？
4. **価格モデル**
   どのくらいの価格で、どのように支払ってもらうのか？
5. **利益の獲得**
   どれだけの利益を得るか？

プルで低コスト」か、それともレクサスのように「ぜいたくで高コスト」なモデルか？　こうして戦略が固まれば、おのずとクルマのつくり方、売り方も決まる。

一方、ビジネスモデルはお金もうけの仕組みだ。戦略が決まれば、どう利益を出すかが重要だ。ビジネスモデルとは、適切な顧客を見つけ、適切に価値を提案し、適切に製品・サービスを提供し、適切な販売モデルを開発することによってお金を生み出す計画だ。

ビジネスモデル構築には、上図のような五つのステップがある。これは常にベンチャー企業で重要とされ、「ピッチデッキ（事業計画書）」に必須と考えられている。だがこれは、DXとサービス化のトレンドが相まってビジネスモデルを再設計する必要に迫られている大企業にも、重要なステップだ。

迫られるビジネスモデルの再構築

製造業から「サービス化」へのシフトが進むと、製品だけでなく販売方法も変わり、利益の獲得には全く新しい事業設計が必要となる。初めて新たな価格モデルを考える企業も多いだろう。

日本企業の多くは、伝統的に「価格決定側」でなく「価格受け取り側」で、他者や取引先が価格を決めてきた。高度成長期、国内競争は価格より品質で、価格はコストを基準にすることが多かった。この「コストプラスアルファ」で計算する利益率には、相手との長期的な関係や善意、互恵主義に対する期待などソフト面も織り込まれていた。その結果、多くの日本企業はハード面の価格決定が苦手になり、それがグローバルな取引でも課題とされる。

例えば「バリュープライス」は、コストでなく、その製品やサービスが買い手にとってどれだけ価値があるかを考える。「バリュープライス」で値付けする日本企業はまれだが、価値が高ければ、製造コストが安くても高価になる。

クルマはあらかじめ決めた価格で売るが、MaaSを「購入」する場合、都度利用制（毎回クレジットカード払い）、月額会費制などで課金する。そのうえでデマンドプライシング（多くの人が利用すると価格アップ）のような「バリュープライシング」を通じて、1日の需要を平準化することもできるだろう。

とりわけステップ5の「利益の獲得」では、どう利益を得るのかが焦点だ。例えばMaaSの新規事業の運営コストはどの程度で、いつ収支が均衡するか、自動運転車や「空飛ぶクルマ」は何台必要か、最適な車両サイズや稼働率、事業全体のコストなどを、ゼロベースから計算しなければならない。したがって、トヨタの事業の「フルモデルチェンジ」の過程では、売り上げや価値の獲得方法も完全に「リセット」することになるだろう。

DXでは、すべての既存企業が再び、「ゼロ」からビジネスを考える必要に迫られる。特に価格モデルと利益の獲得には、「価格決定者」としての新しい発想が必要である。

大企業のイノベーションとは、会社のつくり直しである

米国の経営学者の研究成果は、大企業のイノベーションに関するものが多い。『ダイナミック・ケイパビリティ戦略』(デビッド・ティース著、1997年)。破壊的技術と『イノベーターのジレンマ』(クレイトン・クリステンセン著、1997年)。『競争優位のイノベーション――組織変革と再生への実践ガイド』(チャールズ・オライリー、マイケル・タッシュマン共著、1997年)。『オープンイノベーション』(ヘンリー・チェスブロウ著、2003年)。『両利きの経営』(チャールズ・オライリー、マイケル・タッシュマン共著、2006年)――。

それは、一体、なぜなのか。

米国の経営学者が、米国の大企業におけるイノベーションの衰退傾向を懸念しているからである。米国の経営学者は、大企業の競争力の低下に歯止めをかけるために、大企業が持っている既存の資産を、より良い方法で活用するための新しいモデルを構築する支援をしたいと真剣に考えている。

前ページまでに、日立製作所の経営改革を紹介しながら、日本の金融市場の「新陳代

謝」を向上させている、「新たなプライベート・エクイティ産業」の素晴らしさについて述べた。しかし、金融市場の規律の導入は危険を伴うため、金融化で先を行く米国から何を学ぶことができるのか検討することが今日のテーマである。

会社の寿命は10年に過ぎない

イノベーションのもともとの定義は、ジョセフ・シュンペーターの「新結合」である。つまりイノベーションとは、別々の分野に存在する知識を組み合わせて、新しいものをつくることだ。スタートアップ会社はイノベーションに有利だと思っている人は多いようだが、そういうわけではない。

実際、成功した大企業の多くは、もともと小さなベンチャー企業からスタートした。しかし、よく見ると、トヨタ自動車、パナソニック、ソフトバンク、ファーストリテイリング、そしてアマゾンやテスラなども、規模が大きくなるにつれて、よりイノベーティブになっていることは紛れもない事実だと分かるだろう。

なぜなら、大企業が必要な資産を既に持っているからである。つまり、これまで得た利益のおかげで豊富な資金がある。また、長い歴史があるので、人材、知識、知的財産もある。そして、研究開発と製造のための設備も有している。要するに大企業は、小さなベン

● S＆P500株価指数銘柄企業の平均寿命

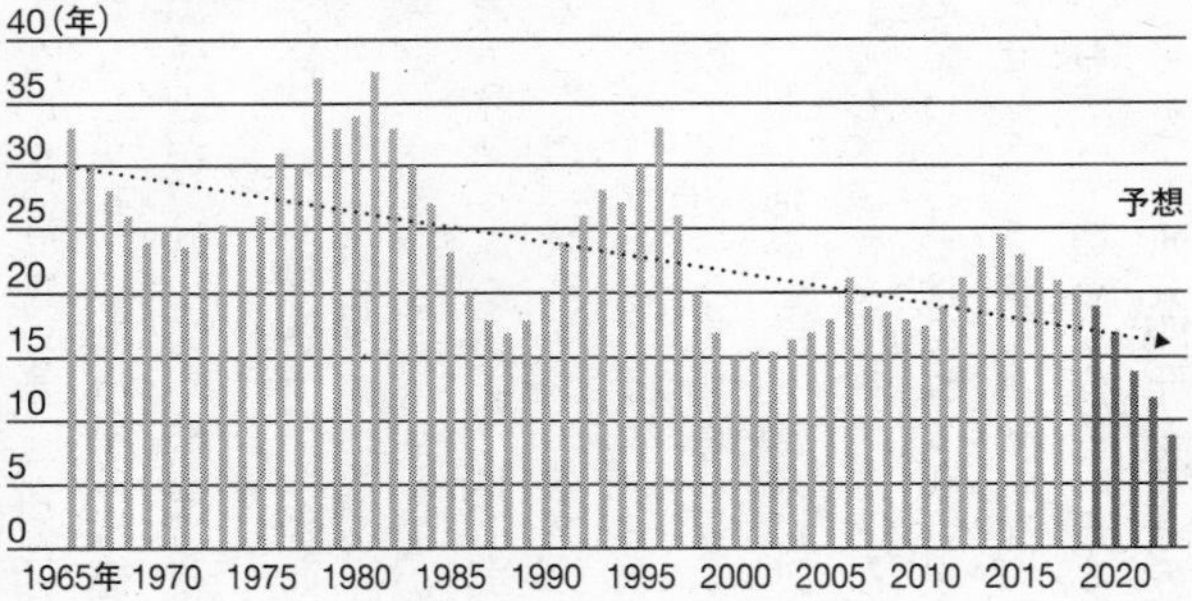

出所：7年平均. Constructed from Innosight 2018 Corporate Longevity Forecast

チャー企業が手に入れるのに苦労するすべてを、すでに手にしているのだ。

そこで、上の図を見ていただきたい。これは、なぜ米国の経営学者たちが大企業におけるイノベーションの衰退を恐れているのかを示している。これは、S&P500に入っている大手企業の平均的な「寿命」、すなわち企業が指数の銘柄になっていた年数の平均を計算したものである。

1950年代には35年以上あった大企業の寿命は、2023年には10年を下回ると予想されている。いいかえれば、今日の米国の大手企業は、かろうじて10年間の寿命があることを示している。

経済学者は、この大企業の「短命化」を「健全な」創造的破壊の兆候と見なし、原因を外生的な「技術ショック」に帰着させる。しかし、本当にそうだろうか？

会社を潰すことがよいことだとは到底思えない。会社の資産は静的なものではなく、動的なものだからだ。会社のコアコンピタンスは、イノベーションによって拡張し、新しいビジネスに活用することができる。

経営学者によるイノベーションの探究

経済学者たちは、会社の内部で何が起こっているのかについて分析するツールをほとんど持っておらず、むしろマクロの市場的な観点から経済全体を分析する。そのため、経済学者は、新たな技術が登場するとき、古い会社から新しい会社に資金や労働者を移行させるためにも、古い企業が死んで新しい企業が登場すべきだと考える。

一方、経営学者は社内のリソースを分析して、この企業は決して滅びてはならないという見通しを立てる。創造的破壊は、会社の内で起こるものだと考えられている。会社は、人、機械、知識といった自社の資産を使って、「新結合」を生み出すことができる。将来の技術シフトを予想して会社の軸足を移すことで、イノベーションを起こしてもうける。古くなった資本を入れ替え、労働者を再教育し、新しい技術の波に乗ることは経営者の課題だ。

そうした活動の役に立とうと、米国の経営学者たちが大手企業におけるイノベーション・モデルを数多く開発している。クレイトン・クリステンセン氏による「技術革新」の概念は、製品や市場の進化の軌跡を考慮に入れながら、経営陣が将来に向けて計画を立てるのに役立つ。ヘンリー・チェスブロウ氏の「オープンイノベーション」は、研究開発のプロセスの中に、アイデア交換の相手先を「外」に求めるものである。

そして、デビッド・ティース氏の提唱した「ダイナミック・ケイパビリティ」は、企業が既存コア事業をどうすれば拡大できるのかについて示している。チャールズ・オライリー氏とマイケル・タッシュマン氏の提唱した「両利きの経営」は、今日のコアビジネスを深化しながら、そのコアに稼いだキャッシュフローを投じて、将来の技術を「探索」することを提示している。そして、この深化と探求のダブルプレーを社内で同時に実践するためには、どのような社内のカルチャーが必要であるかを示している。

ある会社が経営に失敗したということは、経営陣が「ダイナミック・ケイパビリティ」をつくり上げることに失敗したことを意味する。ダイナミック・ケイパビリティがなければ、「探索」と「深化」の能力を失うので、両利きの経営も不可能になる。

では、会社が失敗するのはなぜだろうか？　それには、二つの主な理由がある。一つは、経営者に、将来の技術を見極めて投資する能力やリスクテイクする決断力が不足していることだ。これは日本企業でもよく生じていることかもしれない。もう一つは、収益とキャッシュフローを自社への再投資に使うのではなく、株主に分配してしまうことだ。現在の米国ではこのようなケースが多く、大企業によるイノベーションの衰退につながっているのである。

米国の新たな「金融化」とは？

前出のグラフで見たように、米国で大企業がどんどん短命化している原因は、米国企業が金融市場からの圧力によって、自社のイノベーションや研究開発、従業員の教育や賃金に再投資するよりも、株主に利益を分配することを強いられてきたことにある。これは、日本でも現在進行中の「金融化」の傾向の一部である。

「金融化」とは、個人のステータスも、仕事の質も会社そのものも、その価値は稼げるかどうかのみで判断される世界だ。金融化とは今後、唯一カネを稼げるかどうかだけが成功の指標となっていく社会に変化することを意味している。とりわけ株主の本質も変わる。「オーナーシップ」などどうでもよく、カネあるのみだ。

米国の金融化は、長い年月をかけて蓄積されてきたものだ。シリコンバレーの台頭には、ベンチャーキャピタルファンドの誕生が大きく寄与した。また、創業企業はストックオプションを提供して、大手企業のエリート社員を引き付けた。つまり金融化が、人とカネの新しいハイパーモビリティー（超流動性）を生み出したのである。それは米国経済の強さの一部を表しているといっていい。しかし、大変コストがかかり、危険でもある。

それと同時に、「株主」の存在意義も変化してきた。グローバルな現象であるが、株を持っている人はもはや「所有者」になることはできない。さらに、ほとんどの人は株主にすらならず、投資の全部を信託銀行などに託している。

そして、ご存じの通り、米国のコーポレートガバナンスは、「株主価値志向」のイデオロギーに基づいている。社員、下請け、取引先、コミュニティー、社会などのステークホルダーは、会社の関心事の一部ではない。株主のみが強い権利を持っており、会社の利益とお金をどのように使うのかに大きな影響を与えることができる。

また、米国の機関投資家のほとんどは、短期的なキャピタルゲインしか考えていないので、企業が人件費を含めたコストを削減して、できるだけ株主利益が出るように圧力を加える。

「株主価値志向」と株主優位は、アクティビスト投資家やヘッジファンドの台頭を招いた。これらのファンドは、前述したPEファンドのように企業の再編成を支援し、役に立つこともある。だが、彼らの影響が良いか悪いかについては、ファンド側に長期的な視野や、時間軸があるかによる。

ちょうど日本でＰＥファンドなどが活躍しつつある一方、今日の米国ではそれらのファンドのほとんどを、ハゲタカファンドと同類のように見ている。株価が低く、額面価値が高くてすぐに売却できる資産がある会社を探して、大きな投資をしながら、短期的な株価の暴騰につながるようにレバレッジの操作をしているファンドが多すぎる。

大抵の場合、自社株を買い戻したり、非常に高い配当を出したりするように企業に要求する。米国における企業経営の致命的な欠陥は、ＣＥＯ（最高経営責任者）の給与の大部分が株価で評価されていることである。したがって、多くのＣＥＯは、喜んでこの財テクに参加している。

「価値創造」対「価値破壊」

２０１０年にシュンペーター賞を受賞した書籍『*Sustainable Prosperity in the New Economy?*（仮邦題：新経済における持続可能な繁栄）』（Upjohn Institute, 2009）や、近著共著『*Predatory Value Extraction*（仮邦題：略奪目的の「価値抽出」）』（Oxford University Press, 2020）などで知られる米マサチューセッツ大学経済学部名誉教授のウィリアム・ラゾニック氏によると、米国の大手上場企業は現在、「価値創造」ではなく「価値抽出」のジレンマに直面している。

価値創造の場合には、ある会社が利益を「保持と再投資」によって、従業員（訓練、賃金の上昇）、資産（研究開発、施設）などに投資し、新しい組み合わせを作るという意味がある。

それに対して「削減と分配」体制では、高い効率性と利益が唯一の関心である。コストを下げるために企業は労働力を減らし、賃金を減らし、研究開発費を削減する。その代わり、配当金や自社株買いの形で利益を株主に「分配する」。株主が豊かになる一方で、労働者は職を失い、賃金は低下し、会社は革新性を失っていく。

ラゾニック教授の研究によると、2010年から19年の10年間で、S&P500指数の企業は、5・3兆ドル（利益の54％）を自社株買いの形で株主に分配した。また、株主への配当金として3・8兆ドル（利益の39％）を分配している。大企業のイノベーション改善に使われたのは利益のわずか7％にすぎない。さらに驚くべきことに、これらの企業は、米国上場企業の時価総額の80％を占めている。

これには、常々「イノベーティブ」とされる企業群も含まれる。1996年から2020年の間に、米マイクロソフトは利益の65％に相当する2440億ドル相当の自社株を買い、利益の43％に相当する1610億ドルの配当金を分配した。このことは、同社が価値を略奪どころか「破壊」したことを意味している。

米アップルも「資本還元プログラム」を開始した。２０１３年から２０２０年、アップルは自社株買いに３４４０億ドル、配当に９６０億ドルを費やしている。

だからこそ今、米国の経営学者は、大企業のイノベーションの今後を心配しているのである。

「我慢強い株主」は生き残るか？

では、日本はこのような金融化の危険にさらされているのだろうか？　おそらくそうだろう。もちろん、日本は昔からステークホルダー志向が重視されてきた。しかし、２０１４年からのコーポレートガバナンス改革により、銀行や金融機関、企業などのいわゆる「我慢強い資本（patientcapital。長期株主ともいう）」に代わって、国内外の機関投資家が参入してきたため、「株主価値志向」への動きが出てきた。

日本の経営者はもはや誰が最大の株主なのかさえも知らないことが多い。それが誰であろうと、株主がＲＯＥや業績の向上を望んでいることは確かだ。その期待に応えられなければ、株主総会で声を荒らげたり、株を売ったりする可能性が高い。

「株主価値志向」への転向で、日本は今、米国とは逆の問題を抱えているようだ。日本の多くの大企業の経営者は、リスクを取る先端技術などへの投資に苦心している。

収益性よりも売上高だけを重視している社長もそれなりに存在している。株主に権限を与えることは、会社経営の緩み、硬直性、非効率性などの昔のステークホルダー・システムのコストを克服するのに役立つと考えられている。

そのため、最近の日本におけるコーポレートガバナンス改革では、株主の権利を大幅に向上させた。どんな投資家でも、日本の会社に自由に投資でき、物言う株主になることができる。

『日経電子版』、野村証券のデータなどによると、2015年の改革から、アクティビストによる投資額は倍増し、2019年だけで3兆4000億円（約340億ドル）を超えた。しかも調査結果によると、対象となった企業は2015年以降、自社株買いを3・7倍増やしたのに対し、対象となっていない会社は2・6倍にとどまった。

最近（2020年時点）のファナック、ソニー、ソフトバンクに対するハゲタカファンドの攻撃を覚えているだろうか。ヘッジファンドマネジャーが、多額の投資をして自社株買いを要求することで大きな利益を上げたのにもかかわらず、これら企業の価値創造には何の貢献もせずに退出していった。

金融化のもう一つの表現は役員報酬だ。外国人経営者だけではなく、日本人の役員報酬も高騰している。2018年には、ソニーの平井一夫氏が、上場企業の過去最高額を記録した。さらなる脅威は、転職と雇用の流動化（モビリティー）が進み、終身雇用とメンバーシップ型雇用の代わりに、「ジョブ型」と成果報酬型の給料へと移行することだ。しかし終身雇用には、雇用が安定することで、人生設計やキャリアプランニングが容易になり、それが社会的安定につながるなど、多くのメリットもある。米国のように、一部のエリートのみが人とカネのハイパーモビリティーから利益を得るようでは、社会全体が不安定になる危険性がある。確かに、日本型システムと呼ばれた年功序列による賃金平準化の仕組みは崩れつつあり、日本においても、格差社会が深刻化していく恐れがある。

では、米国の轍を踏まないためには、どのような解決策があるだろうか？

金融化はいわば「滑りやすい坂道」である。日本は、よりバランスのとれたシステムをつくれるのだろうか。現在、米国などでは、過度な短期主義に対抗するシステムを構築するために、いくつかの方策が議論されている。例えば、

①公開市場での自社株買いを禁止する。

②過剰な配当を規制する。

③労働者や他のステークホルダーを取締役会に参加させて、いわゆるドイツの「Co-Determination」を導入する。

④研究開発に対する税制優遇措置など、「保持と再投資」志向を支援する。

3番目の点に関して、現在の米国社会の最大の問題は、金融化によって、労働者の平均賃金が老後の生活を保障できるレベルに至らないことから、生活が苦しめられており、政治的な不安が生じている。だからこそ、労働者が取締役候補に加えられることによって、雇用と賃金の安定性を守るような企業戦略を確証できる。

「大企業病」と向き合うには？

日本は「大企業病」にかかっている、という論評がよく聞こえてくる。凝り固まった組織や窮屈な人事制度を指すのなら、そうした事実はあるかもしれない。しかし、大企業病を克服する方法は、古い会社を潰して新しい会社を興すことではない。ベンチャー企業の育成などでその解決を組織の外部に求めているだけでは、この問題は解決できない。

大企業のイノベーションの重要性を説く経営学者からのメッセージは「古い会社に再投資するのではなく、再開発せよ」ということである。むしろ、大企業がより「アジャイル」になり、より革新的になることが解決策であり、それが現在の日本社会に必要な「KAISHAの再興」だ。

「金融化」が進むのは、世界中でデジタルトランスフォーメーションが進む中、日本企業にとって危険なことでもある。競争するために、大企業は「保持と再投資」をする能力が必要で、それによって再開発する必要があるのだ。

総合職の副業・兼業が、日本にイノベーションを生み出す

「再投資」で現在注目を浴びているのが人的資本投資だろう。急増している副業・兼業は新たな人的資本の蓄積につながり、企業のイノベーションにつながるかもしれない。企業の「モデルチェンジ」だけでなく、雇用のモデルチェンジも必要だ。近年増えている、日本の一般的なビジネスパーソンによる副業・兼業に注目したい。

なぜ、副業・兼業がカギを握るのか?

近年、日本では副業・兼業が話題だ。筆者は外国の日本企業論学者の視点から、働く人々の副業・兼業を認めることが大企業やその社員、そして日本経済にとって極めて重要だと考えており、今回はその理由を書きたい。具体的には、次の三つである。

- 会社が優秀な人材を呼び込める。
- 日本型のイノベーション・エコシステムのカギとなる。

●日本が終身雇用の主な利益を維持できる。

まず、本講における「副業・兼業」を定義しよう。もちろん、複数の仕事や、アルバイトなどをする人は日本にも以前から大勢存在している。しかし、本講では、大企業の正社員など安定した職業に就いていて、副業をしている人を取り上げたい。その中で、「副業・兼業」を大きく三つのカテゴリーに分けて考えたい。

(1)ギグワーカー。伝統的な会社で、苦労も残業も少ない仕事や、一般職の仕事に携わる社員のこと。夜早く退社できるので、副業のアルバイトを引き受けられる。ご存じのように、コロナ禍の影響でも、このグループは最近急速に増えている。英語では、このような2交代制の仕事を「to moonlight」（＝夜のギグ）と呼ぶ。

(2)伝統的な兼業。セカンドオフィスを持っている専門職の人たち。二つ以上の名刺を持つ日本人は今でも多いだろう。私が知る限り、ほとんどは定年間近か、あるいは既に引退している人が多い印象がある。若い人であれば、フルタイムで仕事をしながら、副業として教授やコンサルタント、研究者をしているケースもある。

(3)総合職の兼業のニュータイプ。給与が高く、仕事量も多い終身雇用の総合職に当たる正社員が携わるような兼業だ。フルタイムで苦労や要求の多い人が、二つ目の仕事をすること。

ここでは、この新しい第3のカテゴリーである「総合職の兼業」に注目したい。副業・兼業は、働き方改革の一部となった。各企業は、許可するかどうかを自分で判断し、厚生労働省の「モデル就業規則」を変更して導入している。2018年から可能になり、現在も発展中だ。

「総合職兼業」が新たなイノベーション・エコシステムに

私が最初に米国の人事・組織論の学者にこの「総合職の兼業」の話をしたとき、彼らは皆、即座に「そんなシステムは大きくならないだろう。なぜ二つの仕事を持つ必要があるのか。なぜこれが望ましいのか」といぶかしがった。この反応には非常に流動性の高い労働市場という、彼らがなじんだ米国の実情が反映されている。

米国企業は通常、二つの職業を持つことをほとんど認めない。そのうえ、それは従業員にとっても望ましくない。米国では確実で失業不安のない仕事自体が珍しいので、多くの人は、いい仕事があれば一生懸命にその会社に集中して、仕事をうまくやり抜いて昇進し、かつ解雇されないようにするためにすべての努力を注ぎたいと望んでいる。

一方、日本では「総合職兼業」は逆の問題に対する解決策だと仮定したい。つまり終身雇用制度は、骨抜きにされ、硬直化し、コストも高くなってしまった。多くの会社にも社員にも魅力を感じなくなっていた。だからこそ、「総合職兼業」は、大企業が終身雇用の良いところを守りつつ、コストや硬直性を軽減するための非常に重要な「いいとこどり」ツールになると思われる。

能力の高い正社員にとって、型にはまった昇進制度や、それによって形成される企業の階層は大いにやる気を失わせるものだ。だが会社を辞めて自分のベンチャー企業を立ち上げたり、スタートアップで働いて新しいイノベーションを探求したりするのは、あまりにも困難が多く、リスクが高過ぎる。ここで総合職兼業を認めることは、能力の高い人を、様々な異なる企業につなげることに役立つ。スタートアップに参画したり、起業したりすれば、総合職兼業は日本型のイノベーション・エコシステムのカギとなるに違いない。

●海外から見れば羨ましい「終身雇用」のジレンマ

多くの海外の経営者や労働者は、終身雇用がある日本人を羨ましく思っている。自分の会社に共感してくれる正社員の忠誠心と献身を称賛する。他の国では信じられないぐらいのチームワーク、仲間意識、知識の共有には、好感を持っている。特に米国人は、自分の給料が（低過ぎると思っていても）公平だから仕方がないと納得している日本人の多さに驚く。

そのため海外から見ると、日本人は正社員としてオン・ザ・ジョブ・トレーニング（ＯＪＴ）で教育してもらう代わりに一生懸命に仕事をしているように見える。ＯＪＴは実際、組織学習と個人の達成感につながるものだ。従業員は人員交代で職を失う心配をする必要がないので、これまでとは違う新しい仕事を引き受けたり、若い社員に自分のノウハウを教えたりできる。これらはすべて、良い職場環境に見られる素晴らしい特徴といえる。

だがいうまでもなく、日本人の多くはもはやそのようには考えていない。時間がたつにつれ、システムがあまりにも硬直で、縛りが強くなったと感じている。会社側から見れば、自己資本利益率（ＲＯＥ）や収益性が重要視されている現在、終身雇用はコストがかかり過ぎる。不況時における機動的なスピンアウトや閉鎖が困難になるので、終身雇用が選択肢を狭めているともいえる。

そうしてその場しのぎを繰り返すうち、時がたつにつれ会社が頭でっかちになり、老朽化し、高コスト構造になった。また経営サイドから見たもう一つのコスト要因は、いわゆる「採用ミス」、つまり、会社のやり方に合わない人を採用してしまうことだ。このような「採用ミス」を恐れ、人事部は就活のときに非常にリスクを回避するあまり無難な人を採用する傾向があり、多くの会社にとって、多様性や新しいアイデアを取り入れるうえでの制約となっている。

正社員の視点から見ても、終身雇用はあまりにも硬直化してしまった。抜擢などで一足飛びに昇進すると、若い社員は逆に年長の部下の機嫌を取らなければならなくなり、イノベーションや変化が妨げられる。

迅速に個別のキャリアパスを構築することは不可能だ。時間の経過とともに社員には職場が極めて窮屈に感じられるようになり、何も新しいことをさせようとしない会社に恨みが募っていくことさえもある。経営陣の力が弱い会社では自己満足に陥り、明らかに非効率になる。最悪の場合、選択肢や流動性の乏しさから非効率的で愚かとさえいえるような、固定化された長年のルーティンワークを変えることができないまま、時が過ぎていく。

ジレンマ解決策としての「総合職兼業」

とはいえ雇用主として大企業の立場から見ると、新しく兼業制度を設けることには課題が多い。総合職の正社員が兼業すると、その仕組みはどういったものになるのか。給与、年金、保険などはどうなるのか。人事の問題だけでなく、知的財産権の保護はどうすべきか。また、そのような仕事に就いている人を、既存の組織の階層にどのように組み込むことができるのか。このような問題を構造的に解決する方法は、まだ不明だ。

このような課題があるにもかかわらず、新制度がスタートした2018年、日本の大企業の多くが副業・兼業を積極的に採用した。理由は、終身雇用のジレンマに対して、以下の二つの大きな解決策が用意されているからである。

第1に、優秀な人材を採用する呼び水とできるためである。総合職兼業の可能性を提供することは、会社が個々の社員のキャリアプランに柔軟に対応する意思があることの表れである。労働力不足の時代に最高のプレーヤーを採用するために、キャリアプランの柔軟性をアピールすることは非常に重要だ。

第2に、総合職兼業では、安定した正社員に起業家精神を持ってもらうことで、オープンイノベーションを支援することができる。エリート的な社員が別の会社で働きながら、そこで得た新しい経験やワークスタイルを自社に持ち込み、職場に新風を吹き込むことにつながる。

パナソニックは2018年に「武者修行」制度を立ち上げ、その後2年間で10人の応募者を承認した。村田製作所も2020年に同様の制度を導入し、AIを搭載したロボットのベンチャー企業に複数の社員が参加できるようにした。NTTや大阪ガスなども同様の制度を開始し、優秀な社員を新しいDX技術に触れさせようしている。

さらに会社にとってはもう一つのメリットがある、つまり、上層部だけでなく、現場の労働者の流動性が高まる可能性だ。正社員が会社に満足できなくなる「採用ミス」を解決できる新しい方法が生まれるのだ。不満を抱えた正社員が、現在の仕事から完全に離脱せずに、新しい仕事を試せる状況を想像してみてほしい。「総合職兼業」はまさにそのような状況ではないだろうか？

正社員は、他の企業で働いて、そこが自分に合うかどうかを確認できる。合うようであれば転職して、そうでなければ、元の会社に戻ることができる。つまり兼業制度は、中途採用の就職活動のリスクを軽減し、中途転職活動の潤滑油となる。それは、不満を抱えた社員の積もりに積もった精神的な緊張を生産的に解き放つ、明るい出口ともなる。

「総合職兼業」のシステムはまだ発展途上であることは認めざるを得ない。米国の組織論学者が言うように、これからもずっと小さいままかもしれない。また採用ミスの「転職支援」機能を利用している企業の話は、寡聞にして知らない。だがたとえまだ規模が小さいままであっても、重要な制度だと思う。

日本型のイノベーション・エコシステム

また私は「総合職兼業」の二つ目の側面として、シリコンバレー・モデルよりも日本の社会に適したイノベーション・エコシステムの構築に役立つ可能性がある仮説を提供したい。シリコンバレー・モデルよりリスクが低くて、より安定した起業のエコシステムが構築される可能性があると思われる。また、「大企業病」の克服につながる可能性もある。

よく知られているように、日本の伝統的な産業システムは、自前主義が基本で、大企業の自給自足で成り立っていた。大企業の研究所の多くは、いまだに「NIH症候群」(つまり、not invented here、「社内で展開しないものはよくない」という考え方)が根強い。会社のアイデアが劣っていることを見抜いた頭のいい社員は、別の企業に引き抜かれていく。

また、ベンチャー企業が破壊的なイノベーションを起こしても、買い手を見つけるのに苦労する。悪いことに、大企業に資本と組織の力でアイデアを収奪されたり、巧妙にコピーされたりすることも頻繁にあった。

そして日本社会では、古来、「安全第一」が重視されてきた。たとえ発明家のサラリーマンが新しいアイデアを思いついても、起業はリスクが高過ぎるものと社会的に考えられてきたため、正社員であれば会社にとどまってきた。

日本人の多くは大企業を重視している。起業家をよく理解していない。起業家の大胆さを称賛するどころか、きっと過去に何か失敗したのだろうと見なす。しばしば、「正社員の仕事に就けるほどの実力がないのだろう」と論評される。そのような社会風土の中にあっては自尊心や気概も損なわれるし、スタートアップで失敗すると、やり直しがきかない。

この障壁を解決する一つの方法は、失敗のペナルティーをなくすことだ。ある会社の優秀な人が、すべてを失う心配をすることなく、外に出て会社を興すことができたらどうだろう。雇用が保証されたイノベーション・エコシステムが存在するとしたら？　私の仮説では、「総合職兼業」こそ、このようなスタートアップ・システムのカギなのである。

副業解禁で先行しているリクルートやディー・エヌ・エー（DeNA）などには、既に柔軟性が高い制度がある。優秀な人材が数年後に独立して起業することを認めている（あるいは期待している）からこそ、優秀な人材が集まるのだ。しかしここで重要なのは、その社員をOBとして処遇することで、自社の軌道内に留めておくことだ。これらの企業には「中途卒業生」向けのウェブサイトがあり、多くの交流がある。

これにより、双方が利益を得る〝ウィン・ウィン〟の状況が生まれる。成功すれば、母体会社は初期投資家、買収者、取引先になることで利益を得る。中途退職者が失敗しても、経験と新しいアイデアを持っているので、つながりが保たれていれば喜んで迎え入れられる。若い正社員は、戻ってこられる可能性があるため、積極的に外に出て冒険しにくい。

終身雇用制度は救われるのか？

終身雇用制の良さ維持する柔軟な試み

近年、日本の労働市場の動きについて「日本のKAISHAの終わり」だとする意見もある。例えば2019年5月、日本自動車工業会の当時の豊田章男会長（当時はトヨタ自動車社長）は次のように述べていた。「雇用を続ける企業などへのインセンティブがもう少し出てこないと、なかなか終身雇用を守っていくのは難しい局面に入ってきた」

優秀な人材が自在に転職できるようになれば、大企業が終身雇用を社員に保証することは事実上、不可能になる。しかしながら、終身雇用を完全に廃止することは、誰にとっても好ましいことではないのも事実だろう。政府も、企業も、そして多くの従業員にも、終身雇用制度は優れた面がある。社会的には、制度の利点を維持し、保護したほうが得策だろう。雇用の安定、社会の結束、平等な社会、これらはすべて、日本の多くの人々が終身雇用の長所として高く評価している特徴だからだ。

このように考えると、「総合職兼業」は、終身雇用制度の硬直的な側面を減らしながらも、終身雇用ならではの良さを維持しようとする試みであると考えられる。より多くの柔軟性を認め、イノベーションの担い手となり得るエリート人材だけでなく、不満を抱えた社員も、安定した身分を維持しながらより流動的な市場を活用できることで、終身雇用の主な利点を守ることができるのではないだろうか。

KAISHA再興、「DX＋高齢化」同時到来は「ステキなタイミング」

日本は今、二つのディスラプション（破壊）に直面している。一つは高齢化・縮小社会、もう一つはデジタルトランスフォーメーション（DX）である。これらは、しばしば二つの別々の危険で有害な脅威とみなされてきた。DXは、プライバシー保護、格差解消、雇用の安定性などに対する脅威とみなされ、人々を不安にさせる。多くの人が、ロボットに支配される未来に思いを巡らせている。

DXを進めるためには、新たなスキルの習得のためにトレーニング、教育などを受けることも必要になる。企業にとっては、ビッグデータ、クラウド、IoT（モノのインターネット）、スマートシティなどの新技術をめぐる競争、とりわけ中国や米国を相手にしたグローバルな競争の中で、いかにして生き残っていくかが目下の関心事だ。

一方、高齢化社会では、人口減少のほか、労働力不足や生産性の低下が懸念される。若者よりも高齢者のほうが多くなっていく中で、年金制度はもつのだろうか？　将来の政府の財政状況はどうなるのか？　誰が高齢者の面倒を見るのか、地方はどうなるのか。

なぜ「ステキなタイミング」なのか？

私はここで、現在の日本で「ＫＡＩＳＨＡ再興」を実現するために、少しユニークな提案をしたい。日本は、高齢化で世界の先頭を走っている国という点で、極めてユニークな立場にある。高齢化に伴う労働人口の減少が、他の先進工業国よりも早く起こっている。この人口変化が、ＤＸと全く同じタイミングで到来したことは、日本にとって、まさに「ステキなタイミング」である。

それは、二つの脅威を別々のものとして捉えるのではなく、一方がもう一方の問題を解決するのに役立つ機会と考え、両方の強みを生かす、ということである。

二つのマイナスが掛け合わさって、一つのプラスになる。つまり、日本がこの「ステキなタイミング」をつかむことができれば、二つの同時多発的なショックが、社会の転換点にちょうど訪れたことになるのだ。

つまり、それぞれがそれぞれに、互いの問題を解決する力があるということだ。まず、高齢化と共に縮小していく社会の不安は、ＤＸで解決できる。

ロボットというと高齢者の家事代行というイメージがよく語られるが、ここでは違う視点の話をしたい。DXはロボットヘルパーよりも、もっと根本的な解決をもたらすからだ。DXは、後継者不足の問題を自動化によって解決し得る。というのも、自動化が生産性と効率を高めることから、人口減による生産性の減少をかなりカバーできるからである。

同時に高齢化は、DXの「脅威」をいくぶん軽減する。日本で労働力不足が進み、ちょうど自動化が必要なタイミングに、DXが「インダストリー4・0」や「デジタル・モノづくり」で生まれた新しい技術を現場に提供してくれる。この状況であれば、ロボットに対する恐怖心がいや応なしに取り除かれる。

日本中で、高齢化社会のため生じた労働力などの空白をDXが補うことになる。社会に余計な混乱や負担をかけずに、日本全体がより効率的で新しいビジネスのやり方に移行することができるのである。

では日本は本当に、この「ステキなタイミング」をものにして目いっぱい恩恵を受けることができるのだろうか？　実は日本には三つの「ステキ」が訪れている。そして、日本がこの「ステキ」から利益を得るために、何を起こさなければいけないのかを考えてみよう。

例１：日本の伝統的な卸売業界

読者もご存じのように、日本の卸売・小売業は、最新技術を駆使した超効率的なセグメントと、非常に伝統的なセグメントの二つに、極端に分かれている。伝統的なセグメントは今やかなり時代遅れになってしまった。

日本は以前から、先進工業国の中で人口１人当たりの卸売業者や小売業者の数が最も多い国だった。20世紀の高度成長期には、このシステムは日本にとってよく機能していた。しかし、現代の技術水準に合わなくなり、非効率になってしまった。ブロックチェーン（分散型台帳）技術やドローン配送などのＤＸによる新しい仕組みが整うにつれ、世界中で、物流や卸売の労働力のかなりの部分が置き換えられることになるだろう。世界では、このことは雇用にとって大きな課題を生み出すことになるだろう。

しかしよく知られているように、日本の小規模な卸売業者は従業員が10人以下であることが普通で、社長の平均年齢は65歳を超えている。古い組織なので、小規模な卸売業界全体が非効率なままである。現状のままでは将来の繁栄は見込めない。実際、後継者として頼みの綱である社長の子供たちも、より良い給料の仕事を見つけて次々と会社を去ってしまい、深刻な後継者不足に直面している。

だがブロックチェーンとAI（人工知能）を活用した自動化・自律化された配送システムが日本に上陸しつつあるタイミングが、伝統的な卸売業が構造改革の必要性に迫られて深刻な人手不足に直面しているタイミングと重なっているのは、まさに変革の「ステキなタイミング」、と言えるのではないだろうか。

例2：垂直農業の拡大

日本の農業の人口動態は、卸売業と似ている。農家の平均年齢は68歳だ。しかも、日本の平均的な農場は1・43ヘクタール（北海道を除くと1・03ヘクタール）と極めて小さい。日本の商業農場は平均3ヘクタールだ。これは、EU（欧州連合）の商業農場の20％、米国の1・6％、オーストラリアの0・06％に相当する。

農業は、日本にとって重要な産業だ。しかし、卸売と同じように農家も後継者問題に直面している。今後、日本がどのようにして農業を維持していくかは不透明だ。

だがここでもまた、DXが解決策をもたらしてくれる。それは垂直農法（VF、バーティカル・ファーミング）と呼ばれる、農学と工学の融合による新しい農業生産システムである。自然の田畑ではなく高層ビルの中で、水、光、熱、肥料などの手入れを完全に自動化して農産物を栽培する。すべてがAIに管理され、レタスをはじめイチゴ、米なども、それぞれに合った条件でより良く育てることができるようになる。

垂直農法は、炭素、農薬、エネルギー、そして水の使用量も少なくて済むので、環境にも優しい。そして、製品の歩留まりが格段に良くなり（廃棄物や病気が少なく、悪天候の影響が少ないため）、品質や味も向上する。

世界における垂直農法の売上高は、２０２０年には既に20億ドル（約２２００億円）を超えており、今後数十年にわたって毎年約25％の成長が見込まれている。欧州が最も急速に成長しているとみられているが、２０２０年にはアジア太平洋地域が世界の売上高の半分以上を占めていた。日本ではスプレッド（ＳＰＲＥＡＤ）社がリーディングカンパニーで、既に垂直農法の先端技術では世界的にも高い競争力がある。

垂直農法の急速な技術進歩と、ＡＩの仕組みやハードウェアの要件は、日本にとって唯一無二のチャンスを提示している。そのメリットは、農業を都市部に移せることだけではない。農業という仕事を、新しくて魅力的なハイテクの仕事に生まれ変わらせることができるのだ。若い人たちは現在、急成長が期待でき、高給で面白い仕事に就くチャンスがあるＡＩ関連の業界への就職に注目している。ＤＸは農業をそのような最先端の仕事にしていくのだ。

例3：テレワークと地域創生

在宅勤務は引き続き、世間の関心が高い話題である。だが、テレワークもDXの一部であることを忘れてはならない。テレワークは、コミュニケーション、IT（情報技術）インフラ、そしてオンライン会議システムZoomやオンラインチャットのSlackなどのデスクトップツールから、後方のサイバーセキュリティー対策まで、多くのアプリケーションの技術進歩によって実現している。

2020年2月ごろからコロナ禍に見舞われたとき、日本の政府や多くの企業には、まだ備えがなかった。例えば、多くの企業ではVPN（仮想専用通信網）が不足し、テレワークが不可能になった。また、印鑑の必要性から稟議《りんぎ》のあり方まで、人と人とのやり取りが必要な場面が多すぎた。しかし、コロナ禍が、こうした部分のDXを大きく加速させた。DXが、オフィスの風景を様変わりさせたのである。

言うまでもなく、テレワークを通じ、DXは日本の地域創生にも貢献している。そして地域創生が必要なのは、高齢化という社会課題があったからだ。ここでもDXはまさに「ステキなタイミング」に登場した、というわけだ。

ステキなタイミングを〝つかむ〟には何が必要か？

おそらくこれが最も難しい問題なのではないだろうか。私の外国人経営学者としての立場から見ると、このタイミングをうまく利用するためには、色々な障壁が考えられる。ここで、私なりにリストアップしてみよう。

1. 日本は変化が遅すぎるため、「ステキなタイミング」を逃してしまう可能性がある。規制と古い経営プロセス（例：ハンコ）や、政府や企業がリスクを回避しすぎることが原因かもしれない。

2. 人々（政治家、官僚、管理職、従業員、地域住民、親など）が変化に抵抗する。例えば、強いプライバシー保護のルールを主張する。

3. 会社が雇用や昇進制度の仕組みを変えられない。これは、従業員の抵抗や、積極的なリーダーシップの欠如が原因と考えられる。

4．企業は変革に取り組んでいるが、日本市場に集中しすぎて、DXで可能になるグローバルなビジネス展開の可能性を活用できていない。

5．日本の教育システムが、DXに必要な人材を育成できない。学校であれば、カリキュラムの内容に対する省庁の規制があるほか、教師が授業スタイルを変えることに抵抗がある。大学では、暗記型の学習方法が中心で、応用型の授業が不足している。また、卓越した優秀さを追求する姿勢がない。

6．「2025年の崖」のために、企業は国内のITシステムを変えることばかりに注目している。そのために、DXで競争するうえでは不十分な人材しか残らない。

挙げればきりがないが、疑い深い人たちはきっとこうした批判をするだろう。ある程度正しいかもしれない。しかし私には、どれも乗り越えられない障壁のようには思えない。今の「ステキなタイミング」には、これまでとは違った二つの良い点がある。DXと高齢化社会の合流が、あくまで外生的なショックであることだ。ほかに選択の余地はない。どちらも確実に、絶対に起こる。伝統的産業を支援する政策筋などからの抵抗があったとしても、DXがそれを一掃する。逃れられない変化が必ず起こる。

変化できない会社や業界は消えていく

もう一つは、他の国と比べて、日本は既に先行して準備を進めているということだ。日本は先進国の中でいち早くデジタル庁を立ち上げた。政府のデジタル化は遅れているが、逃れられないからこそ、これほど早く動いたのだと言っていい。

日本はそもそも、DXという略語が一気に広まった国だ。日本の主要大学の中には、カリキュラムだけでなく、研究のインセンティブ制度についても大幅な改革を計画しているところがある。また、日本の大手企業は、戦略策定、就業規則やカルチャー、人事制度などを大きく変えようとしているように見える。

もちろんDXは、それなりに「犠牲者」を出すに違いない。遅すぎたり、変化に適応できなかったりする会社は、おそらく姿を消していく。しかし、日本の労働力不足や労働生産性の低迷を考えると、企業のあり方を再構築すること自体が、新しい日本再興への解決策の一つになるのではないだろうか。様々な障壁を乗り越えてこの「ステキなタイミング」をつかむことができた会社は、それを再興のためのレバーとして使うことができるのである。

注

1　国別データについては農林水産省「農業労働力に関する統計」や「数字で見る日本の農業：第1回　農業生産力強化が急務　進む耕地の減少、従事者の高齢化」JA.com（2020年4月23日付）のサイトを参照してほしい。
https://www.maff.go.jp/j/tokei/sihyo/data/08.html
https://www.jacom.or.jp/nousei/news/2020/04/200423-44040.php

第9章 資本主義の再構築と企業経営者

第19講 ミンツバーグ教授の資本主義論

ヘンリー・ミンツバーグ *Henry Mintzberg*
カナダ・マギル大学デソーテル経営大学院教授

さて、本書のトリはカナダ・マギル大学のヘンリー・ミンツバーグ教授である。以前から、数理的な分析に走るMBA（経営学修士）に対して辛辣で、実践的な教育こそ大事だというポリシーを貫いてきた。近年は、米国の金融業界の暴走などをきっかけに資本主義を憂う発言が増え、資本主義をテーマにした著書も書いている。日本を「バランスのよい社会」だと見ており、大変な親日家である。本講ではリーダーや管理職の心構えといったビジネスパーソンへの具体的なアドバイスのほか、移ろいゆく資本主義社会の中で日本人の我々が見落としがちな「三方よし」の精神の重要性を、力強く訴えかける。

第19講　ミンツバーグ教授の資本主義論

資本主義が勝ったのではない、バランスが勝利した

ヘンリー・ミンツバーグ　*Henry Mintzberg*　カナダ・マギル大学デソーテル経営大学院教授

1939年生まれ。61年カナダのマギル大学卒業、68年米マサチューセッツ工科大学経営大学院で博士号取得（Ph.D.）。組織戦略論の大家。『戦略サファリ』（東洋経済新報社）、『MBAが会社を滅ぼす』（日経BP）などの著書があり、近年は資本主義に対する考察を続けている。英ランカスター大学、カナダ・マギル大学、ブラジル・FGVスクール、インド・バンガロール経営大学と横浜国立大学で、各国の管理職が相互に交流する共通プログラムを始めた。（写真＝村田和聡）

▼講義の前に――反骨精神に富む組織戦略論の権威の横顔

カナダ・マギル大学デソーテル経営大学院のヘンリー・ミンツバーグ教授は言わずと知れた、組織戦略論の世界的権威である。突発的な出来事に対応し学びながら組織を動かし、事業戦略を実行していく、走りながら考える「創発的戦略」の概念を提唱。分析的なフレームワークによる戦略論の大家、マイケル・ポーター教授（第3講参照）に真正面か

ら挑んだ。経営学のテキスト『戦略サファリ』(共著、東洋経済新報社)や、『MBAが会社を滅ぼす　マネジャーの正しい育て方』(日経BP)などの著作で日本でもよく知られている。

そんなミンツバーグ教授は、数理分析重視のMBA(経営学修士)を「役に立たない」と一蹴する。人間的な経営を重視しており、企業の管理職には現場を知り、自ら関わるようにと説く。カナダに暮らし、カナダの自然やアウトドアレジャーを愛する自由人。ビーバーが木をかじったかけらを「ビーバーの彫刻作品」と呼んで収集するのが趣味である。

ミンツバーグ教授が語る言葉は直截《ちょくせつ》だ。ロジカルな優等生タイプが多い米国の研究者であればあまり見られない、のびのびとした、ときに文学的ですらある言葉の選び方には、激しい反骨精神がみなぎる。行き過ぎた株主至上主義の蔓延に対する深い憤りが感じられた。そうした率直な姿勢がまた、ミンツバーグ教授の大きな魅力であるように思う。

ミンツバーグ教授と長年親交がある中央大学国際経営学部特任教授のダニエル・ヘラー氏は「日本にファンが多いピーター・ドラッカーは話が分かりやすいし、実務に役に立つので人気がある。ミンツバーグ教授も話の中に実務で使えるヒントがたくさん入っている点でよく似ており、ドラッカーの次世代にあたる大物」と話す。

ミンツバーグ教授は、ポピュリズムが席巻する世界はバランスを欠くと警鐘を鳴らす。

本講前半は『日経ビジネス』の東昌樹編集長（当時）が聞き手で、Q&A形式である。その内容は、同誌2019年7月22日号の「編集長インタビュー」に収録されたが、本講は、取材に同席した筆者が、雑誌には未収録の部分などを含めてまとめた。また文庫版出版にあたり後半は、2021年に筆者がプログラムエディターを務めて開催した3日間の大規模ウェビナー「資本主義の再構築とイノベーション再興」に登壇いただいたときの講演録から構成した。

ミンツバーグ教授とつないでくださったコンサルタントの横田伊左男氏、そして横田氏の母校である横浜国立大学で、当時経営学部長だった谷地弘安教授にも深くお礼を申し上げる。また、後半記事で司会を務めたのは磯貝高行・日経ビジネス編集長、元原稿をまとめてくれたのは、同僚の藤原明穂記者である。

国家・資本主義・企業の行方を展望する

5回以上、来日した親日家と聞いています。昨今の日本をどう見ていますか。

「日本は健全な社会です。人々は礼儀正しくて親切。街は清潔で食事も素晴らしい。そして風光明媚。『失われた20年』がしばしば話題になりますが、そうは見えない。日本は全体としてよく機能している国だと思います。

私は『バランスのとれた社会』という考えを最近よく話します。世界はどんどんバランスが悪くなっている。すべてがバラバラでインフラもズタズタな国もある。日本は違います。社会は機能し、極端な貧困もなく、失業者もそれほど多くない。人々は熱意がある。

米国を見てください。何も失っていませんが、国としてバラバラになりつつある。現在の米国で失われたのが、まさにバランスです。

米国はなぜバランスが悪くなったのでしょうか。

1989年に共産党政権が崩壊したのは、資本主義が勝利したからではない。資本主義が勝ったのではなく、バランスが勝ったのです。

米国の問題の本質は、共産党政権と同じ

1989年以前は、米国もバランスのとれた国でした。東欧はとりわけ政府セクター側に偏っていました。今や米国は民間セクターに偏り過ぎていて、問題の本質は（当時の東欧と）同じです。

セクターは違うけれども、同じ問題を抱えているのです。米国ではかつて、リンドン・ジョンソン大統領がつくった福祉施策がたくさんありました。1960年代は税金が高かったものの、1989年までは経済的・民主的に成長していました。

1989年を迎え、資本主義が勝ったという勘違いが起こり、それからは資本主義が勝ったことになっています。東欧でかつて共産主義が勝ったとされたのと同様、米国でも資本主義が勝ったとされ、国家を破壊したのです。資本主義が悪いわけではないのです。市場においては資本主義は素晴らしいのです。

椅子は1本の脚では座れません。3、4本必要です。1本では椅子になりません。

国家も、一つのセクターだけでは成り立ち得ないのです。政府セクターだけでは駄目なのに、共産主義は民間セクター、資本主義を活用しなかった。そして第3のセクターにも頼らなかった。重要なのに、無視しています。第3のセクターとは『多元セクター』です。市民社会が多元セクターです。社会全般、共同体とでも言いましょうか。1本脚の椅子には座れない。2本脚の椅子にも座れない。左翼だけでも右翼だけでも駄目で、英仏のように左右行ったり来たりしている国もあります。

多くの国は右往左往しているけれども、これは良くない。(国家には)3本の脚が必要なのです」

政府・民間・多元の各セクターのバランスが問題

バランスの取れた国とは、どのような国ですか。

「多元セクターは、生活協同組合のように会員に所有されているか、あるいは誰にも所有されていないような組織です。グリーンピースは所有者がいません。慶応義塾大学も個人に所有されてはいませんね。

政府にも民間セクターにも所有されていません。信託されています。そうした組織や社会活動をまとめ上げたものが多元セクターです。ブラジルでは、(ジャイル・)ボルソナロ(大統領)に抗議している人々が多元セクターで、共同体による抗議です。

多元社会は巨大です。米国では、協同組合による会員制組織は人口より増えています。

3億5000万人の会員がいます。そしてそれらは曖昧で、人々がそのセクターに気づかないままに、巨大化しています。

とてもバランスの取れた国もあります。スカンディナビアのデンマークやスウェーデン、そしてカナダ、ニュージーランド、ドイツはその例だと思います。

自由民主主義をまだ信じている国もあります。英米が代表的です。しかし、『自由』と『民主』には『コンマ』が必要です。つまり、自由で、かつ民主的である。自由民主主義では決してない。

自由民主主義は違うものになってしまった――。打ち寄せる自由民主主義の波は、すべてのボートを乗せてきました。だがもう、それはない。豪華なヨット、巨大なヨットだけが波に乗り、小さなボートは取り残されます。

英米のような国は、自由民主主義です。不自由な民主主義の国もあります。ハンガリーの首相は自国を『非自由民主主義』と呼びます。ますますそうなっています。

中国やサウジアラビアのような独裁政権もあります。多くの国が、バランスが悪く、全く民主的ではありません。

日本はどこにいるでしょうか。今回来日した理由の一つは、それを確かめたかったからです。自由民主主義なのだろうか、バランスがとれているのだろうか、など。

2年前、デンマークのコペンハーゲンで多くの管理職とワークショップをしました。日本人が5人いました。

そこで、先ほど話した政府・民間・多元という考え方を披露して、日本はどうかと尋ねました。日本人たちの答えは、『あまり多元的ではない』。

しかしそれから、政府セクターが多元であるし、民間セクターも多元だと言うのです。企業が共同体であると。すべてではないが、例えばトヨタ自動車がそうだと。多元セクターが生きているのです。

今回来日して、とてもバランスのとれた場所だと思いました。物事がうまく回り、人々は熱意がある。うまくいっている。

そして、仮説なのですが、個人主義への妄執がないことが、恐らく答えなのではないかと思いました。西欧、とりわけ米国と英国では、かなり行き過ぎています。過度に個人主義的になっています。日本の場合、過度に非個人主義的というのではなく、バランスをとることに執念を燃やしています。バランスのとれた社会では、自己、社会、そして共同体のニーズの均衡が保たれるのです。

民間、政府、そして多元セクター。自己が民間で、国家が政府で、共同体が多元です。日本は、個人主義の追求に英米ほど過度に執念を燃やしていないので、バランスがとれているのでしょう」

米国人の寿命は短くなっている

米国は今後、どうなっていくのでしょうか。

「寿命がそれを見極める一つの指標ですね。日本では寿命が延びていますが、米国では寿命が短くなっているのですよ。高卒の子供たちの人生は、米国では下り坂です。ドナルド・トランプ大統領の選出や、英国の欧州連合（EU）離脱（ブレグジット）をごらんなさい。国民は怒り、どうしてよいか分からず、ただやみくもに（与党に）反対した。

米国では既得権益層への反対票として、トランプ氏に投票しました。英国ではEU（欧州連合）やグローバル化への反対票として、ブレグジットに賛成しました。自分で自分の首を絞めているだけなのに、それで問題が解決すると考えている。

米国の重要指標は下落しています。刑務所入所者は多く肥満も蔓延しています。国家が崩壊しつつある。もちろんきちんとした賢い米国人もたくさんいます。しかし国民の40％はトランプ氏を支持している（当時）。

ドイツ人の13％が極右を支持し、欧米は懸念しました。しかし、13％は世界でも最低の比率です。カナダでもし極右政党があれば、きっと20％ぐらいになるでしょう。ドイツだからたったの13％なのです。米国では、それほど極端な右ではなくとも、人口の40％がトランプ氏を支持している。これが恐ろしい」

ファシズムと改革の二択しかない

どのような思想の国家を目指すべきでしょうか？

「衝撃的に聞こえるかもしれませんが、我々の選択はファシズムか改革かの二択です。

どちらも多元セクターの運動に当たります。ファシズムは共産主義に根差し、埋め込まれています。国家的になっても、地域の組織に根づいています。米国の右翼グループのほとんどが、地域の市民団体です。

多元セクターは必ずしも前向きなことばかりではなく、とても悪い方向にも進み得るのです。ベネズエラを見れば分かりますが、他にも似たことがトルコやハンガリー、フィリピンで起こっています。

民主主義の危機です。選ばれた独裁者という。選挙で選ばれたものの極めて危険で、彼らが民主主義に反旗を翻すのも容易です。民主主義と全く逆の方向に進んでいる。止めないと、大変なことになります。米国に何とかさせることはもうできません。ハンガリーやベネズエラほど極端ではないにしろ、米国自体が問題の一部だからです。

改革も多元セクターの運動ですが、16世紀の共同体を基盤にスタートしたものです。はじけるように始まりました。

宗教改革では、ドイツの神学者マルティン・ルターがウィッテンベルクの教会のドアに『95の論題』をくぎを打って掲出し、まもなくカトリック教会の腐敗に反旗を翻す一大ムーブメントが起こったのです。現代は人々が、極端ではなくとも、自由で社会的になり、何かしたいという心構えができていると思います。

『もうたくさんだ、もうこりごり』と突然宣言するため、ルターがしたように95の論題を掲げる必要はない。しかし、何らかのモデルや枠組みが必要ですね。米国の民主主義は200年間モデルでしたが、もはやそうではなくなりました。米国型民主主義の何が問題なのか、我々は分かっています。米国とは違うモデルが必要なのです。デンマークなのか、スウェーデンなのか、あるいはニュージーランド、はたまた日本か。バランスのとれた国家が手本です」

ベゾスもザッカーバーグもMBAではない

過去には『MBAが会社を滅ぼす』という書籍も書かれています。MBA(経営学修士)をどうご覧になりますか?

「1980年代まで元気だった日本企業の異才や、米国企業の異才を見ると、みな起業家的です。本田宗一郎氏や、松下幸之助氏は、偉大な冒険的起業家でした。米国で現在素晴らしい企業はどこでしょうか。ゴールドマン・サックスではないし、GMでもない。米国の偉大な企業は、アマゾン・ドット・コムやアルファベット(グーグルの親会社）、フェイスブック（現メタ）ではないでしょうか。そうした企業が米国に今日の発展をもたらしました。

戦後の日本に現れた、異能のビジネスパーソンと同じです。世代が変わり、キヤノンがまだそのポジションを維持しています。トヨタ自動車はしばらく低迷していましたし、エコノミストたちからの評価もひどかった。ですが、トヨタ自動車はここ数年で創業家に経営が戻り、同族企業に立ち返り復活しました。

私はMBAがあまり好きでないのです。経営を破壊すると思います。MBA教育は金融やマーケティングには向いていますが、マネジメントには向いていません。何しろ、MBAでは経営者教育を現実とつながりのない、冷たいやり方で訓練します。

アマゾン創業者のジェフ・ベゾス氏のような素晴らしい経営者には、MBAなどありません。フェイスブック創業者のマーク・ザッカーバーグ氏は、米ハーバード大学を中退しました。グーグルの創業者もMBAで学んだわけではない。本田宗一郎氏も彼のパートナーも、MBAではない」

現代の株式市場は最悪の存在

バランスの悪い国のほうが、強い企業を生み出せるのでしょうか。

「興味深い質問ですね。インド最大の企業は今でもタタ財閥だと思います。タタは比較的民主的な国家から、少なくとも中国よりは民主的な国家から生まれました。そして、タタは株式市場ではなく同族の信託によりコントロールされています。数家族による信託です。デンマークではカールスバーグという大企業があります。レゴも、製薬大手のノボノルディスクもデンマークです。

デンマークのほぼ全主要企業が、株式市場にはコントロールされていません。もちろん株式公開はしていますが、信託によってコントロールされています。

議決権は株式市場に左右されないのです。現代の株式市場は最悪です。ひたすらひどい。もし株式市場を停止して変革したら、もっと社会が良くなるのではないでしょうか。短期の、四半期の利益で経営者に高額の報酬を払うという思想は、GMのような会社をたった3カ月で変えろ、というわけです。できるわけがありません。

日本は民主的ですし、バランスのとれた国で、素晴らしい企業もある。ドイツにも強くて素晴らしい企業がありますが、ドイツもバランスのとれた国ですね。フランスは米国よりもっとバランスがとれていて、優れた企業があります。国家のバランスと素晴らしい企業の間の関係については、よく分かりません。

中国のアリババが繁栄していますが、中国はバランスが悪く非民主的だから繁栄しているといえるのかどうか、分かりません。そうであっても、より良い企業を生むため民主主義を犠牲にしたくありません。そんな世界は望みませんね」

CSR（企業の社会的責任）について、どう思われますか。

「（CSRで）本当に変わった会社もあります。『企業の社会的無責任』をなくすことは企業にとって本当の変革です。ただCSR活動は、その『無責任』をあがなえるものではありません。『企業の社会的無責任』は本当にひどいです。

企業の社会的責任という考え方は素晴らしいと思います。広がってほしい。とはいえ、それだけで問題が解決するわけではありません。問題はやはりここでも、バランスの悪さです。何も企業に『我々は最悪だけれど、力を持ちすぎたから、力の一部を政府に戻します』と言ってほしいわけではありません。

そんなことを誰も言う必要はない。多元セクターの人々が、ただ『もうやめてくれ』と言えばいい。銀行の顧客が、『私にきちんと対応してくれる銀行と取引します』と言ってくれればいいだけです。そんな会社が見つかれば、ですが。

日本企業には、ひと味違う信頼感が、存在します。私の愛車はホンダCR-Vです。私のパートナーはホンダのアコードを運転し、娘はホンダのシビックに乗っています。個人的には、ホンダのことは100%信頼しますが、独フォルクスワーゲンは信用しません」

数字だけを見る経営者は間違いをおかす

日本企業は、欧米企業のガバナンスを取り入れ、効率化しようとしています。

「それは大きな間違いですね。大きな間違い。1980年代と同じである必要はない。欧米モデルは失敗したモデルです。労働者に忌み嫌われ、顧客に忌み嫌われている。トヨタ自動車が自分を見失ったのは、世界ナンバーワンになりたくて、数字ばかりを見る人間を社長に据えたからでした。

フォルクスワーゲンも同じ理由で、ディーゼルエンジンをめぐる対応で自分を見失いました。数字だけを見る人間が経営したからです。人や製品、顧客を見ずに、数字だけを見た。数字だけを管理したのです。ひどいことです。破壊的です。

もちろん、きちんとした会社もたくさんあります。確か数年前まで、モントリオールからボストンまで行こうとすると空路で80分かかりました。ギリギリでチケットを買うと、1800ドルもかかります。航空会社が独占しているからです。この値付けは『お客様を大切にしています』という態度ではありません。独占しているから、できるだけお客からお金を巻き上げてやろうという態度です。

これを合法的腐敗と呼ぶのです。犯罪ではないけれど、腐っている。このような振る舞いをどうして信頼できるでしょうか？」

我々には所有が必要

会社を所有するのは誰でしょうか。

「所有というのは、例えば『このシャツは私のだ。あなたのではない』と言える『システム』です。あなたがシャツを持っていないなら、私が貸します。お金がなくてシャツが買えないというなら、差し上げます。どうするかは所有している私の選択です。これはあなたのシャツではなくて私のシャツです。これこそが共産主義が失敗した理由です。個人的な所有という感覚がなかったためです。

つまり、我々には所有が必要なのです。ただし、社会に溶け込む形で。製薬会社が新薬を開発して、すべて自分たちでやったと言ったらどうでしょう。そうではありませんね。研究は、政府の資金によって賄われたのです。製薬のために、好きなように価格を決めることができるという考え方は、殺人に等しいですね。

製薬会社のしていることは殺人の一つと言っていい。彼らの主張はこうです。『独占している会社がある、政府は独占を規制すべきなのに規制を拒んでいる、製薬会社にはあなたの命を救う薬がある、しかしあなたにお金がなければ、おしまいだ』。『政府や保険会社がお金を出さなければ、あるいはあなたにお金がなければ、あなたは死ぬのです』と。

薬を入手できず死んでいく人々

薬のコストは1ドル程度でしょうが、彼らは5万ドルを請求するかもしれない。いや、請求するでしょう。これは一体、どんな社会なのでしょうか。絶対に受け入れがたい。人殺し社会です。(こんなことをするような人々は) 収監されるべきです。それを支持する政治家も投獄されるべきです。患者にとって手ごろな薬価にでき、かつ会社の利益にもなり得る薬が手に入らないために、死んでいくのです。

ところでブラジルには、オズワルドクルズ財団 (Fiocruz) と呼ばれる組織があります。ヘルスケア研究で有名です。黄熱病のワクチンを開発し、広く一般に普及させました。ポリオワクチンを開発したジョナス・ソーク氏は、特許を拒んだ。ソーク氏いわく『私は太陽で特許を取れるか？　このワクチンはすべての人のためのものだ』と。

そして人類はポリオを世界中からほぼ一掃しました。コストに見合い、利益にもなる手ごろな価格だからです。今はどうでしょう。病気を治せる新薬ができても、ものすごくお金持ちな人以外は死んでしまう。なんてひどい話だ、と思いませんか。

製薬会社は、あらゆる言い訳をしますが、それなら、別に製薬会社が新しい薬を開発しなくたっていい。私たちに必要なのは優秀な科学者が新薬を作ることです。ブラジルではオズワルドクルズ財団のために何人かが働いていますが、製薬会社のためには働いていません。(製薬会社は)制御不能なのです。まずは、世の中で何が起こっているのかに気づいてほしいのです。現実に目覚めてほしいと思って発言しています。そして、こうした考え方を本に著して出版し、人々の目覚めを助けるのです。

変わろうと頑張っている人はたくさんいるのです。方向感覚が必要なのです。また、モデルが必要ですが、あります。スカンディナビア半島、ニュージーランド、カナダ、そして日本にモデルがある。日本はより分かりやすい。もちろんどこにでも問題はあります。でも日本人の多くは、少なくともきちんと暮らしている。

民意がそろえば変化はとても速く起きる

また、コペンハーゲンのマクドナルドは時給25ドルです。米国のマクドナルドでは10ドル程度。コペンハーゲンなら、普通に暮らせます。そしてコペンハーゲンのビッグマックはニューヨークより1ドル高いですが、ニューヨークのビッグマックより大きいです。1ドルは、民主国家にとって大金ではありません。しかし米国では人々をどんどん貶《おとし》め続けている。

トランプ大統領（当時）に投票するのも無理はありません。我々にできるのは、15世紀のプロテスタント改革のような改革です。16世紀のドイツのマルティン・ルターの宗教改革が、カトリック教会に激怒して社会を変えたように。ルターが動いたら、変化はとても速かった。ほんの数年で解決しました。

民意がそろえば、事が起きるのはとても速いのです。ルターは既得権者ではなかった。法王ではなかった。つまり変化を起こすのは権力者ではないのです。ルター、あるいは地域の運動が変化を起こすのです。

例えばローザ・パークスは、米アラバマ州モンゴメリーでバスに乗り、公民権運動を起こすきっかけになった女性です。彼女の動きが、変化の始まる矢を放ちました。『時機が来た』と思えば、人は動く。

何が起こっているのかを知りたければ、多元セクターのコミュニティーが起こそうとしていることを見ればいいと思います。私たちは、エリートや首相、大統領に注目します。カナダの首相は良いですが、石油パイプラインに有利になるように動いています。石油が欲しい人が多すぎる票を持っているからです。

リーダーを見ていても先を読むことはできません。足元の動きを察知するのです。

グレタのように。グレタ・トゥーンベリをご存じですね？ スウェーデンの少女です。新聞にも載っていると思います。彼女は学校ストライキをし、議会の正面で気候変動問題に関して抗議をしました。これは変化を起こすための行動だったと言えるでしょう」

日本はどうすべきですか。

「カナダや、スカンディナビア半島の国々や、ドイツといった、ちゃんとした国々と付き合って、そこで『もうたくさんだ』『やめろ』という必要を感じている人たちが集まるのです。世界は地獄に向かっています。それはトランプ大統領に責任があります。そして、あらゆる国々の首相に責任があります。自国民をきちんと守らなければいけません。

そして、世界の中できちんとした国々が集まり、超大国を阻止しなければいけません。米国はロシアや中国と同じぐらい問題があります。独裁政権を止め、何かを始めなければ。これは国の責任です。

想像してみてください。警察のいない弱小政府の街を。ギャングが街を乗っ取るでしょう。それが今の世界です。現在、政府が弱体化し、世界の警察もいない。それが世界で今、起こっていることです。皆が目覚めるまで苦しみ続けることになるでしょう」

マネジャーに必要な52の資質

話は変わりますが、ミンツバーグ教授から見た理想的な管理職像とはどのようなものですか。

『*Simply Managing*』（邦訳は『エッセンシャル版　ミンツバーグ　マネジャー論』、日経ＢＰ）という本を書きました。そこに、優れたマネジャーの資質について書いた章があります。

カナダのトロント大学経営大学院で資質のリストを見つけたのですが、それがとても良いものでした。そのリストいわく、一つには『決断力があること。決断力があり、意思決定できる』。いいと思います。

ただ、リストには七つのポイントがある中で、知性はなかった。知性については書き忘れたようでした。

では聞き上手であることは？ 私は、マネジャーの重要な資質に、聞き上手であることが挙げられると思います。

そこで、私は52項目からなる私のリストをつくりました。優れたマネジャーであろうとしたら、この52項目すべてを持っている必要がある。

ただ、人間的とは言えません。なぜなら人間である以上、マネジャーは誰しも欠点がある。言い換えれば、間違える。重要なのは、欠点があってもそれが仕事の邪魔にならないマネジャーを選ぶということです。したがって強みを見ると同時に、欠点や間違いにも同じぐらい注目すべきです。

一方、リストの項目はどれも気を付けなければいけません。

例えば、（第43代米国大統領の）ジョージ・ブッシュは決断力があったがゆえにイラクに侵攻しましたが、それは良いマネジメントだったでしょうか。本の52項目をざっと見れば、その一つに「背が高い」というのがあります。これはエビデンスに基づくものです。シニアマネジャーはいつも、部下より背が高いことが多い。１９２０年代の米ハーバード大学の研究で、教育長は校長より背が高かったということです。司教は僧侶より背が高かった。

私自身も、ある世界的なホテルチェーンの社長に会ったのですが、彼は人が好きで、誰にでも話しかける人だった。これは起業家には向いた資質です。このように、多くの特徴があります」

マネジャーには何が必要ですか。情熱ですか。

「その通りです。リストにもあります。特に好きな項目はイタリック体にしています。情熱を表現したのです。

全部持っていたら、それはもう人間ではありません（笑）。

そして履行能力、賢さ、創造的である必要はないものの創造性をすぐ見抜く力、エネルギー。怠惰なマネジャーはあまりいないですね。

すべて重要ですが、10～15の項目は特に気に入っています。しかし、仲間がいなくては何もできません。人が嫌いだったら、最悪です。それから当然ながら、事業を熟知していることですね」

MBAを持つCEO19人の悲しい末路

事業への理解とは、つまり経験ですね。MBAでは得られませんか。

「MBAではエビデンス（科学的根拠）は得られますが、経験は得られません。

1990年代、ハーバード大学が、ハーバード卒で最も有名な19人の米国人CEO（最高経営責任者）のリストを出版しました。2000年に改めてリストを見ると、多くのCEOが衝撃的ともいえる失敗をしていました。複数の航空会社を倒産させたロレンツォ（フランク・ロレンツォ氏：ハーバード経営大学院を経て、1970～80年代にテキサス・エアなどを経営）のように。

19人のCEOのうち、成功は5人。取締役を解任されたり、合併に失敗したり、倒産したり……。1990年のハーバード卒のトップ層19人のうち、10人が失敗していたのです。4人はやや判断が難しく、5人は成功。19人のうち、成功はたったの5人です。後のMBAによる継続調査で、ハーバードだけでなく、すべてのMBAホルダーのCEOについて調べたものもありました。彼らはMBAのないCEOと比べてうまく経営できていないのに、MBAがないCEOより高い給料をもらっていました。

私の著作にも書いていますのでぜひ読んでください。ブログも書きました。タイトルは「*MBAs as CEOs: Some troubling evidence*」ですので、検索していただければ読めます」

プロ経営者を雇うことは、経営の役に立ちますか。

「うまくいくときもあります。素早い変化が必要なときなど。事業に熟知する必要があります。健全で強い組織には合わない。もちろん、例外はありますが。経営は、実践が大事で『専門職』ではないのです。技であり科学。少しの科学と豊かな創造性、経験が必要です。

科学はエビデンス（証拠）ですが、（経営ではエビデンスは）多くはない。医療は専門知です。科学的なことが多いから。しかしマネジメントはそうではない」

企業の新陳代謝が社会には必要

管理職は何に喜びを見いだすべきですか。

「素晴らしい製品、素晴らしいサービス、熱心な従業員。強い（企業）文化です。1980年代の日本にはあった。しかし創業者が去ったら――ホンダの創業者が亡くなり、パナソニックの創業者が去ったら――それが失われた20年のターニングポイントになって、起業家精神が不十分になったのだという仮説があります。

この仮説を受け入れますか？　米国は、スターバックスやアマゾン、グーグル、フェイスブック、ツイッターが生まれ、失われませんでした。ゼネラル・モーターズ（GM）やゴールドマン・サックス、バンク・オブ・アメリカがあったからではありません。新たな起業家のおかげです。古い企業も必要ですが、新しい企業も必要なのです。だから米国は成功したのだと思っています」

立ちゆかなくなった企業経営は、どのように幕を閉じるべきですか。

「そうですね、企業というものは、病気に例えれば、がんで死ぬより心臓発作で死んだほうがいいと思います。いいかえると、会社が衰退し始めたなら、すぐ破産したほうが資源をリサイクルできる。

人的資源のことだけではないですよ。（資金や製品など）本当のリソースも含みます。クライスラーなどの企業は、倒産し続け、救済され続けました。これはがんです。つまり突然死ではなく、静かな死です。例えば、シアーズが『死ぬ』まで何十年もかかりました。まずは優しくすべきでない、病んだ企業を救済すべきではないということです。政府がやってきて救済するのはよくないですね。市場が機能すべきです。しかし、元気な競合が現れるのが一番です。猛烈なプレッシャーになりますから。企業が年を重ねると、だんだんゲームに興じ始めます。独占的に振る舞い、市場での力を悪い方向に使ってしまう。これはやめさせるべきです」

良いリーダーであるための条件

良いCEOはどうあるべきですか。

「良いマネジャーはいかにしてつくられるか。スティーブ・ジョブズは、どの経営者もしなかったようなすべてのことを自分でやりました。スティーブ・ジョブズは毎朝、ラボで製品を開発していました。本来、CEO（最高経営責任者）がすべきではありません。しかし、歴史上どのCEOよりも多くの株主価値を創造したのです。彼がやったことは間違いだらけだったけれど。

これでは、効果的なCEOとはどうあるべきかという問いの答えは、毎朝ラボにこもり製品を開発せよということになりますね。でも、もちろんそんなことはありません。

答えは、企業にとってあなたがしなければいけない、最も重要なことをしなさいということです。アップルに一番必要だったのは、ジョブズが製品開発のマネジメントをサポートすることでしたし、必要とされてもいたのです」

リーダーには、目標だけ掲げて放置する人も多いです。

「駄目ですね。細かいことに関わらなければ。すべての面においてマイクロマネジメントをしろということではありません。ただ、現場に触れ、何が起こっているかを知る必要があるのです。企業を、顧客を、製品を、サービスを、肌で感じること。そうしたことは、ハーバード・ビジネス・スクールでケーススタディを読んでいても成し遂げられません」

働き過ぎの管理職に、メッセージをお願いします。

「そうですね。日本の表現を使いましょう。『急がば回れ』。人々はみな急ぎ過ぎています。もっとペースを落として、気楽にしてください。ジョブズに会ったことはないですが、彼のやり方は衝撃的です。恐らくすごく緊張していたのでしょう、すべてを管理し、すべてを自分でする必要はないのですが。

管理職がまず休まなければ、誰も休めなくなってしまう。それでは人間的な企業とはいえません。管理職になるのは大変です。本当に厳しい仕事です。でも知っていますか。向いていない人にとっては厳しい仕事ですが、向いている人にとっては、たやすい仕事なのです。

病院の理事長で、老年科のチーフをしていた知人を観察したことがあります。彼は、ジキル博士とハイド氏のようでした。理事長として事務的な仕事をしているときは、一心不乱にたばこを吸って、次から次へとコーヒーをお代わりしていた。でも、老年科で内科医として働いているときは、とてもリラックスして、患者の家族に電話して、患者さんの娘さんを名前で呼んで話しかけたりしていました。そのときはとてもリラックスしていましたので、本当はマネジャーであるべきではなかったのでしょう。

活動に一定のペースがあることが好きなら、素晴らしいマネジャーになれます。専門的な仕事がしたい人々です。

もし私が一つのことに秀でていたとしても、とてもマネジャーにはなれません。私は書くのが好きなのです。いろいろアイデアを考えるのが好きなのです。何年も多くのことを管理しましたし、プロジェクトや講座も担当しましたが、私のスキルは物事を考えて、違った角度から眺めてみることにこそあります。

管理の仕事を生まれつきできるような人もいるんですよ……。分からないですけれど、まあ私には向いていません。

こう言わせてください。私は仕事でベストを尽くしますが、それは管理職の仕事にではなく、書くことと、考えることとです。そこではベストを尽くします。

たぶん、管理職もできますが、ベストなのは書くことと考えることなのです。残念なことに、英国では教授でも年を取ると、学部長にならなければいけないのです。ひどいですね。最高の頭脳にマネジメントをさせるなんて。本人が得意でやりたいならいいと思いますが、そうでなければ最高の書き手・最高の研究者には、書かせ、研究させておいたほうがいいでしょうね」

資本主義の再構築への理念

さてここからは文庫版オリジナルとして、2021年11月に筆者が指揮して開催した『日経ビジネスLIVE』の大規模ウェビナー「資本主義の再構築とイノベーション再興」から、モデレーターの磯貝高行・日経ビジネス編集長、共同登壇した中央大学のダニエル・ヘラー特任教授をまじえたやりとりに基づきミンツバーグ教授の発言を再録したい。ポストコロナの資本主義社会に求められる国や企業のリーダー像を議論した。

ここまでのインタビューでミンツバーグ教授は「多元セクター」の重要性を強調していた。その著作や発言でしばしば強調されるのは、日本の近江商人の理念がルーツとされる買い手、売り手、世間の「三方よし」に大変近い価値観だ。欧米で長年主流だった株主至上主義、利益至上主義への対抗的な立ち位置でもある。「世間＝社会」を重んじるという意味では、似た概念であるCSR（企業の社会的責任）やSDGsとも似ている。「多元セクター」の表す主体や考え方についてさらに聞いた。

三つのセクターのバランスがとれてこそ健全な社会は出来上がる

「SDGsはいいターゲットですが、抽象的で、何を意味するのかが不明瞭です。CSRは大変重要ですが、言葉だけでなく実行に移さねば意味がありません。『グリーンウォッシュ』とも呼ばれる虚偽的な行動の場合もあります。対して私が理解する範囲では、『三方よし』は私の考え方と大変よく似ています。私の前世は日本人だったのかもしれません（笑）。

企業は経済的にも、社会的にも重要な役割を果たします。雇用の創出はもちろんのこと、ステークホルダー（利害関係者）と呼ばれる従業員やサプライヤー、顧客などを巻き込んでいるためです。そのため最近では、ステークホルダーの価値観をいかに重視するかが議論されています。

こうした対応が得意な企業のリーダーは、自ら対応に長けたコミュニティーを構築し、維持、サポートする能力を備えた「コミュニティーシップ」を持つべきでしょう。単に『上にいる存在』ではありません。

既に述べたように、健全な社会は、政府、民間、多元（非営利組織など）の三つのセクターのバランスがとれています。特にバランスがとれているのが、北欧諸国、ニユージーランド、カナダ、ドイツ、日本です。このほど英エコノミスト誌が世界の民主主義を評価した結果によると、完全な民主主義に分類されたのはわずか23カ国・地域でした。ほとんどが非常に小さな国で、日本は完全な民主主義国に選ばれた中で最も人口が多い。

「制御不能な個人主義」とは？

つまり思想的には、政府セクターは『社会主義』、民間セクターは『資本主義』、多元セクターは『ポピュリズム』と捉えてバランスをとるわけですが、今日の世界でそれができているのは23カ国・地域だけということになります。

私は１９９１年から政府・民間・多元の３本柱で資本主義の再構築が必要だと主張してきました。つまりは相互依存です。個人主義は必要で、尊重すべきですが、個人主義のみに支配された世界観は危険です。今私たちが直面しているのは、制御不能な個人主義でしょう。

意外かもしれませんが、日本の『出るくいは打たれる』文化が、プラスに働いている部分もあるのではないですか。例えば海外では、コロナ禍にマスク着用やワクチン

今日から起こせるアクション

全体
リーダーシップより
コミュニティーシップを
優先する

個人
理念に賛同できる
企業の商品を買う

団体
「不均衡」が
共通問題だと認識する

政府
多元セクターによる
解決策を
視野に入れる

民間
株式市場を避けるなど、
責任ある資本を
見つける

出所：ヘンリー・ミンツバーグ教授のサイト「RebalancingSociety.org」

接種を拒絶する人がいましたが、個々人の問題なので政府に強制する権利はないとのスタンスです。日本ではこのような問題が海外ほどは見受けられませんでした。

コロナ禍での気づきは、（日本以外の国が）このような「制御不能な個人主義」に直面している現実でした。

三つのセクターでバランスをとるのはいいことですが、では私個人には何ができるのでしょう。そこで、個人や企業、団体などがどのような行動を起こせるかがすぐ分かる図表をつくりました」（上の図）

「三方よし」実現に向けた個人の役割や「制御不能な個人主義」の危険性を述べたうえでミンツバーグ教授は、「デモ行進や抗議活動など、現代ほど多くの人々が行動を起こしたいと思っている時代はこれまでになかった」とも指摘していた。これは、「制御不能」というマイナス面を生みつつも、SNSの発達などを通じて、個人が声を上げ始めたことのプラス面ではないか。

「世の中を良くするための社会的な取り組みが、以前に比べて何倍にも増えていると思います。ではその一方でなぜ、『三方』のバランスが崩れているのでしょうか。企業は、『欲しいものを手にするために結束すること』が得意です。企業同士、経営者同士で共通の利益を得るために協力するすべがあります。一方で、多元セクターはまとまって行動することが苦手です。しかし、団結しなければ民間セクター（企業）の結束力には太刀打ちできません。気候変動や貧困問題など共通の目標や問題に向けて協力関係を深める必要があるでしょう」

個人が社会課題の解決に目覚める様子が目立ち、社会課題の解決につながるイノベーションを重視する傾向が、世界中で高まっている。日本企業はいわゆる「ゼロイチ」のイノベーションが苦手とされるが、イノベーションにより利益成長と社会貢献を両立することは可能なのだろうか。

「スウェーデンの大手家具販売、イケアは自分で組み立てる（DIY）方式で家具を売っています。そのほうが企業にも消費者にもコストがかからず、双方にとって得だからです。ただ、このアイデアを生んだのは取締役会ではありません。ある従業員が自分の車にテーブルがなかなか積めず『脚を外す必要があるのはお客さんも同じだ』と気づいたのがきっかけです。

会社の事業や活動に関心がある熱心な従業員がいれば、このようなアイデアが出てくるようになります。日本では以前から、『製造現場からアイデアを拾い上げろ』『すべてのアイデアが経営陣から出てくると期待するな』と考える傾向がありますね。

トヨタ自動車は昔からサプライヤーと緊密に働き、顧客に敬意を払ってきたことで有名でした。しかし、かつて専門家肌の人物が社長になったとき、世界最大の自動車会社になることに固執し、『三方よし』の二方を軽んじて会社にダメージを与えたと思います。

そこから復活できたのは、トヨタが再び『三方よし』の精神に戻ったからでしょう。1980年代に強かった日本企業は、互いに支え合う関係を重要視していました。その後は株式市場や株主を重視する米国の考え方を取り入れすぎたのかもしれない。大事なのは、（従業員よりも）何倍稼いでいるかではなく、コミュニティーにどう奉仕できているかなのです」

気候変動と経済成長の両立以外は自滅への道

さて、世界的に気候変動への対応がまったなしとなり、日本でも政府が新機軸として2023年、GX（グリーントランスフォーメーション）に対する20兆円規模の投資を打ち出した。経済成長と環境保護は両立できるのだろうか。

「単純な話です。私たちに両立する以外の選択肢はありません。経済成長と環境保護を両立しないと、我々が自滅するのです。コロナ禍から私が受け取ったメッセージは、その気になれば人は、思い切った変化を起こすこともできるということでした。もし2年前に、大手メディアが気候変動に対処する方法として『全員を家に閉じ込め、経済を封鎖することだ』と書いたら、常軌を逸していると思われたに違いありません。だがコロナ禍で私たちは経済を封鎖しました。恐ろしくて不安で、パニックに陥ったからでしょう。

しかし気候変動への対応では、それほど極端なことをする必要はないのです。環境を汚染する活動をやめればよいだけです。

気候変動への対応における最大の茶番劇は、わずか任期4年のリーダーが率いる政府が、何十年も先の計画を立てていることです。米国ではオバマ元大統領が気候変動の計画を立て、トランプ前大統領がそれを「ごみ箱」に捨て、バイデン大統領が再びごみ箱から拾い上げました。この先またどうなるか分からない状態です。

もう計画はたくさんですね。必要なのは行動を起こすことです。(何度も)長期計画を立てるのは茶番でしかありません」

おわりに

本書文庫版の改稿作業をしており、単行本版の「おわりに」を眺めている。単行本のおわりには、冒頭でこのように書いている。

「2020年6月の終わりの静かな夜、本書の第1稿をまとめながら、筆者は静かな感慨にふけっていた。

好奇心のおもむくままアプローチし、一見まとまりがないように思えた連載も、一つのテーマに貫かれていたことに気づいたからである。

それは、『どうすれば日本人の意識や行動が、環境の変化に合わせて進化していけるのか』である。どの教授に対しても、日本ではこうだが、この現状からどうしたら変われるか、どう変わったら生き残れるか、という質問を、無意識のうちに投げかけていた自分に気づいたのだ」

とりわけ、コロナ禍に襲われる前までの20年、もっといえば、筆者が大学を卒業して社会人になった1993年以来、日本はひたすら、二度と戻らぬ過去の栄光を夢想し、夢よもう一度、と足踏みし続けていたようにしか見えなかった。

本書の取材を通して当時痛感したのは、思考停止して変化を拒んで受け入れず、変わらないでいることのほうが、結局後々、はるかに辛いということであった。変化に合わせて少しずつでも変わらなければ、ある日突然の嵐に直面するリスクがあることは、新型コロナウイルスの感染拡大をきっかけに、日本のDXの遅れが白日の下にさらされたことなどで、多くの人が実感されたと思う。筆者より上の世代には「ジャパン・アズ・ナンバーワン」が刷り込まれ、海外に学ぶことを軽視する風潮も一部あったように思う。今の20代からすれば、理解に苦しむかもしれない。だが筆者も実際、長年の間、仕事を通じて数多くの人々と対話する中でそのような発言を見聞きすることが多かった。

その間も、欧米やアジアの識者や経営者は、世界中の最先端の知見から学びを得て学びを続けていた。その姿勢の差は、失われた20年などという自虐的な認識を超えて、はるかに深刻で、圧倒的だと感じている。単行本を出版した後、それを実感した出来事があった。

本書にインタビューを収録しているIMD前学長のドミニク・テュルパン名誉教授が2022年、中国・上海を拠点として中国と欧州が合弁でつくった国際的なビジネススクール、中欧国際工商学院（CEIBS）にプレジデントとして転身された。同校はフィナンシャル・タイムズ（FT）紙の2023年のMBAランキングで世界20位、アジアでは1位になっている、急成長中のビジネススクールだ。

本文でも触れたが、筆者は2022年から慶応義塾大学湘南藤沢キャンパスで、総合政策学部特別招聘教授として前期、後期に「知識編纂の技法」という講座を持ち、学部生に教えてきた。そこで、テュルパン教授と同校の丁远（ディン・ユアン）学長をゲストスピーカーに迎え、中国のビジネススクール事情について話していただく一般公開のイベントを大学で開催した。

2人の幹部の話からは、中国のビジネススクールにおける国内競争の激しさと、海外の最新の知見に対する猛烈な貪欲さが伝わり、圧倒された。同校は1994年創設と比較的新しい大学院だが、共同創設という性格上、学校の方針として本格的に世界を競争の土俵にしてきた。欧米からトップクラスの経営学者らを積極的に招聘し、所属する研究者の論文の引用件数やプログラムの質で世界や国内の競合と競い続け、FT紙のランキングでアジアトップに上り詰めるまでになった。ゆくゆくは、世界最高峰の実績とブランドを誇る、米国のハーバード経営大学院に追いつき追い越せという意気込みが感じられた。国際政治の影響が、気がかりではある。また理論編冒頭の章では野中郁次郎教授が清華大学との知的な交流を明かしているが、同校も実績とブランドにおいて世界での地位を高めつつある。経済安全保障における分断が進む中でも、アカデミアでは既に、相互浸透が深まってきたように思う。

本書が、そうした海外における知的なダイナミズムをどれほどお伝えできているかは分からない。だが、本書をきっかけとして、最新のグローバルな経営学の動向について読者の好奇心が刺激されるのであれば、記者冥利につきるというものである。2023年の今、2020年当時と比べて明らかに人々が変わろうとしている気配を感じる。本書が変革のヒントになり得ることを祈る。

本書をまとめるにあたっては、多くの方にお世話になった。

序文を執筆いただいた旧知の仕事仲間である早稲田大学大学院、早稲田大学ビジネススクールの入山章栄教授は、単行本の序文に続き、大変ご多忙な中、文庫版用の素晴らしい解説文を改めて執筆してくださった。本書の特徴をすぱっと分析して価値を見出してくださり、筆者自身の中で、いわば暗黙知になっていて言語化しきれていなかった部分までを、分かりやすく提示してくれた。また、スコット・コミナーズ教授、スーザン・エイシー教授という経済学者のパートでは、大阪大学の安田洋祐教授が経済学の知見からインプットしてくださった。

今回新たに収録した野中郁次郎教授やフィリップ・コトラー教授の連載、マイケル・ポーター教授の過去の一連のインタビューなどは、単行本を出したときに、「重要な内容だったから、収録できたらよかったのに」と後々まで心残りだったものだ。そこに『世界最高峰の経済学教室』を担当してくださった日経BOOKSユニットのベテラン編集者、田口恒雄さんのご尽力で、文庫の出版が実現した。実はそれほど多く増補するつもりはなかったものの、田口さんが見守ってくださる中でマイペースで取り組むことができ、結局800ページ近くになり、分冊することになった。数多くのご縁があって生まれた本書である。関わったすべての皆様に感謝したい。

2023年9月

広野　彩子

本書は、２０２０年10月に日経ＢＰから発行した『世界最高峰の経営教室』を改題、増補改訂し２巻本として文庫化したもので、２巻目の「２　実践編」に当たります。

日経ビジネス人文庫

世《せ》界《かい》最《さい》高《こう》峰《ほう》の経《けい》営《えい》学《がく》教《きょう》室《しつ》
〈2 実践編《じっせんへん》〉

2023年10月2日 第1刷発行

編著者
広野彩子
ひろの・あやこ

発行者
國分正哉

発行
株式会社日経BP
日本経済新聞出版

発売
株式会社日経BPマーケティング
〒105-8308 東京都港区虎ノ門4-3-12

ブックデザイン
鈴木成一デザイン室
ニマユマ

本文DTP
マーリンクレイン

印刷・製本
中央精版印刷

Printed in Japan ISBN978-4-296-11910-3

nbb 好評既刊

決定版！ 大人の語彙力 敬語トレーニング125

本郷陽二

ビジネスシーンの敬語を125のクイズ形式でやさしく解説。面接・入社前に、職場での円滑なコミュニケーションに即役立ちます。

30の名著とたどる リーダー論の3000年史

鈴木博毅

孫子、プラトンからマキャベリ、ドラッカーまで、リーダーシップ論の名著を読み解きながら、三千年の発展史を探る歴史冒険の旅。

55歳からやりたいことを全部やる！時間術

臼井由妃

時間管理の達人による実践ヒント集。人生後半を「自分らしく」生きるには「効率」よりもいかに「密度（質）」を高めるか。文庫書き下ろし。

一人ひとりを幸せにする 支援と配慮のマネジメント

大久保幸夫
皆月みゆき

無理なく業務効率を高めたり、育児、介護、病気、障がいなど事情のある社員の活躍を支える具体的な取り組みをていねいに紹介。

国富論 上・中・下

アダム・スミス
山岡洋一＝訳

経済と社会のしくみ、本質を、わかりやすい例と平易な言葉で体系的に解き明かした政治経済学の金字塔。画期的新訳を待望の文庫化。

nbb 好評既刊

人生がラクになる 脳の練習

加藤俊徳

「ラクに生きられない人」は脳の使い方が偏っている可能性大！ そこで大事なのが「脳の練習」。脳内科医が元気な脳を作る行動術を伝授。

大戦略の思想家たち

石津朋之

大戦略とは国家の命運を左右する最も次元が高い戦略。そのエッセンスをマッキンダー、ハワード、ブロディ、キッシンジャーらの思想から学ぶ。

室内生活 スローで過剰な読書論

楠木 建

原書を読むよりも面白いと評される楠木建氏の書評が、ほぼすべて網羅された珠玉の書籍解説集。著者の読書術を体験できる読書論の決定版。

嫌われ者リーダーの栄光

鹿島 茂

リーダーは時に嫌われ者になるが歴史が正しさを証明する。ド・ゴール、オスマン、徳川慶喜ら5人の物語からリーダーシップの本質に迫る。

酒好き医師が教える最高の飲み方

葉石かおり

酒は毒なのか薬なのか？ どうすれば健康なまま飲み続けられるのか。25人の医師や専門家に徹底取材した「体にいい飲み方」。

nbb 好評既刊

もう一度、学ぶ技術

石田 淳

行動科学マネジメントの第一人者が4つのステップに沿って「学び続ける技術」を解説。ビジネス、語学、資格試験、健康習慣と様々に応用可能。

国際秩序 上・下

ヘンリー・キッシンジャー
伏見威蕃＝訳

国際秩序の起源は、ヴェストファーレン和平条約にある。国際秩序をめぐる波瀾万丈の歴史を、賢者が生き生きと語る「極上の世界史」。

池上彰の教養のススメ

東京工業大学リベラルアーツ研究教育院 特命教授
池上 彰

なぜ教養が必要なの？ 教養はいつからでもどこでも学べて、仕事で、人生で、最強の武器になる。池上彰教授と仲間の先生たちの白熱授業。

ネット興亡記 ①開拓者たち

杉本貴司

ドラマにもなった本格ノンフィクション。藤田晋の屈辱、楽天誕生秘話、アマゾン日本上陸ほかネット黎明期の熱き物語を一気読み。

ネット興亡記 ②敗れざる者たち

杉本貴司

ライブドアに迫る破滅の足音。敗者がつないだLINEの物語。メルカリ創業者の長い旅……起業家たちの光と影を鋭く描き出す。

nbb 好評既刊

新人記者のみなさん さあ決算取材です！

表 悟志

決算発表を取材し、記事にする新人記者向け教材を文庫にしました。株価や企業財務の基本や日々のニュースのポイントがわかります。

戦争と外交の世界史

出口治明

抗争、分裂、外圧——。人々はこの難題をどう解決してきたのか。戦争回避に向け世界を動かした交渉の攻防史を博覧強記の著者が語る。

『戦争論』クラウゼヴィッツ語録

加藤秀治郎＝編訳

本書は、「唯一の古典」と評されながら原著も翻訳書も難解なクラウゼヴィッツ『戦争論』の入門書。本質的要素を抽出し、平易な訳文で収録。

組織と権力の教科書 韓非子

守屋 淳

権力によって維持される組織を生き抜く知恵を、二千年以上前から説いてきたのが『韓非子』。社長が隠れて読む愛読書、対抗するには読むしかない！

デジタル・ビジネスモデル

ピーター・ウェイル
ステファニー・L・ウォーナー
野村総合研究所システムコンサルティング事業本部＝訳

6つの問いを自社にあてはめ読み進めると、目指す目標が見えてくる。MITの最先端研究から生まれた、DXを成功に導くフレームワーク。